名师工程
创新语文教学系列

新课程·新理念·新教学
丛书编委会主任：马立　宋乃庆

小学语文

名师

魅力课堂

激趣艺术

刘海涛　豆海湛◎主　编
白燕萍　王林发◎副主编

西南师范大学 出版社
全国百佳图书出版单位　国家一级出版社

图书在版编目（CIP）数据

小学语文：名师魅力课堂激趣艺术/刘海涛，豆
海湛主编. —重庆：西南师范大学出版社，2009.10
（名师工程系列丛书）
ISBN 978-7-5621-4753-4

Ⅰ.①小⋯　Ⅱ.①刘⋯②豆⋯　Ⅲ.①语文课－课堂
教学－教学法－小学　Ⅳ.①G623.203

中国版本图书馆 CIP 数据核字（2009）第 180990 号

名师工程系列丛书

编委会主任：马　立　宋乃庆
总策划：周安平
策　划：李远毅　卢　旭　郑持军　郭德军

小学语文：名师魅力课堂激趣艺术
主编　刘海涛　豆海湛

责任编辑：杜珍辉　范　维
封面设计：吕　龙
出版发行：西南师范大学出版社
　　　　　　地址：重庆市北碚区天生路 1 号
　　　　　　邮编：400715　市场营销部电话：023-68868624
　　　　　　http://www.xscbs.com
经　销：新华书店
印　刷：九洲财鑫印刷有限公司
开　本：787mm×1092mm　1/16
印　张：18.5
字　数：310 千字
版　次：2010 年 7 月　第 1 版
印　次：2010 年 7 月　第 1 次印刷
书　号：ISBN 978-7-5621-4753-4

定　价：30.00 元

《名师工程》

系列丛书

《名师工程》系列丛书

征 稿 启 事

　　《名师工程》系列丛书是西南师范大学出版社策划、组织出版的大型系列教育丛书。丛书以新课程下的新教学为背景，以促进施教者的教育能力为落脚点，以提高教育质量、提升教师水平为宗旨。

　　丛书首批推出的"名师讲述""教学提升""教学新突破""高中新课程""教师成长""大师讲坛""教育细节""创新语文教学""教育管理力""教师修炼""创新数学教学""通识与心理""创新课堂"等系列，共80余个品种，其余系列也将陆续出版。为了让广大教师有一个交流、借鉴的机会，同时也为了给广大教师提供更多、更好的图书，《名师工程》系列丛书编辑出版委员会特向全国教育工作者征集稿件。

稿件要求：

1.主题鲜明、新颖，有独创性。

2.主题以提升教育能力为主，也可适当外延。

3.主题要有一定规模、有典型案例支撑。

4.案例要贴近教育实际，操作性强。

5.文章、书稿结构清晰，语言精彩。

　　书稿作者在选题确定之后，请及时与我们做好沟通，具体事宜确定好之后再进行创作；也欢迎用已经完稿的稿件投稿。一线教师如希望参与图书案例的创作，可联系我社策划机构，由策划机构备案，在适合的图书中参与创作。

　　真诚欢迎各位教师踊跃投稿。

联系方式：

西南师范大学出版社高教分社

电话：023-68254356　　　E-mail：zcj@swu.cn

西南师范大学出版社高教分社北京策划部

电话：010-68403096

E-mail：guodejun1973@163.com

编者的话

当前，以人为本的教育理念正在逐步深化，素质教育以及基础教育课程改革不断推进。在这场深刻又艰苦的教育改革中，涌现了无数甘为人梯、乐于奉献的优秀教师。他们积极探索、更新观念、敢于创新、善于改革，在实践中创造性地发展、总结了很多先进的教育思想、教育理念；创造性地开发了很多新的教学模式、教学内容和教学方法。这些新思想、新模式、新方法在实践中极大地提高了教学质量，是教育改革实践中的新内涵和宝贵财富。这些优秀教师就是我们的名师，这些新内涵就是名师的核心教育力。整理、总结、发展、推广这些教育新内涵，是深化教育改革、完善教育体制、提高教育质量、提升教师水平的一件大事。

教育，是民族振兴的基石；教师，是教育发展的根基。

胡锦涛总书记在全国优秀教师代表座谈会上指出："教师是人类文明的传承者。推动教育事业又好又快发展，培养高素质人才，教师是关键。没有高水平的教师队伍，就没有高质量的教育。"十七大报告又进一步强调了必须加强教师队伍建设，不断提高教师的素质。当今世界，社会进步一日千里，科技发展日新月异，知识更新的周期越来越短。教师作为"文明的传承者"更要与时俱进，刻苦钻研、奋发进取，尽快提升自身素质和能力，为推动教育事业的健康发展贡献自己的力量。

基于以上，西南师范大学出版社策划、组织出版了大型系列教育丛书——《名师工程》。希望通过总结名师的创新经验、先进理念，宣传名师的核心教育力，为广大教师职业生涯提供精神源泉和实践动力，在教育实践层面切实推动从教者职业素养的提升。通过《名师工程》实现"打造名师的工程"。

丛书在策划、创作过程中力求实现以下特色：

一、理念创新，体现教育的人本精神

教师角色在以人为本的教育理念下发生了重大的变化，教师的素质和能力也面临更高的要求。如何弘扬、培植学生的主体性、增强学生的主体意识、发展学生的主体能力、塑造学生的主体人格等问题成为教师在目前教育中亟待解决的难题。丛书以教育管理者和教师为主要读者对象，通过教师综合素质的提高而将人本教育的思想落实到教育实践中，真正实现教育培养人、塑造人、发展人的本质要求。

二、全面构建，系统提升教师的教育能力

丛书选题的最大特点就是系统、全面地针对教师教育能力的提升而展开。施教者的能力决定教育的效果，教育改革的落实、教育效果的提高无不体现在教师身上。丛书针对不同教育能力、不同教学要求、不同教育对象，有针对性地设置选题。棘手学生、课堂切入、引导艺术、班主任的教导力、互动艺术、课堂效率、心灵教育等等，这些鲜明的主题从教育的细节出发，从教育实际情况出发，有针对性地解决问题，让教师在阅读中学有所指、读有所获。

三、科学权威，体现教育的时代前沿性

丛书邀请全国各地著名的教育工作者执笔，汇集在教育改革与实践中涌现的先进理念、成果和方法，经过专家认真遴选、评点总结而成，代表了目前教育实践中先进的教育生产力，具有时代前沿性，是广大一线教师学习、借鉴的好素材。

四、注重实践，突出施教的实用价值

丛书采用了通俗的创作方法，把死板的道理鲜活化，把教条的写法改变为以案例为主，分析、评点为辅，把最先进的教育理念和方法融入有趣的情境中。经典的案例，情境式的叙述，流畅的语言，充满感情的评述，发人深省的剖析，娓娓道来、深入浅出，让教师更充分地领会先进、有效的教育方法。

在诸多教育、出版界同仁的支持与努力下，《名师工程》陆续推出了《名师讲述系列》《教学提升系列》《教学新突破系列》《高中新课程系列》《教师成长系列》《大师讲坛系列》《教育细节系列》《创新语文教学系列》《教育管理力系列》《教师修炼系列》《创新数学教学系列》《通识与心理系列》《创新课堂系列》等系列，共80余个品种，后续图书也将陆续出版。

丛书在出版创作过程中得到各地、各级教育部门与教育工作者的大力支持与帮助，在此一并表示感谢！

教育事业是全社会共同的事业，本丛书的出版一方面希望能对广大教育工作者有所帮助，共飨先进成果；另一方面也是抛砖引玉，希望更多的教育工作者参与到出版创作中来，百家争鸣、百花齐放，为促进教育事业的发展共同努力！

目录 MuLu

靳家彦：如何通过鼓励让学生变厌学为"趣学"

在课堂教学上，靳家彦倡导"语思统一、口书并重、内外相通、以读为本"，突出"以学生为主、以自学为主、以读书为主"，努力做到"文品、人品、师品"三者的完美统一。在教育科研上，靳家彦一直致力于小学语文教学科学化的研究，构建了"导读式"的教学模式。

王文丽：如何在激趣中让语文走向孩子的心灵

王文丽在教学中积极贯彻新课程理念，善于从多方面入手激发学生的学习兴趣，让语文走进孩子的心灵，使学生快乐地学习。在课堂教学中，王文丽重视与学生的互动交流，善于发现学生的闪光点，给予恰到好处的肯定和表扬。

王雷英：如何通过调动情绪激发学习兴趣

王雷英重视课堂教学生命的流动与情感的沟通，重视对话式的教学互动，逐步形成了自己极具亲和力的教学风格。王雷英从创设良好的课堂氛围出发，根据学生的年龄特点，努力激发学生求知、探索的兴趣。

陈建先：如何通过激发学习兴趣体悟语文智慧

陈建先是"本位语文"的积极倡导者和践行者，追求"扎根语言，着意精神，立足发展"的本位语文观和"读为本，悟为核，用为宗"的课堂特色，教学风格扎实、灵动、开放、和谐。

杨明明：如何运用启发式教学法激发学习兴趣

杨明明提倡在生活中学习语文，创造了"导学法"和"课堂差异教学"等教学模式。她善于采用"提出问题教学法"，恰到好处地根据教学内容的重难点，巧妙地设疑提问，营造"开动脑筋，积极探索"的良好课堂氛围，并且有效地完成了教学任务。

霍懋征：如何通过体验情感激发学习兴趣

霍懋征在语文教学中，注意学习他人的经验，取长补短，不断改进教学方法，逐步形成了一套"讲读"的教学风格。她在钻研教材的基础上，抓住规律，讲讲读读，以讲为主，以读为辅，效果较好，深受学生欢迎。

王红：如何提问激趣优化课堂教学

王红一直从事小学语文的教学工作，在多年的工作中逐步形成了"扎实中不失灵活，朴实中带有细腻"的教学风格。王红擅长以问置疑，打破学生头脑的"平静"，激发学生思维活动的"波澜"，在"置疑——释疑"循环往复的过程中探求新知，发展智能。

支玉恒：如何创设新颖有趣的教学情境

支玉恒多年来致力于小学语文教学与研究工作，其教学以新、实、活、深、巧见长。他善于创设情境，激发学生的学习兴趣，使情境激趣艺术在课堂中大放异彩，提高学生的学习效率。

赵志祥：如何在"玩"中让语文课堂富有情趣

赵志祥的课堂教学以轻松愉快见长，注重动态过程，生成性强，驾驭课堂灵动幽默，师生互动精彩纷呈，被同行誉为"形散而神不散"的"漫画式"教学风格。

周益民：如何激趣生成诗意课堂

周益民是一位十分钟爱儿童文学的小学语文教师，在推广儿童阅读方面付出了很多的心血和精力，也取得了突出的成就。他喜欢通过鼓励性的评价语言引领学生思考，探索。

靳家彦

如何通过鼓励让学生变厌学为"趣学"

名师档案
——全国教育系统劳模

　　靳家彦，全国著名特级教师，享受国务院特殊津贴、有突出贡献的教学专家，曾任天津南开小学校长。从事小学语文教学工作41年，带徒30余名。先后被评为天津市劳动模范、拔尖人才、全国教育系统劳模等。

　　在课堂教学上，靳家彦倡导"语思统一、口书并重、内外相通、以读为本"，突出"以学生为主、以自学为主、以读书为主"，努力做到"文品、人品、师品"三者完美统一。优秀课例曾荣获天津市一等奖，全国整体改革课一等奖，联合国儿童基金会与中国政府合作项目一等奖。代表课《跳水》《田忌赛马》《有这样一个小村庄》等多次在中央及地方电视台播放。应邀赴全国近30个省、市、自治区及大专院校讲学、作示范教学。在教育科研上，靳家彦一直致力于小学语文教学科学化的研究，构建了"导读式"教学模式。先后出版了《小学语文导读法》《导读式教学新探》《导读原理与艺术》《导读理论与实践》等专著18部，发表《从素质教育的高度教语文》《语言训练操作性研究》等论文200多篇。

一、名课实录

——变厌为乐，情趣相生

《有这样一个小村庄》课堂教学实录（人教版五年制小学语文第十册）

第一课时

（一）板书课题，提出问题

板书课题：有一个小村庄

生：老师，您写错了。应该是"有这样一个小村庄"，您丢了"这样"二字。

师：非常感谢你帮助老师纠正了一个错误。不管是谁，我们只服从真理。叫什么名字？来，握握手，交个朋友吧！

生：我叫×××，谢谢老师这么真诚。

师（补充"这样"二字）：请同学们读课题。

生：有这样一个小村庄。（连读三遍，突出"这样"一词）

师：产生问题了吧？什么问题？

生1：有怎样一个小村庄？

生2：有什么样的一个小村庄？

生3：有哪样的一个小村庄？

师：这是你们三读课题自己提出的第一个问题，也是我们这节课要达到的第一个目标。画一个问号，代表这个目标。

师：怎样达到这个目标呢？

生：靠我们自己读书，互相探究，读懂为止。

师：好！自己提出目标，自己体会读书感受，感之于外，受之于心。请同学们读课文吧。

（生读全课，反复品读、体会）

师：怎么样，可以了吗？

生：可以了。

师：这是一个怎样的小村庄？

生：这是一个原本很美丽、富饶的小村庄，课文上概括地说它是一个美丽的小村庄。后来这个小村庄被洪水卷走了，什么也没有了。

师：理解得很准确。请大家按照课文介绍的情景，用彩笔把它怎么"美丽"画出来，可以吗？

生：可以。

（二）边画边话，感受意境

（生在纸上画河坡上的小村庄，请几位同学到黑板上用彩色粉笔画。老师要求边"画"边"话"，即读、说、交流）

师：（指着黑板上的板画问学生）村前的小河里为什么要画上小鱼、小虾、沙石、水草？

生：用这些表现河水的"清澈"。

师：这就是想象、创造，同学们真聪明，画得这么好。（板书：清澈，教学这个词，并练习搭配）

生：村后的山坡上，我画了又茂密又苍翠的树木，课文写的"郁郁葱葱"就是这个意思。

师：理解得很好，读书，不仅要感受，还要深入地理解。（教学郁郁葱葱）

生：我们为了表现出空气的清新，不但画了蓝天、白云、红日和飞鸟，还画了地上的绿草、红花、蜜蜂、蝴蝶，只有这样，才能表现出空气的清新，不然空气怎么画呀？

师：读书也要有创造性思维，这样的美景人人欣赏。（比较清澈与清新）

生：我还画了田地里的庄稼，长得很茂盛。

（生反复读课文，体会意境）

（黑板上学生画出一幅美妙的图画，学生对照图画背诵课文）

生：在一片河坡上，早先有过一个美丽的小村庄。清澈的河水从村前流过，村后的山坡上，郁郁葱葱的树林，好像一道巨大的屏障。这里的空气格外清新，庄稼长得很好。

师：老师没要求背诵，为什么能背诵下来呢？

生1：我们在品读中充分感受了课文的意境，是用心在读书。

生2：这一段先概括后具体，把村前、村后、上空、地下有顺序地描写出来了，我们理解了课文内容，所以能顺利地背诵。

生3：我们根据课文内容展开丰富的想象，课文变成画面，活生生地呈现在我们面前。

生4：重点词语的提示帮助我们记忆。

生5：我们读了不下十几遍，记得牢固。

师：你们边读书边总结的学习方法，在某种意义上说，方法是能力的核心。

（三）质疑激趣，引导感悟

师：那么，这个小村庄后来怎样了？

生：什么都没有了。

师：（板书"什么都没有了"，引导学生三次读这个句子）又产生问题了吧？什么问题？

生：为什么这么美丽的小村庄，到后来"什么都没有了"呢？

师：这是你们三读句子提出的第二个问题，也是我们这节课要达到的第二个目标。（画一个大些的问号，代表这个目标）

师：这个目标要怎样达到呢？

生1：要读书。我想我们应该拿起笔来，把小村庄消失的原因一一画下来，画出重点词、句、段，全面分析。

生2：我还建议几位同学互相研究，把找出的原因进行归纳和综合，互帮互补。

师：这些方法都很可行，下面开始读书，可以画、批、注、讨论。

（学生独自或三五人组成小组研讨、读书）

生：我们组认为这句话很重要："谁家想盖房，谁家想造犁，就拎起斧头到山上去，把树木一棵棵砍下来"。这句话道出了一个根本原因，就是乱砍滥伐。一个"砍"字，高度概括了小村庄消失的根本原因。

师：把全文浓缩成一句话，把全句浓缩成一个字，这就是读书的收获。

生："一年年，一代代，山上的树木不断减少，裸露的土地不断扩大。"这句话揭示出小村庄的人们不仅一年砍，一代人砍，而且是年年砍，代代人砍。毁掉了树林，破坏了生态环境，水土流失逐年严重，洪水来了才会把小村庄卷走。

生：我想把这句话修改一下，可能表达得更充分。

师：怎么改？

生：我把这句话改成一个排比的句式：一年年，一代代，清澈的河水变得干涸，茂密的树林遭到破坏，蔚蓝的天空一片混浊，肥沃的土地逐年贫瘠。

师：改得好！许多课文都有修改的余地，老师鼓励你们这种创造性阅读的精神。

生：课文中写"大雨下了五天五夜，到第六天黎明，雨才停下来。可是，小村庄不知被洪水卷到了何处。"这里的一个"卷"字说明，破坏了大自然的环境，必然遭到大自然的惩罚。

（学生继续议论小村庄消失的原因，从课文中找出依据）

第二课时

（四）自主探究，抒写心愿

师：在第二个目标基本完成的基础上，我们的阅读还应怎样深入下去？

生：老师，我想这篇课文不仅仅是要告诉我们别乱砍树，还有更深的意义在里面，这更深的意义是什么呢？

师：（画了一个大问号）对，这就是我们这节课要达到的第三个目标，请每位同学用充满深情的话语，向21世纪的人们送上一句震撼人心的话，引起全社会的关注。

（学生各自写自己的内容，写后交流）

生1：21世纪的人们啊，你们还想让这个小村庄的悲剧重演吗？擦干泪水，投入行动吧！

生2：保护环境，就是保护人类自己；破坏环境，就是毁灭人类自己！

生3：我们的水资源是多么宝贵啊，珍惜它吧，不要让地球上的最后一滴水是人类的眼泪。

生4：再不保护我们唯一的家园，黄沙将遮蔽天空，我们的呼吸都将非常困难。

生5：噪声污染对人们的健康危害很大，在宣传环境保护时不要忘记治理噪声污染。

生6：工厂排出的废气，汽车、摩托车排放的尾气，燃烧各种废物释放出的有毒气体，都是大气的污染源，让我们一起来制止这些破坏环境的现象吧！

师：同学们的这些充满激情的话语，为我们敲响了警钟，能不能结合我们的现实生活，说一说我们学校周边和住宅附近还有哪些不符合环保要求的现象？

（学生举例：一次性饭盒、筷子，建筑工地的噪音，商店大声播放的音乐，有人践踏绿地，在小树上晾衣物，往河里丢废弃物……）

师：大家从我们身边的现实生活入手，唤起人们的环保意识，这是人类21世纪应当具有的最重要的意识之一。在这方面北京的小朋友已经走在了前面。

（投影出示：北京小朋友上书国务院，提出环保建议，国务院领导给予高度评价，号召全社会重视环保问题）

师：同学们，小村庄的教训是多么深刻啊！一场洪水袭来，小村庄还存在吗？（生：没有了）房屋还有吗？（生：没有了）工具、家具还有吗？（生：没有了）人，还有吗？（生：一个都没有了，都被洪水卷走了）

（五）创设情境，领悟环保

师：不，这个小村庄还真有几位幸存者，而且，今天来到了我们中间。

（生惊异，四处寻找）

师：（指一位男生）这位就是小村庄的A村长，请到台前。（生笑）

师：（指另一位男生）这位就是当初砍树最多的B先生，也请到台前。（生又笑）

师：（指一位女生）这位就是当初反对砍树而且积极植树的C女士。（生大笑）

师：这三位幸存者今天要召开一个记者招待会，在座的各位都是各大新闻媒体的记者，请大家发问，由A、B、C三位回答。（课堂气氛非常活跃）

生1：请问A村长，你是怎样幸存下来的？

A：洪水把我冲出很远，幸亏我抓住了一棵没被砍伐的树，才侥幸活了下来，好险啊！

生2：请问B先生，当初你为什么砍树，砍了多少棵树？

B：当初我只顾眼前能过得好一点儿，没有环保意识，更没想到这样做会祸及子孙后代，我砍了几百棵树，我有罪，我认罪。（生大笑）

生2：（继续追问）你这样做，难道村长不管你吗？

B：他也砍，所以他管不了我，再说我给他送礼了，他也不敢管我，他是个腐败村长。

生3：A村长，是这样吗？

A：是，是，我也有罪，身为一村之长，不但不保护环境，还受贿，罪大恶极。

（生笑声不断）

生4：请问C女士，您为什么反对砍树，而且种了许多树？

C：当时我觉得乱砍滥伐是不对的，长此以往，家园受到破坏，大自然一定会惩罚人类。我看到那么多树被砍掉了，只剩下光秃秃的土地，心里很难过，每年都种一些树。但砍树的人太多了，家家户户都在砍，我一个人的力量太小了。

生5：A村长，你现在怎样认识这个问题？

A：如果还让我当村长，我一定把保护生态环境作为第一任务，制定出法规，再也不破坏环境，祸及子孙了。

生5：欢迎A村长的转变，欢迎你回到我们中间来。（大家热烈鼓掌）

生6：B先生，你的认识有什么变化？

B：我们这个小村庄的毁灭是因为我们的环保意识太差了，我今后一定要向C女士学习，保护树木，植树造林，重建我们的家园。

C：我也要加大宣传力度，让世人都知道保护环境的重要意义，再建一个美丽的小村庄。

师：今天的记者招待会就开到这里。请大家回去拿起笔，向全社会呼吁：我们只有一个地球，我们全人类要共同保护我们赖以生存的家园。可以写诗歌，编小品，绘图画，谱歌曲，写调查报告，记叙这次记者招待会，展望新建的小村庄会是什么样，还可以上网查资料，介绍环保知识，向环保部门提议……让我们用美妙的歌声结束这堂课。

师生同唱：

小松树，小柏树，

一排排来一行行，

长在平原里，长在山冈上，

谁把它们领到世上来，

我们少先队员，

把小树种在祖国的土地上。

二、名课解读
——质疑激趣，寓教于乐

《有这样一个小村庄》是人教版五年制小学语文教材第十册的课文。这篇课文描述一个原本十分美丽的小村庄由于人们肆无忌惮的乱砍滥伐，以致最后被咆哮的洪水冲走了。作者告诫人们必须提高环保意识，为保护环境、保护地球做出贡献。这篇课文与我们现在大力提倡的环保活动紧密结合，教学内容浅显易懂，充满了时代气息，对学生具有较强的吸引力。在教学中，特级教师靳家彦紧扣文章主题，联系生活实际，着眼于学生的发展；通过质疑激趣，导读引悟，促进学生乐学，陶冶学生性情，升华学生思想，达到新课程所倡导的"三维"教学目标。这堂课既体现了靳家彦深信每个学生都有可供开发潜能的乐观态度，又体现了他依靠创造性教学艺术让学生变厌学为乐学的乐观教学思想。

1. 质疑激趣，导读品悟

乐学的本质是通过满足学生的各种需要，来调动学生的学习积极性，促进教学过程的积极化。也就是使学生的学习活动在教师的指导下，始终处于自觉、能动、活跃的状态。靳家彦努力倡导乐教和乐学相融并举的教学理念，这样的理念也是语文新课改所倡导的。这一点在靳家彦教学的《有这样一个小村庄》一课中得到充分的体现。

在导入环节，靳家彦板书课题"有一个小村庄"，马上有学生指出少写了"这样"两个字，靳家彦郑重其事地写上"这样"两字，又请学生连读三遍课题，强调"这样"。在这个环节中，靳家彦运用"明知故错法"，使学生抓住关键词——"这样"。接着，靳家彦启发学生主动质疑："产生问题了吧？什么问题？"这一启发自然激起学生强烈的学习兴趣和求知欲，使学生快速地进入学习角色，高效参与，自己提出问题"这是一个怎样的小村庄"，并以这个问题作为第一个目标进行自主探究性学习。为了帮助学生达到这个目标，了解到这个小村庄以前的景色是怎样美丽的，靳家彦让学生画一画，说一说，读一读，紧扣着文本的语言文字，在画、说、读中充分地感受小村庄的美。

靳家彦最显著的教学艺术风格在于创立了"语文导读法"。"语文导读法"确立了他在国内小学语文教学上的地位，具有广泛的影响力，对于当前的语文新课程教改有重要的研究意义。在这堂课的教学上，靳家彦就采用了"导读法"。当学生顺利地达到第一个学习目标后，靳家彦进一步启发学生的思维，引导学生质疑："为什么这么美丽的小村庄，到后来'什么都没有了'呢"？这个问题成为学生自主探究性学习的第二个目标，学生学习的兴趣盎然，情绪高涨，求知的欲望特别强烈。

靳家彦要求学生反复地品读文章的重点词句，引导学生在品读中不断追思小村庄消失的原因。"这些方法都很可行，下面开始读书，可以画、批、注、讨论。"靳家彦的导读让学生放开手脚，大胆参与探究。"把全文浓缩成一句话，把全句浓缩成一个字，这就是读书的收获。"靳家彦适时的肯定和鼓励，增强了学生通过品读领悟文章主题的自信心，满足了学生的成功感。在完成第二个目标的基础上，靳家彦启发学生进一步思考，提出第三个问题："我们应该干些什么？"学生充满了对小村庄消失的痛惜之情，纷纷奋笔疾书，抒写殷切期盼，呼吁人们提高环保意识。

在学习目标确定上，三个问题均是在教师的引导下，学生自己提出的。三个问题使学生理解了文章的基本结构和思想内涵，打破了传统阅读教学分段、写段意、归纳中心思想的旧框框。通过对问题的质疑和探究，激发学生自主学习的兴趣和求知欲，促进了学生智能的发展。

2. 寓教于乐，深入体验

人在接受习惯上往往倾向于自己感兴趣的事，因而在教学过程中应该把教学内容融入学生感兴趣的事物当中，或者用学生乐于接受的方式来实现教学目标，这就是"寓教于乐"。寓教于乐的"乐"，就是快乐的意思，借指学生感兴趣的事物或方式。著名心理学家皮亚杰曾经说过："所有智力方面的工作都要依赖于兴趣。"对于学生而言，"兴趣"则直接影响学习效果，而学习兴趣的产生和强化都依赖于教师的激发和培养。寓教于乐不仅能有效地激发和培养学生的学习兴趣，让学生从学习本身享受到愉快的情绪体验，而且能有效地开发学生的潜能，促进学生富有创造性地学习，获得更加深入的体验和感悟。

在《有这样一个小村庄》一课中，靳家彦始终从学生角度出发，把握好自己作为引导者、组织者的角色，到位不越位，有序地引导学生绘画、写心里话、表演小品等，巧妙地运用多种教学手段，寓教于乐，以趣激学，使学生自主地发挥创造性思维，快乐地达到学习目标。靳家彦通过绘画的形式把小村庄原来的样子形象地展现在黑板上，给学生以生动的直观感受，加深了学生的印象，便于学生理解和掌握。而且，这种形象化的画面易于激起学生的兴趣，开发右脑潜能，促进学生形象思维的发展。靳家彦让学生联系现实生活，写下呼吁人们保护环境的心里话，以引起全社会对"环保"的关注。学生在强烈的情感触动下，文思泉涌，满怀深情地写下震撼人心的言语。此时，教学任务基本完成，然而靳家彦并没有就此结课，而是别出心裁地设计了一个"表演小品"的语文综合性学习活动。通过召开"记者招待会"的形式，让学生分别扮演小村庄的A村长、滥伐者B先生、保护森林者C女士以及各位记者。在这种特殊的情境中，学生再次联系生活，围绕"环保"主题，发挥主观能动性，踊跃发言，各抒己见，饶有兴趣地投入到角色的扮演之中。这一环节的语文实践活动是靳家彦对文本语言和情感的拓展，激发了学生的兴趣，触动了学生的灵魂，启迪了学生的心智。既扣住了文本，又超越了文本。

新课程强调引导学生在阅读中的"感悟"和"体验"。其实，"感悟"和"体验"都是由学习主体自身喜爱的，能充分满足自身心理需求的情境或活动而激起的心理感受，是内心产生的，发自肺腑的。靳家彦执教的《有这样一个小村庄》，整个课堂处处闪烁着恍然顿悟的智慧火花，学生在靳家彦巧妙的点拨和引导下，自始至终保持着浓厚的学习兴趣，情绪饱满，时时处于"愤""悱"状态，师生共同融合在一个"这样的小村庄"，师生共同感受、共同体验了一段有趣的生活。

三、导读品悟，激发兴趣
——关注学生的主体地位

靳家彦在长期的小学语文教学理论研究和实践的探索中，敢于创新，融现代教学论、素质教育思想和语文教学改革为一体，构建了"导读法"教学模式。导读就是教师致力于导，学生循导学读，以学生的阅读实践活动作为培养阅读能力、掌握阅读方法、养成阅读习惯的主要方式，通过扎实有效的训练，培养学生综合语文素质的一种教学模式。叶圣陶指出："教育当然须教，而尤宜致力于导"，"所谓教师的主导作用，盖在于引导启迪"。

长期以来，由于"应试教育"从不考口头言语方面的听、说、读，阅读教学大都以教师"串讲""串问"代替了学生语言和思维的主动发展。《语文课程标准》指出："阅读是学生的个性化行为，不应以教师的分析来代替学生的阅读实践。应让学生在主动积极的思维和情感活动中，加深理解和体验，有所感悟和思考，受到情感熏陶，获得思想启迪，享受审美乐趣。要珍视学生独特的感受、体验和理解。"又指出："各个学段的阅读教学都要重视朗读和默读。"阅读教学是小学语文教学的基本环节，"读"是提高学生语文素养，培养学生语文能力的有效手段；"读"是提高朗读效率，增强阅读能力，感受人生真谛的必由之路。古语云："书读百遍，其义自见。"在课堂教学中，靳家彦以"读"贯穿于阅读教学，着重指导学生如何去"读"，如何在泛读中知晓大意，在精读中品味文字，在复读中体验情感。

靳家彦的"导读法"还充分地体现了"以学生为主体，以教师为主导，以掌握方法、形成能力为主线"的"三主"原则。其中，"以学生为主体"就是要确立学生的主体地位，发挥学生的主观能动性，鼓励主动探究，真正把读书的优先权交给学生，从而使他们具有浓厚的学习兴趣，形成正确的读书方法和良好的读书习惯。"以教师为主导"就是要充分发挥教师的主导作用；"以掌握方法、形成能力为主线"就是要从学生智力结构的现状出发，教给学生学习方法，让学生在实际中掌握知识，发展能力，开发智力，达到自能读书的目的。

靳家彦的"导读法"有效地提高了学生的听、说、读、写能力和学会学习、学会创新的能力。特别是通过由浅入深的导读让学生感受到读书的乐趣，进而激起对学习的兴趣，有效地克服厌学的心理障碍，变得好学乐学。

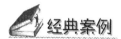 经典案例

（师生问好）

师：今天我们学习哪课书，请把课题说一下。

生：珍珠鸟。

师：读得多清楚。谁再读一读。

（生读）

师：我们读这个课题，脑子里一定闪现出来，这课书要讲一种小动物，是讲什么呀？

生：鸟。

师：我们读珍珠鸟，只能这样读，可我们把它放到句子里，就有各种各样的读法。

生：（读）朋友送我一对珍珠鸟。

师：她强调是鸟，她这样读。谁读得和她不同。

生，朋友，送我一对珍珠鸟。

师：她强调的是送我一对。

生：朋友送我一对珍珠鸟。

师：你强调的是什么。

生：什么都应该强调。

生：朋友送我一对珍珠鸟。

师：还有别的读法吗?

（生读）

师：强调的是珍珠鸟，不是翠鸟，不是其他鸟，听老师读。

师：朋友送我一对珍珠鸟。

生：强调了一对。

师：词放到句子中，有不同的理解，看你怎么读，如果把它放到段落中，又有不同的理解，同学们一起读这个句子。

生：真好，朋友送我一对珍珠鸟。

师：好吗?

生：读得真好。

（多个同学读，师读，齐读）

师：之所以好，是因为朋友送我一对珍珠鸟。这时候要强调什么。

生：一对。

师：一对什么?

生：珍珠鸟。

师：现在，自己读几遍，放开来读。

（生读）

师：读得真好。你能用你的气送你的声音吗?

（师范读，生读）

师：我们把这个句子放到段落里去读，就又有新的体会了，不信，打开书，把第一段读一读，谁读好了，就起立读给大家听。

（学生自由读，指名读）

师：我给小鸟做了一个笼子，里面还有一堆干草。她读得让我们感受到

"我"对小鸟怎么样？

生：特别喜欢。

师：你把喜爱读出来。

（生读，师范读）

师：读书一定要大声地去读吗？不一定，读书一定要那么激昂、高亢吗？不一定，你看，我们把词语放到句子里，把句子放到段落里，再去读，你的想法，恐怕不是喜爱了，恐怕会读出新的意思，悟出新的道理来。用自己的心去读书。

（生自由读课文）

师：把这个段落放到全文当中去读，就会发现，它不仅仅是作者喜爱的珍珠鸟，它还有更深的意思，是什么意思？读了全文才知道，哦，原来作者要说这个。

生：信赖，不就能创造出美好的境界吗？

师：为什么这样理解呢？

生：如果我写的作业不好，老师就不信你以后能写好。

师：老师一定不会这样，老师会信任你，鼓励你。把最后一段再读读。

（生读，全班读）

师：这小家伙可爱吗？不仅是可爱，还悟出了其他的道理。

（齐读）

师：第一位同学说，他读出了喜爱（板书）。第二位同学，读出了更深的意思，他说是信赖，看老师写"赖"字。要给右边留地方，所以要写成点。右边是重点，一撇，一个横折点，能写好吗？看看书上。有一个"赖"字，只看，那叫读帖。把它的笔顺，笔画都看清楚，这叫读懂了帖。星期一我委托你们老师默写词语，默写的第一个词语是什么？大家知道吗？

生：信赖。

师：星期一保证不写错的举手。

师：信赖是什么意思呢？此时不讲，读读看，这个小珍珠鸟，怎么就信赖我了呢？

这个"我"加个双引号，表示作品中的我，懂了吗？

生：懂了。

师：小珍珠鸟怎么信赖我的，放声读书。找到你认为它信赖我的部分，放开声音读。

（学生自读）

师：谁来读？它怎么就信赖我了呢？

（指名读第 4 自然段）

师：有一个词读为一会儿。（纠正儿化）

（生继续读）

师：你怎么说，它就信任我了呢？

生：起先不信任。

师：如果你是只小珍珠鸟，不靠近我，是为了干什么？

生：是看看我。

师：他把自己当作小珍珠鸟，就知道原因了。

（指名读这一段）

师：什么心态？

（指名读）

师：这只珍珠鸟为什么落到小桌上？而且我连阻挡、戏弄你的意思也没有。表示我对这只珍珠鸟的信赖，是爱！没有爱，怎么能体贴入微呀？没有爱，哪来的不伤害呀？请你再读一读。

（指名读）

师：读了这一段，有什么感觉？

生：我觉得小珍珠鸟很淘气。

师：淘气吗？

生：淘气。

师：你觉得它淘气，作者还喜欢它吗？

生：因为它即使把灯绳……作者也没有去阻止它。

师：谁再读这一段。

（生读）

师：不慌，把这句读好。

（生读）

师：你有过这个情况吗？怕，回过头来，看看爸爸，看看妈妈，有吗？

生：有。（继续读）

师：好像要亲吻我一样，信赖我了吗？越来越信赖，有一个过程，你理解得越深刻就越来越知道小珍珠鸟为什么越来越信任他。

（生自由读这一段。放开声音，体会）

师：读好了吗？这一段小珍珠鸟开始感受到，我并不伤害它，这是它信任我的一个重要原因。还从哪里读出小珍珠鸟信赖我的原因？

（生读）

师：你说它梦见什么了？

生：它和作者非常友好。

生：作者带它出去游玩。

师：还有可能做到什么？

生：洗澡。

师：这次它竟然趴在我的肩头睡着了。谁来读这一段。

（指名读）

师：谁能超过他，比他读得好。你也听听，他哪儿读得比你好，你也争取超过他。

（指名读）

师：把这一段的情趣读出来，是那么有情有趣。再读。

（指名读，齐读）

师：越读越好，还有人能读懂它信赖我的原因吗？

（生读：陪伴）

师：（板书）陪左边是什么，右边是什么，不能混淆。

师：为什么父母再三呼唤它？

生：它不想回去，想一直陪伴我。

师：是和我的感情深，还是和父母的感情深？

生：和我感情深。

师："回家吧，吃饭吧！"所以它不舍得离开我，引读课文，它原来胖吗？怎么知道？刚出生不久，它胖不胖？

（指名读）

（全班跟老师一起读："瞧，多么像它的母亲！……红嘴红脚……整个身子好像一个蓬松的球。"）

（生齐读）

师：你们见过这样的小鸟吗？见过小鸡吗？就是颜色不同，脚什么颜色，后背什么颜色，因此叫它什么鸟？

　　生：珍珠鸟。

（《珍珠鸟》）

案例分析

　　《珍珠鸟》这篇课文选自人教版课标本第九册。这篇课文生动地描述了珍珠鸟在"我"的细心照料、精心呵护下由害怕人到亲近人的变化过程，告诉我们：信赖，往往能创造出美好的境界。说明人和动物是完全能和谐相处的。在这堂课中，从头到尾维系课堂脉络的不是教师设定的教学步骤，而是学生阅读的感受。靳家彦倾心聆听学生朗读之后引导，再听再引。从开课对"真好，朋友送我一对珍珠鸟"这句话的朗读指导开始，品词析句，循环往复，让学生读出不同的感受来，对文意的感悟变得越来越深刻，从中获得的情感体验越来越真切。整堂课中，靳家彦的教法简单到只问"怎么读""为什么""再试试"。然而，每一个词，每一段话，在靳家彦低沉的声音讲述过后，学生诵读便又是一番境界。另外，靳家彦在指导朗读的同时，不失时机地教给学生读书的方法，不是要声音大，而是要有感受地读书。靳家彦不以教师的分析来代替学生的阅读实践，而是把阅读的自主权充分地交给学生，让学生读出独特的感受，在主动积极的思维和情感活动中，加深对课文的理解和体验，并有所感悟和思考，受到情感熏陶，获得思想启迪，享受审美乐趣。靳家彦这样的阅读教学无疑极大地激发了学生学习的兴趣，彰显了语文新课程的理念。

实施方法

　　靳家彦指出，导读式教学在课堂教学中具有六个鲜明的特点：以情励学，以趣激学，调动参与，启迪创造，注重内化，求精求活。这六个特点也是导读式教学课堂六要素。在课堂教学中，不同的年级、班级、教材以及不同的课堂类型，采用的导读方法是不一样的。

1. 程序导读，激发兴趣

　　程序导读，是指把学生的阅读过程划分为一个个步骤，使学生一步一步对

17 <<<

全篇课文有比较深刻的理解。它遵循阅读教学"整体——部分——整体"和"语言形式——思想内容——语言形式"这样两个回合的程序，特点是对每部分的学习都提出一定的目标，引导学生总结读书方法，创造及时反馈的条件，教师随时调控课堂的进程、方向与速度。当学习目标得以完成和读书方法得以总结时，学生的学习兴趣自然被有效地激发起来。

2. 图示导读，激发兴趣

图示导读，是指在引导学生读书的过程中教师运用图画、图表、板画、地图等图形媒体引导思考方向，揭示文章思路，认识文章的内在联系，使学生借助直观、形象、艺术的图示读书、学习以及认识事物。学生在形象化知识内容的引导下，理解文意显得较为轻松自如，也就充满兴趣地投入到探究性学习中。

3. 赏析导读，激发兴趣

赏析导读，是指以欣赏、品味、体验、吸纳为目标的导读方法。在教师的正确引导下，学生用课文所表达的美的思想、美的意境和美的情感来陶冶自己的情操，提高语文素养，培养自己的审美能力和高尚情操。这正是新课程标准积极提倡的理念。教师通过指导学生在读书的过程中学会欣赏文段，品味词句，体验情感，吸纳技能，充分地激发学生的学习兴趣。

四、鼓励质疑，激发兴趣
——关注学生的求知欲望

教师鼓励学生发现问题，大胆质疑，主动钻研，相互探讨，正是新课程理念的体现。"学起于思，思起于疑。"提出一个问题，往往比解决一个问题更为重要。让学生学会提出问题，大胆质疑，是改变他们学习中的被动地位，使他们逐渐变得积极主动的最佳途径之一。学生在学习中能够发现问题并去质疑求证，敢于发表独立见解，不仅能加深对知识要点的理解和领悟，而且能够点燃创造性思维的火花，找到成功的感觉，提高学习的兴趣。

在传统的课堂教学中，教师是课堂的主宰者，搞的是"满堂灌""一言堂"，对学生实施的是"填鸭式"教学，学生是被动接受知识的对象，没有独立思考的空间，缺少发表见解的机会，个性受到压抑，毫无创造性可言。学生处于这种状态中，将失去探究新知的动力和激情，为上课而上课，学习兴趣自然提高不起来。因此，新课程强调教师务必解放思想，转变角色，改进教法。在新课程理念倡导的课堂里，教师要以学生为主体，重视学生的个性发展，关注学生的求知欲望，呵护每位学生探究新知的心灵。教师的角色必须由课堂的主宰者转变为课堂的组织者、引导者，师生之间互动交往，平等对话。教师的教法也由"满堂问"转变为引导学生自主提问，鼓励学生大胆质疑，组织学生合作交流，启发学生探究释疑。

经典案例

师：看老师写课题。（板书课题）好！我们一起读课题，读吧！

生：跳水。

师：我们知道，读一篇文章，从接触题目开始，就要一边读一边想。那么，看到"跳水"这个题目应该抓住哪个字来想？

生：跳。

师：说完整的话。

生：我们看到"跳水"这个课题，应该抓住"跳"这个字来想。

（师在"跳"字下加点）

师：应该怎样想呢？第一个问题应该想什么？学会思考。

生：谁跳水？

师：接下来想什么？

生："跳水"这一课是写人的还是写事的？

师：想得不错！还应该想什么呢？

生：怎么跳？

师：还不忙，在想怎么跳水以前还应该想一个非常重要的问题。什么问题？你说。

生：他为什么跳水？

师：想得好。谁跳水，他为什么跳水，怎样跳水。往下想，还应该想什么了？

生：跳水的结果怎么样呢？

师：跳下去是淹死了还是得救了，结果是什么？还应该想什么？

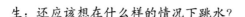

生：还应该想在什么样的情况下跳水？

师：还应该想什么？最后一位男同学。

生：跳水是写人的还是写事的？

师：同学提过的问题就不要重复了。我来告诉大家，作者写这篇文章是为了告诉我们一个什么道理？——把刚才同学们提过的问题汇集一下，就是谁跳水？为什么跳水？他在什么情况下跳的水？经过怎么样？跳水的结果又如何？作者写这篇文章要告诉我们一个什么道理呢？进一步想一下，这篇文章是写人的还是写事的文章，在写作上学习什么呢？这就是这篇文章的大体思路，也是同学们学这篇文章的大体思路，也是教师教这篇文章的思路。把三者结合起来，揉在一起，我们大家一定能学得很好。你们相信吗？

师：把书打开。我们大家做了很好的预习，老师想了解一下你们在预习中遇到什么问题不好解决。请举手告诉我，什么问题想不通，理解不了？

生：猴子为什么要取笑孩子？

生：船长为什么命令孩子跳水？为什么不用梯子接下来？

师：这个问题提得非常好，为什么跳水，不用梯子或别的办法？还有问题吗？

生：猴子为什么戏弄船长的儿子？

师：这个问题提得好！还有吗？

生：船长为什么要用枪逼着孩子跳水？

师：我再追问一下，你们说，如果孩子不跳水，船长会不会开枪？

（学生抢答）

师：也有可能会，也有可能不会，究竟根据什么说会，或不会，以后研究课文时再重点研究。还有问题吗？

生：猴子为什么放肆起来？

生：孩子为什么非要抢回帽子来呢？

师：是不是帽子特别珍贵、值钱，孩子一定要抢回来？还有问题吗？

生：为什么孩子上第一根横木时不救他呢？

师：还有同学在举手，非常好！这些问题，我们随着读课文都要加以解决，弄清楚。一定要在读课文时扎扎实实地弄懂。清楚吗？

生：清楚。

师：这些问题你们希望谁给解决啊？

生：老师。

师：现在我明确答复你们，这些问题我一个不给解决。那么谁来解决呢？

生：自己。

师：自己提的问题自己解决，解决不了怎么办？靠同学、老师帮助解决，这样做好不好？

生：好。

（《跳水》）

案例分析

《跳水》是俄国著名作家列夫·托尔斯泰的作品，写一艘轮船在环游世界之后，在返回的途中，水手拿猴子取乐，猴子放肆起来，戏弄船长的儿子，气得孩子爬上了最高的横木，只要一失足就会摔个粉身碎骨。幸好船长及时出现，引导孩子跳水，最后孩子得救了。靳家彦执教《跳水》一课的成功之处，就在于以学生为主体，鼓励学生提出问题，大胆质疑，自主探究，从中领略学习的乐趣，培养创造性思维，提高释疑解难的能力。首先，靳家彦引导学生提出一个个问题：谁跳水？为什么跳水？他在什么情况下跳的水？经过怎么样？结果又如何？这篇文章是写人的还是写事的？这些问题的提出让学生疏通了学习这篇文章的大体思路。接着，靳家彦鼓励学生大胆质疑，积极思考，"猴子为什么要取笑孩子？""船长为什么命令孩子跳水？为什么不用梯子接下来？""猴子为什么戏弄船长的儿子？""船长为什么要用枪逼着孩子跳水？""猴子为什么放肆起来？""孩子为什么非要抢回帽子来呢？""为什么孩子上第一根横木时不救他呢？"学生的质疑颇有价值，为靳家彦教学的成功展开做好了充分的铺垫。苏霍姆林斯基说："在儿童的心灵深处，都有一种根深蒂固的需要，那就是希望自己是一个发现者、研究者、探索者。"在课堂教学中，靳家彦关注学生的求知欲望，以引导者的角色与学生互动对话，极大地激发了学生探究新知的兴趣。

实施方法

1. 师生互动，平等对话

新课程倡导师生互动、平等对话的课堂。在课堂教学中，教师要把自己融入学生群体之中，成为其中一员，与学生平等对话，消除学生的心理障碍，利用学生心理特征中的积极因素使学生以乐学的心情投入到教学活动中去。在这种新型的师生关系中，教师把学生当作是共同解决问题的朋友，以师爱营造民主、和谐、积极、开放的课堂氛围。这样，学生才能放下因担心表达失误而招致批评的心理包袱，大胆质疑、勇于创新。

2. 自主探究，合作交流

新课程极力倡导自主探究、合作交流的学习方式。传统的课堂教学模式，学生主要以静听、静观、静思的方式进行学习，其活动形式主要是大脑机械记忆的活动。在这种学习方式的支配下，学生以个体学习为主，相互孤立，缺乏群体的合作性，不会交往，不会关心，自我封闭等等。而在小组合作交流和探究中，学生能充分发挥"学习共同体"的作用，通过思维的碰撞，促进思考问题的深刻性和灵活性，保证了大胆质疑之后能够顺利地解疑释疑。同时，在解疑释疑的过程中，学生互相启发、互相激励、互相帮助，达到共同发展、共同提高、共同完善的最终目的。

3. 及时肯定，树立信心

教师要从培养学生主动积极思维的角度，给予每个学生大胆质疑的权利。哪怕是无边际的，甚至是"荒唐"的质疑，也要在引导的过程中，给予鼓励；哪怕质疑有微小的合理性，也要及时肯定，使其逐渐树立大胆质疑的信心。

五、角色表演，激发兴趣
——关注学生的个性彰显

陶行知非常推崇"教、学、做合一"的教学模式，他指出："做是学的中心，也是教的中心。"心理学家通过研究也得出这样的结论——小学生学习的规律是：听过一遍就忘了，看过一遍就有印象了，做过一遍就学会了。可见，要提高语文教学的实效性，在教与学的基础上还应该让学生去"做"；而让学生去"做"的一个最佳途径，就是让学生扮演课文中的角色，进行课本剧表演。

求知是儿童的天性，好表现是儿童的需要。从课堂实践来看，学生的表现欲强，他们喜欢表演，渴望表演，他们把表演当作一种可以带给自己无穷乐趣的游戏。小学语文教材所选内容富有文化内涵，题材、体裁丰富多样，故事性强，贴近生活，有一定的情节或意境。天真活泼的儿童有很强的想象力和表现欲，他们非常喜爱表演课文的活动。如果让学生走进课文的情境，参与角色进行表演，将有利于积极情感和态度的产生；有利于在思考中理解内容，掌握知识，丰富经验；有利于在表演中发展语言，促进交流；有利于在多学科的贯通融合中培养创造性思维、展示个性。

在课堂教学中，靳家彦经常运用"角色表演"的方法创设情境，带领学生进入"体验的新境界"，促进学生亲近文本、感悟文本、超越文本，新课程所提出的"知识与技能、方法与过程、情感态度与价值观"三维目标得以实现。由于靳家彦出色地运用"角色表演"的方法，因而他的课堂教学显得富有魅力，课堂气氛十分活跃，学生无不乐于表现，参与学习的兴趣和热情都很高涨。靳家彦根据教学实际情况，懂得创新，灵活把握，使角色表演呈现多样化的特点。学生可以是演员，也可以是编剧、导演和观众；老师可以是导演、评论家，也可以是演员和观众。表演可以是个体表演、小组表演和集体表演，也可以采用单项表演或综合表演，可以在上课时表演，也可以在上课前、上课后表演。

经典案例

师："书来了吗？有消息了吗？从哪里开始到哪里？"一开始盼书，现在去领书。这里非常像电视剧的场面。我们能根据这段文字拍电视剧，你们想拍吗？让摄影的叔叔、阿姨拍下来，在温岭电视台一播，演员就是你们，导演就是老师。

（生组合选择角色排练）

师：时间是——

生：1947年春天。

师：谁先出来了？

生：指导员。

师：谁能演指导员，老师来看看。（选一学生）现在他就是你们的——

生：指导员。

（演指导员的学生上台说：告诉大家一个好消息，咱们有书啦）

师：他兴高采烈吗？来，大家帮他排练。

（另一学生说）

师：现在我就是指导员了，我说完这句话你们就怎么样？

生：欢呼。

（师说台词）

生：耶！

师：战争年代哪来的港台调"耶"，应该说——好。

（师生再演，学生欢呼时间较短）

师：时间这么短，不行。

（师生再演）

师：对，这就叫做"振奋人心"。（板书）

师：什么叫"兴高采烈"，什么叫"振奋人心"，懂了吗？对，就这样读，不用背解释，已经知道了，这叫欣赏。我请同学们接着演指导员。

（生读第4节）

师：这时大家更应该怎么样？

生：欢呼。

师：还有一个声音，谁来？

（选好演员，生再合演）

师：可是书还在印刷厂，谁去？

生：我去。

生：我去。

师：不够积极，不够踊跃，我看谁特别积极就谁去。谁去？

（学生争着要去）

（板书：争先恐后，生读词）

师：这1段就像拍电视剧一样会拍了吗？会表演了吗？对，不仅演得好，还理解了什么叫"兴高采烈""振奋人心""争先恐后"。

师：第3段非常感人，我们一起读读。

（师范读，指导读）

师：后面是一个省略号，说明喊了几次？

生：很多次。

师：但文章中没能写出来，就用了省略号。

师：这本书连一页也没缺少，叫什么？

生：完整无缺。

师：这捆书被完整无缺地压在指导员身下，所以，看到这捆被鲜血染红的教科书时，我就大声喊——谁来把他唤醒。

（生读，齐读）

师：喊了好半天，指导员才微微睁开眼睛，嘴里叨念着："书……书……"我激动地说——

（生接读）

师：他轻轻地摇了摇头……用微弱的声音说……

（生接读）

师：这是指导员流尽的最后一滴血，用尽全身力气留给大家的一句话，我们再来读读。

（生齐读）

师：将来干什么？没说呀，指导员这时候——

生：牺牲了。

师：他慢慢地停止了呼吸，慢慢地闭上眼睛，慢慢地心脏停止了跳动。话还没说完，他要说什么，你们知道吗？拿起笔来，把他没说完的话写在后面。

（生开始写）

生：你们要好好学习，将来打败敌人，为我报仇，为国争光。

生：你们要好好学习，将来为社会尽一份力量。

生：你们要好好学习，将来报效祖国，为祖国出力，就只能靠你们了。

生：你们要好好学习，将来为祖国做贡献。

生：你们要好好学习，将来一定要打败敌人，让我们的后代过上好日子。

生：你们要好好学习，将来能建设祖国，为祖国出力。

生：你们要好好学习，将来建设祖国需要你们，为祖国创造宏伟的蓝图。

师：让我们把指导员的话深深地记在心里，酝酿好情绪，一齐来读一读。

（生满怀深情地读第12节）

师：这捆教科书的故事，深深地印在我的脑海里。读书不仅要读过去，还要进行评价。怎么评价？

（师板书：读《珍贵的教科书》）

师：什么意思？

生：大声地，有感情地朗读。

生：写出读后感。

师：写多少？没有限制。怎么写？没有限制。怎么想就怎么写，能写多少就写多少。回去好好读，好好写。

（《珍贵的教科书》）

案例分析

《珍贵的教科书》是一篇十分感人的课文，讲述的是革命战争年代，延安小学的学生在艰苦的环境下坚持学习的故事。课文记叙了张指导员为保护教科书英勇牺牲的经过，说明教科书的珍贵及当时学习环境的艰苦，体现了革命先烈对后代的殷切期望。这篇课文以教科书为线索，以"珍贵"为核心，展开故事情节，主人公是张指导员。靳家彦为了引导学生更好地学习张指导员的光辉形象以及献身精神，感悟教科书的"珍贵"，在课堂教学中采用了"角色表演"的方法，自己扮导演，学生当演员，通过角色置换进行表演。这样，学生通过角色表演进入到课文所描述的情境之中，设身处地地去经历、观察、感受、欣赏。语言文字在他们面前就不再是枯燥的符号，而是具体丰富的形象。学生不仅进一步理解了兴高采烈、振奋人心、争先恐后等重点词语，而且进一步加深了对课文内容、思想感情和人物形象的领悟。靳家彦把表演带入课堂，一改学生被动阅读的地位，促使学生多动脑、多动手，主动参与阅读，激发学生的学习兴趣，培养学生的语文实践能力。

实施方法

1. 充分准备，加强指导

在上课前，表演要有充分的准备工作，无论是表演形式、表演道具、表演情感、表演心态、表演分配都应做提前准备。这样才能保证高质量地完成表演。表演型的课堂气氛往往十分活跃，课堂常规可能受到冲击，教师的组织指导作用则要加强，既要维护学生的热情，也要维持正常的秩序，使课堂"活而不乱，管而不死"。同时，教师要给予学生必要的点拨和提点，在学习方法上要做适当的指导，在学生的情感态度和价值观上要给予正确的引导。倘若教师放任学生自由发挥，毫无约束，那么表演就会流于形式，没有教学效益可言。

2. 入情入境，多元体验

表演的前提是师生要入情入境。要求学生能走进文本，了解文本所要表达的意图和情感；走近人物，领悟人物的思想感情和精神面貌。同时，还要求学生根据文本所描述的事件，感受场景和场景对人物思想、行为等方面的影响。当在表演中融入了课文的情境，学生就能在分析和欣赏中体验到文本的丰富意蕴，在品味和运用中体验到语言的艺术魅力，在换位和模仿中体验到人物的情感变化，在亲历和实践中体验到生活的多姿多彩。这样，教师通过采用"角色表演"的方法，促使学生在学习的过程中实现了多元体验，完成新课程要求的三维教学目标。

3. 发掘潜能，彰显个性

新课程理念强调在教学中要努力发掘学生的潜能，彰显个性。每个人身上都存在着巨大的潜能，当人的潜能被有效地发掘出来，那么所产生的创造力将是不可估量的，这时最能彰显自己独特的个性。在课堂教学中引入角色表演，是促进学生发掘潜能、彰显个性的有效手段。教师要面向全体，给每位学生提供演练的机会，使每位学生都能投入到角色活动中，享受学习、体验、创造的乐趣。教师还要提供选择，让学生选择自己喜欢的角色和表演方式，尽可能地激发他们的自主意识以及创新意识，让他们在准确把握文本的基础上演出自己独特的风格和个性。

六、深度阅读
——激趣乐学与语文教学

兴趣是求知的内在动力。孔子曰："知之者不如好之者，好之者不如乐之者。"浓厚的学习兴趣，能调动学生学习的积极性，使学生处于最活跃的思维状态，最佳地接收教学信息，注意力、记忆力、思维能力、想象力因而才会获得显著提高。教与学得到了和谐的发展，教学效率与学习效率就会随之大幅度地提高。那么，在新课程理念下语文教学如何激发学生学习的兴趣呢？

1. 创设情境，激发兴趣

《语文课程标准》指出："学生是语文学习的主人。语文教学应激发学生的学习兴趣，注重培养学生自主学习的意识和习惯，为学生创设良好的自主学习环境。"著名心理学家皮亚杰认为："只有要求儿童作用于环境，其认识才能顺利进行。"创设情境是完成语文教学任务的最佳形式之一。所谓情境，就是"情"与"境"的交融，它包括情感与环境两方面的内容。在课堂教学中，如果为学生创设精彩生动的情境，便可唤起学生丰富的想象和愉悦的情感，从而激发学生的学习兴趣。新课标强调，教师在语文教学中应善于创设教学情境，营造和谐氛围，提高语文教学的实效性。

（1）借助音画，创设情境

教师借助悠扬动听的音乐和形象直观的画面，为学生创设一个情趣盎然的学习情境，更能吸引学生的注意力，更能激发学生学习的兴趣。音乐的语言是微妙的，也是强烈的，给人以丰富的美感，往往使人心驰神往，它以特有的旋律、节奏，塑造出音乐的形象，把听者带到特有的意境中。有时，为了配合教学的需要，或是为了让学生加深对教学重难点的掌握，教师以画面再现的形式创设情境，让学生充分感受形象，体会意蕴。画面可以是课前的教学挂图，也可以是课中的师生绘画。

（2）利用媒体，创设情境

多媒体手段具有形、色、光、画的独特效果，鲜明的表现力和直观的形象性，最能调动学生的多种感官，唤起其浓厚的学习兴趣，使学生不知不觉地进入教学内容之中，会大大增强学习的积极性。

（3）策划活动，创设情境

小学生活泼好动，喜欢参与各种各样的活动。在课堂教学中，教师如果能联系教学内容精心地策划一些有趣的、多样的游戏或竞赛活动，创设生活情境，那么就能激发学生参与学习的积极性和兴趣，同时让学生加强对抽象内容的理解，深化学生的情感体验。

（4）语言描述，创设情境

教师运用生动而富有感染力的语言为学生创设情感画面，使他们积极主动地融入角色，找到情感共鸣点，并在言之有物、言之有序的基础上做到言之有情。教师的语言描述越是扣人心弦，感人肺腑，就越能引起学生的情感共鸣，使学生对学习产生兴趣。

2. 赏识评价，激发兴趣

课堂评价作为师生交流的有效方式，贯穿于课堂教学的始终。课堂评价起点低、目标小、评价勤、反馈快，学生最感兴趣，最容易接受，也最能受到内心的触动。新课标强调评价的目的是为了全面了解学生的学习历程，激励学生学习，帮助他们认识自我，树立信心。因此，赏识性评价在新课标的课堂教学中具有重要的意义。当学生获得尊重和肯定的时候，他们的情感需求就得到满足，自我实现的需求也得到满足，这无疑会增强他们的自信心，激发他们学习的兴趣，促使他们继续努力。

（1）把握时机，适当肯定

在新课程背景下，有的教师在赏识评价中为了赏识而盲目跟风，一味赞赏，滥用表扬。结果，一堂课下来好评如潮，掌声不断，以致使表扬变得廉价，使学生产生惰性，使评价失去了应有的激励作用。因此，教师要对学生进行赏识评价，应以发展的眼光看待每一个学生，注意把握好学生学习表现的时机，在学生解决难题或取得进步时给予适当的肯定和赞许，让学生体验到成功的喜悦，从而产生积极的情感体验和浓厚的学习兴趣。让每一位学生在教师的赏识中快乐成长，帮助学生认识自我、建立自信，从而促进学生的和谐发展。

（2）发现优点，鼓励表扬

赏识评价就是要求教师怀着一颗爱心，发现学生身上的优点，通过鼓励、表扬等手段肯定学生的长处，让学生生活在表扬、认可之中，让他们发现自己的潜力，从而转变为学习的动力。对于学习积极性不高、基础薄弱、缺少自信的学生，教师最好多用一些包含情感的、以相对评价和个性差异评价为出发点的赏识评价。

3. 拓展延伸，激发兴趣

（1）立足文本，适可而止

课堂教学内容的拓展延伸应当以立足文本为基础，任何脱离文本的拓展延伸都是不着边际的。为了拓展延伸，囫囵吞枣地学习课内知识，然后忙于拓展延伸中的"表演"和"作秀"，新是新了，却显得浮艳。其实，只有文字才是语文教学之本，也是最好的课程资源。拓展延伸是为深入理解教学内容服务的，而不是让教学内容为拓展延伸服务的。于漪说："离开文本去过度发挥，语文课就会打水漂。"教师在拓展延伸时，首要的就是立足文本、尊重文本的价值取向，在适当的时机和地方去拓展延伸，并掌握合适的"度"，适可而止。

（2）把握学情，联系生活

课堂教学内容的拓展延伸要符合学生的实际情况。学生的实际情况包含学生的生活经验、认知水平、知识积累、个性特征等方面。教师应充分考虑不同层次学生的"最近发展区"，多设置一些难度各异的学习内容，多设计一些不同层次的训练问题，使每一位学生都感到自然亲切，有话可说。语文的外延等同于生活的外延。语文拓展延伸与现实生活的联系，可以把有字之书与无字之书连接起来，不仅能缩短课本知识与实际生活的距离，而且能开阔学生的视野，激发学生的学习兴趣，让学生体验到生活的意义和乐趣，有助于形成正确的世界观和人生观，养成观察、体验、思考、表达生活的习惯和能力。

（3）写作训练，潜移默化

课堂教学内容通过写作训练进行拓展延伸的主要方式有缩写、扩写、续写、改写和仿写。缩写和扩写都有助于拓展学生思维，提高学生分析、想象和语言表达能力，深化学生对课文内容的理解。续写是培养学生创造性思维的一种有效手段，能给学生提供一个富于联想和想象的空间，使学生的思维得到进一步的拓展。改写比续写更能训练学生的创造性思维，它能够更加放飞学生的思维，让学生根据课文内容来重新设计情节，安排不同的高潮和结局，从而达到拓展的目的。仿写对于初学写作的小学生而言，具有奠定写作基础、增强写作兴趣的作用；并且在课文的示范下，学生能够轻松地进入写作的门槛，有效地提高写作水平。在课堂中，教师可以根据教学的具体情况，灵活地采取不同方式进行写作训练。这样将非常有利于课堂教学内容的拓展延伸，帮助学生吸纳知识，学以致用。

（分析论述：豆海湛）

王 文 丽

如何在激趣中让语文走向孩子的心灵

名师档案

——全国模范教师

王文丽，著名特级教师，中学高级教师，北京市骨干教师，现任崇文区小学语文教学研究会秘书长，崇文区教育研究中心小学教研室副主任，教育部北京师范大学基础教育课程研究中心"教学与教师成长研究室"培训专家组成员。先后荣获"北京市优秀教师""北京市优秀知识分子"，崇文区"十大"杰出青年等光荣称号；曾获得全国小学语文学法优秀教改探索课一等奖，在中央教科所、中国教育学会组织的全国阅读教学大赛中获得一等奖，北京市阅读教学大赛唯一特等奖。

从教十五年来，王文丽的语文教学逐渐形成了"自然、亲和、醇美"的风格。为全国小语会第三届阅读教学大赛做样板课；应邀在全国各地做公开教学200余次，被聘为教育部北京师范大学基础教育课程研究中心"教学与教师成长研究室"培训专家组成员；中国教育学会名师讲学团讲师；北京市小学语文骨干教师培训班讲师。在《中国教育报》等十余家国家级教育刊物发表文章数十篇。教学专著《走近王文丽——语文让我如此美丽》由福建教育出版社出版。

一、名课实录

——激趣教学，人文熏陶

《五彩池》课堂教学实录（北师大版小学语文第五册）

（一）整体感知，从读中悟

师：这节课，我们一起去欣赏五彩池绮丽的风光，感受它独特的魅力。现在同学们打开书，请几位同学分自然段朗读课文，其他同学认真思考：课文围绕着五彩池主要讲了什么？

（先根据举手情况指名3位同学，然后请第3名同学推荐一人读书）

生：我推荐赵婧妍读第4段。

师：能不能告诉我，你为什么推荐她？

生：因为她读书好，有感情，声音洪亮。

师：看来你非常懂得欣赏别人。（请第4位同学再推荐一个人读书）在我们班，有没有这样的同学：平时因为胆子小，或者性格内向，锻炼的机会很少。你能不能给这样的同学一个机会？

生：我推荐×××。

师：（面对这个被推荐的孩子）你看，这么多同学都想争取这个机会，她把机会给了你，你应该对她说些什么？

生：谢谢你！（面对推荐自己的同学）

生：不用谢！

师：我们同在一个集体中学习，就应该互相欣赏，互相帮助。

（5位同学每人一个自然段读完了全文）

师：几位同学读得很好，基本上做到了正确、流利，相信随着学习的深入，会读得越来越好。谁能回答刚才提出的问题："课文围绕着五彩池，主要讲了什么？"

生：课文围绕着五彩池主要讲了五彩池的形状、大小，还有深浅，还有池水的颜色。

生：还讲了五彩池中的石笋。

师：我们在这两位同学说的基础上概括一下，也就是说课文主要介绍了水池、池水还有池底的石笋一些情况。

（板书：水池、池水、池底）

（二）精读课文，情感交流

1. 师生交流五彩池位置之疑

师：五彩池到底在哪呀？谁能从课文中找到原句读给大家听。（指名一人读）给你提个要求，要让我们每个人都听清楚五彩池到底在什么地方？

生：没想到今年夏天去四川松潘旅游，在藏龙山上，我真的看到了像瑶池那样神奇的五彩池。

（有意识地强调了"四川松潘、藏龙山上"这两个词语）

师：（面向大家）听清楚五彩池在哪里了吗？

生：听清楚了，在四川松潘的藏龙山。

师：好，还是这句话，你们听老师读，看看能不能听出什么不同的意思。

（老师读时，强调了"真的"这个词语）

生：我听懂了作者小的时候就想看看传说中的五彩池，现在终于亲眼看到了。

生：我听懂了，作者梦想成真了。

师：真了不起！同样的一句话，你们竟然听出了不同的意思。还是这句话，老师再来读，看你们还能听出什么？

2. 师生共同感受五彩池之神奇

（老师读时，有意识地突出了"像瑶池一样神奇"）

生：我听懂了五彩池很神奇。

生：是和天上的瑶池一样的神奇。

师：你说得真好，我把它写在黑板上。（板书：瑶池神奇）看来同样的一句话，不同的读法，就会表达出不同的感受。你们自己来试一试。（同学自由练习这句话，能够听出每个人的感受是不一样的）

师：那么五彩池到底神奇在哪儿呢？请你认真默读课文，把你感受到的五彩池神奇的句子画下来，然后练习读一读，试着读出自己的感受。

（学生默读、标画、练习朗读，教师巡视，不时和学生交换意见）

师：我们来交流一下，谁是从课文的第 2 自然段里标画句子的？也就是讲水池的这部分？（有三分之二的同学举手）能说说你从这部分感受到五彩池怎样神奇了吗？

生：五彩池特别多，形状也不一样。

生：我想补充，我还感受到了五彩池大小、深浅也不同。

（根据学生回答板书：数量多、形异、大小、深浅）

3. 师生惊叹五彩池形状之奇

师：请你们选择自己喜欢的特点来练习朗读，一会儿我们通过听你读书，来体会你的感受。

（学生放开声音自由练习，所选择的内容不同，老师在字里行间做个别指导）

师：谁愿意为大家读一读描写水池多的句子？

生：那是个晴朗的日子，我乘汽车来到藏龙山，只见漫山遍野都是大大小小的水池。无数的水池在灿烂的阳光下，闪耀着各种不同颜色的光辉，好像铺展着的巨幅地毯上的宝石。

师：我非常欣赏他读的这一处——漫山遍野。这个地方我们是要读得快一些，还是慢一些？

生：慢一些。

师：为什么？

生：因为"漫山遍野"是说太多了，满山遍野都是水池，看都看不过来，当然要慢一点读。

师：也就是说，要慢慢地欣赏。

（打出课件，画面上呈现出漫山遍野的水池，学生看见了不由得发出惊叹）

师：你们知道这样的水池，在藏龙山上大约有多少个吗？

生：我课前查过资料，大约有3400多个。

师：是呀，这么多的水池，怎样读才能表现出来呢？请你们自己再练习一下。

（指名汇报。学生通过看图，对五彩池的"多"有了比较直观的认识，所以朗读起来很有味道，跟初读相比，有了明显提高）

师：你们谁喜欢读写水池有大有小、有深有浅这一部分呢？

生：水池大的面积不足一亩，水深不过一丈；小的像个菜碟，水很浅，用小拇指就能触到池底。

师：谁知道一亩有多大？

生：有100米。

师：米是长度单位，亩是面积单位。

生：好像是 60 平方米。

生：应该是大约 666 平方米。

师：那么，666 平方米又有多大呢？（学生摇头）看看我们今天上课的这个大教室，大概有 200 平方米，那么不足一亩应该有——

生：3 个教室那么大。（边说边发出惊叹的声音，对"亩"有个比较具体的认识）

师：大的这么大，小的有多小？

生：像个菜碟，（边说边用手比划）水很浅，用小拇指就可以触到池底。

师：（课件展示）你们看，水池大的这么大，小的这么小，谁能读出他们的差异？想一想"不足""不过"是什么意思，该怎样读？（学生再次练习）

师：谁喜欢水池形状的这几句？

生：池边是金黄色的石粉凝成的，像一圈圈彩带，把大大小小的水池围成各种不同的形状，有像葫芦的，有像镰刀的，有像盘子的，有像莲花的……

（随着学生的朗读，教师打出了同样内容的文字，老师一边范读，一边引导学生看文字投影片，投影片上"各种不同""葫芦""镰刀""盘子""莲花"均用彩色突出，使学生领悟到水池形状的特点）

师：谁能够读出水池的特点？（指名一人读）谁来评一评她读得怎么样？

生：特点读出来了，但是有点平淡，没有读出水池的美。

师：那么请你来读一读。（该生读时"的"字咬得过重）谁能给她一个好的建议，帮助她读得更好？

生：我觉得"的"字读得轻一些更好听。

师：我们大家都来试一试。

师：刚才有的同学说了，五彩池大概有 3400 多个，那么一定还有许多作者没有见过或者没有形容出的水池的形状。你能学着作者的样子，想一想，试着填空并且读出来吗？

生：池边是金黄色的……有像弯月的，有像树叶的。

生：池边是金黄色的……有像蝴蝶的，有像桃心的。

生：池边是金黄色的……有像扇子的，还有一些说也说不清楚的形状。

师：你们想象得真美、真形象，我们说了这么多形状了，是不是可以画上一个句号了？

（课件演示）

生：不行，还有好多没说呢！

师：那该怎么办？请你给我一个好的建议。

生：改成省略号。

师：好，接受你们的建议，我改过来。

（课件演示）

4. 师生欣赏五彩池池水之奇

师：有人说，黄山归来不看岳，九寨归来不看水，可见，黄龙风景区最美的还是五彩池的池水。刚才谁在这部分标画句子了？（几乎全班同学举手）我们共同来读一读描写池水的这一部分，然后来交流一下感受，好吗？

生：好！

（教师出示这一段的文字内容，学生和老师自由读，大约2分钟）

师：我想来说说我的感受可以吗？

生：可以！

师：我读了这一部分，我的感受就是五彩池的水颜色特别多，你们同意吗？

（学生大部分喊"同意"，有的还在思考，有的表示不同意）

师：我这么讲可是有根据的，我可以用朗读来证明。（老师读：有些水池的水还不止一种颜色，上层是咖啡色的，下层却成了柠檬黄；左半边是天蓝色的，右半边却成了橄榄绿）如果，你不同意我和一些同学的看法，也要用朗读来说服我们。

生：我觉得五彩池的水颜色只有一种，不是像您说的那样，我是从这里读懂的：更使我惊奇的是，所有的池水来自同一条溪流，溪水流到各个水池里，颜色却不同了。这句话说明溪水没有那么多颜色，就本身的一种颜色。

师：说得好，读得也好，有道理。

生：我给他补充：可是，把水舀起来看，又跟普通的清水一个样，什么颜色也没有。这说明池水是没有颜色的。

师：你们的发现给了我很多启发，看来池水的神奇之处就在于表面看上去的多彩和它在我们的眼前和手中不停地发生着——

生：变化！（异口同声）

（教师板书：多彩多变。播放五彩池的风光片）

师：看完了录像，你有什么感受？

生：五彩池真是太美了！

生：将来有机会，我一定去五彩池旅游。

生：我觉得作者很不简单，他写得就和真的五彩池一样美。

师：你们愿意把这段文字积累下来吗？

生：愿意！（表情非常兴奋）

师：我们一起来试着背诵。（打出文字投影片——背诵框架。学生基本上都可以背诵下来，教师及时鼓励）

师：课文学到这里，你的脑海里出现了什么问题？

生：明明是清水，为什么在水池里会显出不同的颜色来呢？

师：谁能结合课文来解答这个问题。

生：因为池底生长着许多石笋，石笋表面凝结着细腻透明的石粉，它们就像一面面高低不平的折光镜，把阳光折射成了各种色彩。

（老师用课件演示同学说的这个意思，边操作边做简单的讲解）

师：在我们的生活中有没有这样的现象？比如：在阳光灿烂的日子里，你会看到喷泉的水雾间会出现——

生：彩虹。

师：这里面存在着神秘的光学原理，等你们上了中学，会学到一门功课——物理，相信到了那个时候，你会对这个问题有更准确、更深刻的认识。刚才一上课的时候，我们就从课文中知道了五彩池像天上的瑶池一样神奇，现在学到这里，你有了什么新的认识？

生：我觉得科学最神奇，它可以解释我们不能解释的现象。

生：我觉得大自然最神奇，它就像一个魔术师，把这么美的五彩池变出来给大家欣赏。

师：你们两个所说的角度不同，但是我想你们想表达的意思和作者是一样的。作者看到眼前的景象也是感慨万千，请同学们齐读最后一个自然段。

生：（齐读）原来五彩的瑶池就在人间，不在天上。

（三）板书写诗，回顾创新

师：如果我是一个画家，看到此情此景，我一定想把它——

生：画下来。

师：如果我要是个歌唱家呢？

生：唱出来。

师：我要是个摄影师呢？

生：就拍下来。

师：你们看我是谁呀？

生：老师。

师：那你们建议我该怎么做呢？

生：把它给我们讲出来。

师：这个我已经做到了。

生：把它写下来。

师：好啊，但是我不写文章了，我想邀请你们和我一起创作一首小诗。行吗？

生：行！

（教师利用板书联诗，括号中的内容为学生所填）

师：我的朋友去过五彩池，可是他去的第一天没有见到这么绮丽的景色，你们知道是怎么回事吗？

生：下雨了。

生：要不就是阴天，总之没有阳光。

师：你们可真了不起，的确如此。看来，要想感受这么瑰丽的景色，必须得晴天去。

（板书：感受瑰丽须晴天）

师：请一位同学来读一读我们共同创作的这首诗。

生：水池（无数）尽铺展，形异大小（有）深浅。池水多彩（又）多变，池底（石笋显奇观）。感受瑰丽须晴天，

师：你们发现了什么？

生：好像还少一句。

师：这最后一句，就交给你们小组合作完成。注意要表达出我们的感受，还要尽可能押韵。

（小组合作创作诗句，教师行间巡视参与到每个小组中听取意见，帮助在创作中有困难的同学）

师：请每组派一个代表，发表你们的见解。

生：我们小组讨论，最后一句可以是"池在人间不在天"。

师：非常好，能够从课文当中提炼语言。

生：我们组的意见是"五彩瑶池在人间"。

师：好！和第一组有异曲同工之妙！

生：我们小组认为可以是"大自然哪真神奇"。

师：能够想到自然的力量，非常有创见，好像不够押韵，能不能再修改一下。

生：我帮他们小组修改，可以是"大自然哪不一般"。

师：我欣赏你，有文采而且还能够无私地帮助别人。继续汇报。

生："藏龙山上显奇观。"

师：从地点入手，又表达了自己的感受，好！

生："站在高处看的全。"

师：你们能够想到观看的位置，真不简单。

生："阴天下雨看不见。"

师：不错，照应了"感受瑰丽须晴天"这一句。

师：这节课我们通过学习，对五彩池的神奇与美丽有了一个更深刻的感悟和认识，并且能够通过朗读和诗歌创作来表达自己的感受。今天的作业就是用你喜欢的方式来表达你学习这篇课文以后自己的感受。下课。同学们再见。

生：老师再见。

二、名课解读

——多方入手，有效激趣

在传统的课堂教学里，很多学生对语文学习没有明确的目标，甚至由于教师机械固板的授课方法而日久生厌，产生严重的抵触情绪。在新课程背景下，激趣教学日益受到教师的关注和重视。王文丽在教学中积极贯彻新课程理念，善于从多方面入手激发学生的学习兴趣，让语文走进孩子的心灵，使学生快乐地学习。

1. 朗读激趣，重视从读中悟

王文丽重视选择自读、默读、诵读等多样化的朗读方式，让学生在朗读中领悟课文的主旨，进而激发和提高学生的学习兴趣。在《五彩池》一课中，王文丽始终以读来引导学生去体会、感悟；因而学生在课堂上表现得非常积极主动，充满兴趣地投入到学习中。

在朗读激趣方面，王文丽以一种新颖的方式引导学生朗读。王文丽首先根据学生的举手情况指名三位学生，然后请第三名学生推荐一人朗读课文，然后再请第四位学生再推荐一人朗读课文，并且要求这个被推荐的同学是在平时的课堂上很少表现的。王文丽以推荐的方式引导学生朗读，显得颇有成效。素质教育的核心是"全面、全体、主动"。王文丽心中装着每一个学生，为每一个学生搭建表现自我的平台。

王文丽对课文重点语句的分析不单纯采用以教师讲授为主的教学手段，而是通过让学生选择自己喜欢的方式来朗读，然后指导学生在朗读中体会品味。王文丽认为："同样的一句话，不同的读法，就会表达出不同的感受。"可见，王文丽注重让学生以自己的方式读出自己的感受，还给学生自主学习的广阔空间，激发学生求知的欲望。

2. 媒体激趣，重视感性认识

王文丽运用多媒体课件展示课文中的相关图片、文字、录像等，不但活跃了课堂气氛，激发学生的兴趣，而且有助于学生理解课文，加深认识。

在《五彩池》一课的教学中，为了让学生对水池的美丽有一个感性的认识，王文丽运用了多媒体课件向学生呈现了漫山遍野的水池的样子。学生看到这样形象直观的画面后，不禁发出由衷的赞叹，激起了学习的兴趣。

3. 评价激趣，重视师生交流

在课堂教学中，王文丽重视跟学生的积极互动与交流，善于发现学生的闪光点，给予恰到好处的肯定和表扬。这种赏识性的评价，有助于激发学生的学习兴趣。

在《五彩池》一课中，由于学生对课文的理解各不相同，因此评价学生的见解时需要一定的技巧，不能过高或过低地评价，要做到恰到好处。王文丽在这一点上获得了成效，体现了她驾驭课堂教学的高超艺术。如，当反复朗读表现五彩池地理位置的一句话时，学生从不同的朗读中听懂了不同的东西；王文丽此时给予赏识性的评价："真了不起！同样的一句话，你们竟然听出了不同的意思。"这既是对学生的见解表示认可，也是对学生的见解作了一个概括性的总结。

三、提出问题激趣法
—— 有效提问，引导点拨

第斯多惠指出："教学的艺术不在于传授本领，而在于激励、唤醒、鼓舞。"课堂提问最能体现教学的艺术，它为师生提供了思想碰撞的机会，常常产生一系列的巧问妙答，给人以启迪，激活讨论，激发兴趣。有效的提问，是保证课堂教学目标顺利实现的重要手段。古今中外的教育家，都善于采用提问的教学手段来引导和点拨学生学习，如中国古代的经典著作《论语》，便是孔子和他的学生一问一答的教学活动实录。

为了保证课堂提问的有效进行，教师要根据学生的实际情况，精心选择和设计恰当数量的问题。这些提问既要有一定的思考价值，又要难易适中。此外，教师可将所提问题分好类别，明确哪些问题是陈述式的，哪些问题是探究式的，哪些问题由学生个别回答，哪些问题安排集体回答，等等。

经典案例

师：于是，这个时候他想起了师傅说过的话，想到了自己坎坷的经历。请你联系前面的3个自然段想一想，师傅究竟跟他说过什么？他自己又经历了什么？默读前3个自然段，用笔标画出相关的句子。

师：（引导学生读文解答后）他想起了师傅跟他说过的话，师傅到底跟他说过什么？

（生读相关句子。师傅说："你年纪还小，等你长大了，就会从二泉的流水中听到许多奇妙的声音。"）

师：他还想到了自己坎坷的经历，他到底经历了些什么？

生：十多年过去了，师傅早已离开人世，阿炳也因患眼疾而双目失明。他整天戴着墨镜，操着胡琴，卖艺度日。

师：阿炳到底经历了些什么呢？他所生活的时代和我们距离似乎太遥远了。但是我们往往可以通过一个画面，通过我们自己生活的一点积累，想象得到那是一种怎样的状态。请同学们看屏幕——（展示4幅图画，教师在乐曲声中叙述）——可能是在某一个秋雨连绵的早晨，也可能是在一个雪花飘飘的黄昏，蹒跚前行的阿炳不小心撞倒了一个水果摊，受到凶恶店主的污辱，再加上贫困交加，使得阿炳最终卧倒在病床上……当然，还有很多很多的可能，请你拿出笔，结合自己的想象和对生活的感受，写一写你心目中的阿炳经历了怎样的坎坷？

（学生在音乐声中静静地思考、动笔写，教师巡视时间约为8分钟）

师：我看到每一个人都在用自己的笔倾诉着自己的理解。我们请几位同学做代表读一读自己用心写的文字。

（在音乐的伴奏下，学生反馈）

生：贫困交加，阿炳最终病倒在床上，陪伴他的只有挂在墙上的那把二胡。

生：阿炳不小心碰倒了一个水果摊，老板揪住他让他赔钱，可是阿炳没有钱。老板一把抢走了他的二胡，还打阿炳。

生：老板向他怒吼："你没长眼睛啊！快给我捡起来，否则我打断你的腿！"阿炳伤心地、不停地摸索着，把掉在地上的水果一个一个捡起来，虽然他看不到老板愤怒、凶狠的神情，但是他的内心受到了极大的伤害。

师：他看不到老板愤怒的脸，内心里充满了恐惧和痛苦。你说，他摸索着捡起一个又一个水果，我想，那不只是水果，他同时捡起的也是他的自尊呐！

生：外面喧闹嘈杂，小屋却连一扇完整的窗子都没有。阿炳吃不好，睡不着，身体受到极大的摧残。在这秋雨连绵的季节，陪伴他的只有孤独的琴声。

师：这样的雨，这样的夜，这样的琴声，怎能不让我们的心为之一动，思绪万千呢？

生：阿炳病倒在床上，想起了师傅说过的话，想起了自己坎坷的经历，想到了自己可能不久就要离开人世。他双目圆睁，不肯向命运低头！

师：从你的文字中，我读懂了阿炳的倔强。

生：有一天，大雪纷飞，阿炳蜷缩在墙角里演奏。可是有的人听完了竟然一个子儿也不给，扬长而去。阿炳只能叹了口气，继续演奏。

师：我注意到你讲到了阿炳的叹息，阿炳叹的是什么呢？

生：为什么没有人同情我啊！

师：他叹的是命运的不公！

师：日复一日，年复一年，阿炳过的就是这样凄凉辛酸的日子。当我们感受到月光似水、静影沉璧是一种享受、一份恬静的时候，而阿炳的内心里却涌

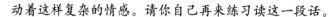

动着这样复杂的情感。请你自己再来练习读这一段话。

（学生有感情地朗读）

师：刚才有同学讲到了阿炳的叹息，叹的是命运的不公。课文中还讲到了"伤心的哭泣"，你知道怎样的哭称之为"泣"吗？

生：小声哭。

师：命运如此不公，为什么不是号啕大哭，而是小声哭泣呢？你能体会到什么？

生：命运如此不公，可是他找不到途径去发泄，他的发泄又有什么用呢？

师：他只有强忍着，使得这份感情变成了琴弦上伤心的哭泣。阿炳同时又在"激愤地倾诉"和"倔强地呐喊"，他"诉的""喊的"又是什么？

生：为什么别人能看见，我却看不见呢？

生：为什么命运要如此的捉弄人，使我受尽人间的苦难，我不甘心就这样死去。

生：我要改变自己的命运，让自己成为一个有用的人，不再受别人的欺辱。

（指导学生再一次有感情地朗读）

师：读到这里，我有一个问题：阿炳在小的时候也来到过二泉，那个时候他什么声音也没有听到，为什么现在他能够听到这么多的声音？

生：我觉得那是因为他小的时候和平常人一样，而现在他眼睛失明了，和别人的经历不一样了，所以才有了和别人不一样的情感。

师：也就是说，他有了一段与众不同的特殊经历。（板书：一段经历）透过这样的一段人生经历，这样一首曲子，我们可以感觉到阿炳怎样的感情呢？人们说"曲为心声"，《二泉映月》这首曲子表达的是怎样的一份情怀与心绪？请同学们来读课文的第五自然段。（指名配乐读）

（结合学生朗读情况进行指导。理解：蜿蜒流淌、升腾、跌宕）

师：你从"升腾"和"跌宕"这两个意思相反的词语当中，能感受到什么？

生：阿炳心中复杂的变化。

生：阿炳原来可以看见任何事物的时候是那么美好，而现在什么都看不见了，一切都变得黯然失色。

师：那么，这里面所说的"高昂""升腾"，还是对命运的一种叹息吗？

（生摇头）到底是哪一种情绪？

生：是向往美好、向往光明的一种感情。

师：是不屈从于命运的一种斗志。请你带着这样的体会再来读读。

师：刚才我们在体会阿炳坎坷经历的时候，感受到了他对社会的不满，哀叹命运的不公，充满了无奈和愤恨。而我们从这个段落中，却发现阿炳也充满了爱。他爱的是什么？

生：爱的是光明。

生：爱的是期待中的美好未来。

生：爱的是支撑他度过苦难的一生。

（《二泉映月》）

案例分析

这堂课的教学，难度最大的是引领学生跟着文字的描述步入主人公的内心世界，体会乐曲包含的酸甜苦辣的情感。但是，王文丽通过有效地提问解决了本课教学的重点和难点，让学生真切感受到了主人公的内心世界。首先，王文丽通过提问引导学生联系课文找出阿炳师傅说过的话和阿炳的经历；然后，通过图画引导学生写出心目中的阿炳经历了怎样的坎坷。学生体验了找和写的过程，并且把感受表达出来跟大家分享。这种让学生自己亲身体会深刻道理的教学方式，突出了语文学科人文性的特点。王文丽还注重通过有效的提问引导学生赏析句子中的关键词语，如："你知道怎样的哭称之为'泣'吗？""他'诉的''喊的'又是什么？""你从'升腾'和'跌宕'这两个词语当中，能感受到什么？"等等。这样的有效提问，让学生能够深入地品味字词，领悟文章主旨。

实施方法

在新课程背景下，课堂教学也逐渐从知识传授为主转变到侧重能力培养。有效的课堂提问不仅仅是提出问题，而是应该起到抛砖引玉、推波助澜的作用，使学生能够与教师进行互动交流，使语文课堂真正形成自主、合作、探究的学习氛围。

1. 给予学生表现自我的机会

由于学生的资质参差不齐，因而每个班都会出现知识层次不同的学生。因此，教师课堂提问应坚持"面向全体、兼顾个体"的原则，为每一个学生提供表现自我的机会。对于难度比较大的问题，教师提问的对象是学习成绩优异的"示范型学生"，这主要是为了让这类学生发展思维，进而给全体学生作出示范，引发其他学生思考。对于难度中等的问题，应该提问学习成绩中等的"体验型学生"，这类学生可以成功解决这样的问题，并获得成功体验。这主要是为了让更多的学生在课堂上有体验成功的机会。对于难度较小的问题，教师提问的对象应该是学习成绩欠佳的"关注型学生"，这类学生需要得到教师特别的关注。在提出比较简单的问题时，教师可以有意地提问这类学生，让他们在课堂上也能分享到成功的乐趣，从而激起学习的兴趣。

2. 尊重学生的意见

学生对于教师的提问，只要他肯回答，就说明他积极思考。这一点作为教师应该给予肯定。无论学生回答得正确与否，培养思维能力的本身就是教学目标之一，是尊重学生意见的表现。提问在教学中的价值在于它能否引发学生的思考，在于教师能否有效利用提问引导学生对问题积极地进行讨论，从而实现探究性学习。教师有效提问的顺序是这样的：首先面向全体学生提出问题，接着留下足够的时间让学生思考和讨论，然后对学生的回答进行恰当评价或再作补充。

3. 提问的方式要恰当

课堂提问方式主要有：教师的"口头提问"——简单、叙述起来比较简明的问题；"文字提问"——题目比较长、叙述起来学生容易听混淆的问题，则要事先用书面提纲、小黑板或多媒体展示台来展示题目；"情景提问"——需要在一个问题情景中展示的问题；"学生提问"——学生向教师提问、某位学生向其他学生提问、某个学习小组向其他学习小组提问等。

四、角色扮演激趣法
——从做中学，从学中做

从心理学角度讲，情绪的发生是由当时环境和机体的内在状态相互作用决定的。因此，教师在课堂教学中必须注意创设学生乐于接受的学习环境，形成和谐、愉快、轻松的课堂气氛，让学生从做中学，从学中做。其中，角色扮演就是一种很好的教学手段。角色扮演，是指在某个场面中由参加者扮演一定角色的戏剧表演形式。它的目的是通过表演者的语言、动作和观众的眼睛来了解某个场面，分析某个场面，进而形成某种认识或观念。

教育心理学认为教育目标可以分为三大类，即认知领域、情感领域和身体运动领域。而角色扮演激趣法恰恰能够兼顾三者，具有较强的综合性。儿童的认知发展是一个从感性到理性的过程，把语言文字转化为表演艺术，是发展学生形象思维、激发学生创新意识和审美情趣的独特方式。学生兴趣浓，演得活，演得新，全面领悟课文的思想内容和艺术内涵，提高语文素养。

经典案例

师：身为北京人，你们知道有多少人羡慕你们吗？

（学生不约而同地睁大了眼睛，挺直了身子，神情专注极了）

师：因为北京有世界上最大的广场。

生：——天安门广场。

师：有世界上最大的皇宫。

生：——故宫。

师：还有世界上最长的城墙。

生：——长城。

（学生的表情都很兴奋）

师：如果有很多外国人和外地人都到我们北京来参观，请你做导游，你将如何向游客们介绍八达岭长城呢？

师：谁愿意做导游？（有十几个孩子举起了手）导游要把我们今天课文中的内容和你所掌握的课外资料有机地结合在一起给大家做讲解。

师：谁愿意做游客？

（很多孩子举手）

师：当游客也有学问，一定会一边听导游的介绍一边思考，什么地方还没有听明白或者你还想知道什么信息，就要及时地质疑。

（学生不住地点头）

师：你们知道吗，今天还有旅游局的领导们来检查工作呢！他们就隐身在游客之中，听完导游的介绍，还要对导游的工作进行评价，谁愿意做旅游局的局长和工作人员？

（孩子们可来劲了，眼睛里闪着兴奋的光，有的还大声推荐自己）

生：我！我当局长！

生：我当主任。

生：我，还有我！

师：我来当个记者，可能会随时采访大家。好，下面就开始我们的八达岭长城一日游。

生：各位游客，大家好！我叫张志成，来自中青旅。这次旅行由我来给您当向导，在旅行的过程中有不到之处，请您多多包涵。我们本次旅游的目的地长城就要到了，下车的时候，请大家带好自己的随身物品。现在出现在我们眼前的就是雄伟壮观的八达岭长城了。让我们先攀登第一个烽火台。长城西起嘉峪关，东到山海关，全长有一万三千多里。八达岭长城位于北京市西北60公里处，这里地势险要，历史上为北京的重要屏障。现在我们就到了第二个烽火台。长城沿山脊而建，随山势曲折起伏。此段长城改建于明弘治年间，是明代长城的精华。现在我们到达的是第三个烽火台。

（笑声）

生：我听说有一个名叫《孟姜女哭长城》的故事，张导能给我们讲讲吗？

生：对不起，我不知道。

（张志成不好意思地低下头）

师：局长同志，请问，您对这位导游员的工作满意吗？

（这时候，扮成记者的老师赶紧去采访旅游局的"贺局长"）

贺：我基本上满意，但是客人提出的问题他答不上来，说明还需要学习。

（贺一本正经地说，听课者发出笑声）

师：张导，局长对你的工作给予了肯定，也提出了希望，你想对局长说些什么？

张：谢谢局长，我一定努力！

（毕恭毕敬地鞠了一躬，声音洪亮并且很虚心，老师们大笑）

谷：我是检查组的主任，对他的讲解，我的评价就十个字"有用的太少，没用的太多！"

（师大笑，情不自禁地鼓掌，我想是因为这个孩子敢于说出自己的想法）

师：看来谷主任是个很直率的人，但是这样给员工提意见，恐怕会给他们造成很大的压力，或者您可以再委婉一些。

谷：（朝向张）你一定要好好练习基本功，不然，很可能就下岗了。

张：（深深地鞠躬）谢谢主任，我会珍惜您给我的机会的。

师：今天来长城做讲解服务的不是就张导一个人吧？

（用目光巡视、鼓励，又有几个同学举手，老师请了一位女同学）

赵：大家好，我是赵婧妍，很高兴与您同行，为您服务。您在北京游览玩赏的这些天，行程由我负责。如果您有什么不了解的地方，可以随时向我提问，我一定会给您一个满意的答复，在我的讲解过程中如果有什么疏忽的地方，请您多多包涵，多多谅解。相信通过这些天的沟通和交往，我们一定会成为好朋友的。

（掌声）

现在展现在我们面前的就是万里长城了，万里长城是从东头的山海关到西头的嘉峪关，一共是一万三千多里。而今天我们主要参观的是万里长城的精华和杰出代表——八达岭长城。长城非常高大坚固，是由条石和城砖筑成的。城墙的外沿上有成排的垛子，有两米多高，垛子上有方形的瞭望口和射击口，供瞭望和射击用。城墙顶上有方形的城台，是屯兵的堡垒，打仗的时候，堡垒之间是可以互相呼应的。

八达岭长城是万里长城向游人开放的最早地段，八达岭景区以八达岭长城为主，兴建了八达岭饭店、全周影院和由江泽民主席亲笔提名的中国长城博物馆等功能齐全的现代化旅游服务设施，被评为中国旅游胜地四十佳之首和北京旅游的"世界之最"。作为"世界文化遗产"，八达岭景区以其雄伟的景观、完善的设施和深厚的文化历史内涵而著称于世。

八达岭地理环境优越，而且，年平均气温比北京低三摄氏度以上，成为"夏都"延庆的旅游龙头。

迄今，八达岭长城已接待中外游客1.3亿多人次，370多位国家元首及世界风云人物在此留下了足迹。

我给大家介绍完了，下面给大家大约四十分钟的时间自由游览玩赏，大家可以到处走走，买些纪念品，休息休息，可以从瞭望台向下瞭望，但要注意安全。四十分钟后在原地集合，午饭安排在八达岭饭店。好，解散。

（热烈的掌声，听课老师都发出不住的赞叹）

师：让我们再来采访一下贺局长："贺局长，您对这位赵导的表现还满意吗？"

贺：满意，我非常满意。

师：她在哪些地方的表现让您感觉非常满意？

贺：她对游客很有礼貌，讲解得很完善，想的也很周到，是一个素质较高的导游。

师：如果您的旅游局要评选优秀员工，她会榜上有名吗？

贺：我想一定会。

师：如果请您为她发奖金，您准备发多少钱？

贺：（挠脑袋，不好意思地笑）我们回去商量一下吧！

（笑声）

师：看来这还是个很民主的局长。

（笑声）

宋：俺是一个从外地来的游客，今天俺来到长城，领略了这里的风光，还从导游这里学到了很多知识，俺非常高兴。俺给导游打100分。

师：看来连游客都受感染了，都想参与旅游局的内部工作了。

李：我是检查组的一个工作人员，我想给赵导提一个问题："请问，秦始皇修筑的长城是在哪三国的基础上？"

赵：非常抱歉，我还没有详细地进行了解，回去之后我会查找相关资料补上这一课。

师：李检察员的工作态度非常严谨、认真，您能告诉我们正确的答案吗？

李：应该是在燕、赵、魏三国的基础上修筑的。

赵：谢谢您，我知道了。

师：您准备给赵导打多少分呢？

李：98分吧！

师：看来，有关长城的历史、知识和故事说也说不完，说也说不全，如果同学们感兴趣的话，可以看一看《走进神秘的长城》这本书。

（师出示一本书）

师：这节课我们就上到这里。

（《长城》）

案例分析

《长城》是人教版四年级语文上册第五单元的第一篇课文。这篇课文作为引领学生开始中国的"世界遗产"之旅的第一扇窗口，不但表现了长城的雄伟气魄，还赞美了我国古代劳动人民的勤劳、智慧和力量，抒发了民族自豪感和对祖国的热爱之情。在教学中，王文丽很好地实现了语文工具性和人文性的和谐统一。新课程理念强调，语文学习不仅仅局限于家庭和学校，更是为了满足学生走向社会而进行交际实践的需要。王文丽让学生扮演游客、旅游局的领导、工作人员等角色，来进行一次对长城的导游表演及评估。作为导游必须向游客们介绍关于长城的概况或历史文化故事；作为游客，不只是聆听，还要质疑。角色扮演的整个过程都模仿了真实的旅游情景，学生的表现相当活跃，兴趣盎然，配合默契。这样的教学，不但体现了学生的主体性地位，而且促使学生充满兴趣地参与语文实践活动，从而提高自身的语文素养。

实施方法

基于小学生活泼好动、模仿性强、喜欢表现的特点，教师在课堂教学中采用"角色扮演"教学法是行之有效的。在角色扮演的过程中，教师只是组织者、引导者、合作者，而学生才是表演的主角。

1. 了解课文，排演课本剧

一出课本剧成功地排演，要求学生对课文有深刻的理解。深刻的理解，有助于学生把书面文字转换成适合于舞台的口头语言或形体动作，变死的书本知识为活的演出实践。同时要求学生能够发挥想象，投入感情，具备良好的组织、协调和配合的能力。课本剧的排演还突出了学生的个性特长。擅长表演的学生，就可当小演员或小导演；擅长美术的，就可制作一些小道具；写作水平较高的，就改编或写剧本；等等。各扬其长、相互配合，增强学生的合作精神和集体荣誉感。

2. 角色扮演，学生为主体

角色扮演，就是用演出的方法来组织开展教学。要通过小品、短剧等形式把科学性、知识性、趣味性巧妙地结合在教学的过程中，使教学过程生活化、艺术化，使学生在角色扮演中学习知识，体验学习的乐趣。教师在指导学生进行角色扮演时，要确立学生的主体性地位，发挥学生的主观能动性，而教师只是起到主导的作用。教师在教学实践中的主导作用，就是要彻底改变"教师为中心"的专制型教学机制，把学生能够扮演的各种角色，灵活地运用到不同的教学内容和教学过程中。

五、美文诵读激趣法
——以情激情，审美熏陶

美的事物总是能激发人的情感，使人容易产生愉悦的情绪。美文诵读是教师选择优美的文章让学生朗读，通过直观的情感体悟，使学生全面获取美文所传达的信息，从中获得快乐和激励。在教学过程中，教师要善于挖掘语文教材中的情感因素，以情激情，让学生走向教学中的审美境界，激发学生的情感共鸣，从而激起学生的学习兴趣。"爱美之心，人皆有之。"学生学习语文的过程同样需要审美的教学手段，这样才能满足学生内心对美的向往和渴望。

美文诵读应引导学生"披文以入情"。"披文"就是读进去，即学生对语言文字的训练，对人文精神的启迪。"入情"则是悟其义，悟其情。情感的熏陶，并非是"重音、停顿"等理性的说教能强化的；相反，在诵读感悟中，学生的"情"随着文章的"情"一次次得到升华。

经典案例

师：这篇课文写得也特别美，你最喜欢哪些段落？把你感受深的地方多读几遍，一会儿我们来汇报交流。

（学生自由读书，教师行间巡视）

师：谁愿意给大家读草原美丽、广阔这一部分？

（指名4位同学读1、2自然段）

师：这几位同学读得很认真，但是我都不能给打满分，知道为什么吗？

生：没有感情。

师：怎么就有感情了呢？我们看第一句，"蓝天底下，满眼绿色，一直铺向远方。"草原的天空到底有多蓝呢？

（出示图片，学生情不自禁发出慨叹"哇——"）

师：能不能告诉我"哇——"的背后是什么意思？

生：草原的天空太美了，太蓝了。

生：草原的天空一点杂质都没有。

生：比我们郑州的天空蓝多了。

师：从你们的发言里我听出了赞叹，那就请你带着这样的感情再来读这一句。

（学生读，教师再指导朗读"一直铺向远方"）

师：我听到有的同学在读"青青的野草"的时候特别好，从他的朗读中我们可以感受到草的可爱、草的质地，还有他对于草的感情。这样的草，最深的地方可以没过十来岁的孩子。你们知道十来岁是多大吗？

生：10岁左右。

师：你们现在有多大？

生：我10岁。

生：我9岁。

生：我们班还有11岁的呢！

师：于是，你们都可以称作是——

生：十来岁的孩子。

师：站起来比一比，看看草有多深？在这么深的草丛中捉迷藏，只闻其声，不见其人，多有意思呀！请你读出其中的情趣。

（指导学生"捉迷藏"要读得稍快一些，体会欢乐的童真。）

师：高低不平的草滩上还嵌着一洼洼清亮的湖水，那么到底有多清亮呢？你能不能用"湖水清亮得可以……"来说一句话。

生：清亮得可以见底。

生：清亮得可以看见小鱼。

师：谁能把他说的这句话说得更具体一些，清亮得可以看见什么样的小鱼？

生：清亮得可以看见自由自在地嬉戏的小鱼。

师：谢谢你带给我们这么美、这么富有情趣的画面。

生：清亮得还可以看见水中的小虾、鹅卵石、水草。

师：谁能把他说的这句话也说得具体些？

生：清亮得可以看见水中你追我赶的小虾，奇形怪状的鹅卵石，还有碧绿的水草。

师：你的语言让我们感受到了，这真是一洼洼富有诗意的清亮的湖水。谁能把刚才他们几个人说的内容梳理一下，连成一段话来说？湖水清亮得可以……可以……还可以……

生：湖水清亮得可以看见自由自在嬉戏的小鱼，可以看见可爱的小虾和鹅卵石，还可以看见碧绿的水草。

生：湖水清亮得可以看见自由自在游动的小虾，可以看见五颜六色的贝壳，还可以照见自己的影子。

师：这样的湖水，我们就把它称作是——

生：清亮的湖水。

师：我们就可以说这样的湖水，非常——

生：清亮。

（练习有感情地朗读，体会"清亮"）

师：草丛中开满了各种各样的野花，你能读出他们的特点吗？（引导学生读出"红色""粉红色""宝石蓝"这样的颜色特点，理解"阵阵清香"）

师：我发现有人读的是"阵阵清香"，有人读的是"阵阵——清香"，你认为那一种好？为什么？

生：我认为"阵阵——清香"好，因为草原上有风，而且是一阵一阵的。

师：每刮来一阵风，就带来一阵清香，再刮来一阵风呢？

生：就又带来一阵清香。

师：所以，应该是像那位同学读得那样——"阵阵——清香"。什么是清香啊？

生：就是特别特别香。

师：有不同意见吗？

生：清香应该是淡淡的香味。

师：你从哪里体会到的？

生："清"应该是"清淡"的意思。

师：我同意你的看法，这里的"清香"除了花香，还有什么的味道？

生：做饭的味道。

师：我想那不是清香，一定是饭香。

生：草原上下过雨之后，泥土也会散发出香味，还有小草。

师：你好像真的在草原上生活过，的确是这样，这清香里还有草香和泥土的气息。如果你想让这醉人的味道在你身边多停留一会儿，你该怎样读呢？

（学生练习读，体会草原花朵的美丽和清香）

师：如果你能够这样带着感受来读课文，我就该给你打 100 分了。

（学生练习读 1、2 自然段，指名汇报，教师评价）

（《锡林郭勒草原》）

案例分析

在这堂课的教学中，王文丽利用情感渲染进行美的激趣，以情激情，让学生带着自己的感悟和体验去读书。学生在积极和谐的情感中，感悟到自然的美好，体验到学习语言、想象情景带来的乐趣。语言学习和情感变化相互交融，随着学习的深入，学生对草原的知识了解多了，对草原的感情也从无到有，由淡变浓。这堂课的教学也充分地体现了工具性与人文性的和谐统一。说句子、背课文这些工具性的训练，都浸染在浓浓的人文情怀之中；而对草原的热爱，对自然美景的感叹，这些人文情感的熏陶，又是和语言学习紧紧联系在一起的。王文丽指导学生赏析重点句子"一直铺向远方"，指导学生品读"捉迷藏"这个词语，体会欢乐的童真。学生在朗读中体验到课文所带来的美的情感。

实施方法

读是语文教学中不可缺少的一种手段，在语文教学中发挥着十分重要的作用。对于具有语言美、情感美和思想美的课文来说，教师如何引导学生进行诵读则显得尤为重要。

1. 教师诵读

美的文字需要美的语言来传达，才能让听者感受它的美。文章能否激起学生的兴趣，引发学生的情感共鸣，教师的诵读至关重要。由于受生活经验和认知水平的局限，学生对文章的欣赏不能像成人那样直接通过阅读文字轻而易举地获得，而要依靠教师声情并茂、形象生动的诵读来获得感受。教师用倾注情感的语言来诠释着作者的心灵，以情激情、以情感人，让学生在轻松自如的心理状态下去感悟、体会，从而获得情感的共鸣。

2. 自读感悟

美文读得进去需要入情入境。《语文课程标准》中指出："阅读是学生的个性化行为，不应以教师的分析来代替学生的阅读实践……语文学习具有重情感、体验和感悟的特点。"语文学习的体验和感悟都需要在"读"中来完成。阅读教学必须以读为本，并且应该以学生自读感悟为基础，大力提倡自主、合作、探究的学习方式，充分发挥师生双方在教学中的创造性。基于此，教师采用自读感悟的方法进行教学，让学生充分地读，在读中整体感知，在读中有所感悟，在读中培养语感，在读中受到情感的熏陶。

六、深度阅读
——激趣教学与语文课改

1. 激趣教学的含义

激趣教学，指教师针对教学对象、教学内容，采取灵活多变的方法，利用学生的好奇心理、逆反心理和求新心理，创造和谐轻松的课堂氛围，激发学生的求知欲，使学生在情感的愉悦中接受知识、掌握技能，以达到最佳的教学效果。

《语文课程标准》指出："语文教学应激发学生的学习兴趣，注重培养学生自主学习的意识和习惯，为学生创设良好的自主学习情境，尊重学生的个体差异。"语文学科的性质体现工具性与人文性的统一。学生要掌握好一门学科，并能够在实践中熟练自如地运用，对知识的学习充满兴趣是必不可少的。对于语文学科来说尤其如此，要让学生学好语文，就必须培养学生学习语文的兴趣。

2. 激趣教学的现状

新一轮基础教育课程改革尽管已经展开，然而真正实施到位的却不多。教师们或多或少地受到传统教学模式的影响，更有甚者在升学率的压力下，仍然习惯于"填鸭式"教学，重视学生知识与技能的培养，而忽视学生的情感体验与价值观的培养，使教学难以体现生活的意义与生命的价值。在语文课堂上，教师忽视了让学生联系生活实际，运用与生活密切相关的语文知识进行学习，导致知识在学生那里成了索然无味的东西。这样的课堂，怎能激发学生的学习兴趣？陶行知说："教育必须是生活的。一切教育必须通过生活才有效。"因此，让语文回到生活，唯有架起语文与生活之桥梁，才能激发学生学习语文的兴趣，提高课堂教学的效率。

3. 激趣教学与最近发展区

前苏联著名心理学家维果茨基依据一系列实验的结果，指出了学龄期的教学与发展问题具有重要价值的观念——"最近发展区"。在相同时期每个儿童心理发展的潜能不同，都有自己的"最近发展区"。教师要为不同的学生创造不同的"最近发展区"，使每个学生的潜能都能得到最大限度的发展。据有关调查显示：小学生喜欢语文且成绩好的原因是语文相对数学而言容易学习一些。成绩容易提高，学生不断获得学习的成功体验。因此，教师在教学中要注意设置学生的预期值是他努力一下就能实现的，这样学生的学习兴趣才不会消退。"跳一跳摘果子"的最近发展区理论，要求教师根据学生的不同情况设置不同的台阶，使学生都可以经过自己的努力而掌握一定的知识，从而获得成就感，激起学习的兴趣。

4. 激趣教学中的师生关系

"亲其师，而信其道。"平等的师生关系是学生接受良好教育的条件，也是激发学生学习兴趣的前提。在传统的教学中，学生的学习是被动的，师生之间的交流仅仅局限于知识的传授和谆谆的"教诲"，课堂上没有了融洽的气氛，学生畏缩拘束的心理必然抑制他们的求知欲望。苏霍姆林斯基指出："凡是出现大声叱责的地方，就有粗鲁的行为和情感冷漠的现象，大声叱责表现出最原始本能的反映，每个老师心灵中所具有情感素养的种子都会在这种反映中丧失殆尽。"新课标下的教师不再是权威者，而是学生学习活动的组织者、促进者和合作者；师生关系是朋友式的平等关系，学生能获得充分的信任与尊重，这样的师生关系能激发学生敢想、敢说、敢做的主动探究精神。平等的师生关系要求教师要走下讲台，走近学生，和学生交朋友，切忌居高临下，对学生横眉怒对、冷嘲热讽。

5. 激趣教学中的赏识教育

教师要努力寻找学生的闪光点，给予鼓励和赞赏，赋予学生真挚纯真的爱。对于教师来说，大而言之是对人民教育事业的忠诚，小而言之则是教师的道德素养。教师对学生充满爱和赏识，一旦被学生理解和接受，就会产生巨大的感召力和推动力，使学生树立自信心，激起学习语文的兴趣。因而，教师应多些对学生的赏识教育，尊重学生的自尊心，在教学中把握好尺度，尽可能利用积极的情感，抵制消极的情感，让快乐的语文走进学生的心中。

（分析论述：尹雪珍）

王 雷 英

如何通过调动情绪激发学习兴趣

名师档案

——国家级骨干教师

王雷英，浙江省特级教师，中学高级教师，浙江省优秀教师，宁波市名师，海曙区有突出贡献科技人员，"跨世纪园丁工程"国家级骨干教师培训班优秀学员，中国教育学会全国语文教学研究会先进工作者。现任宁波市广济中心小学校长、书记。

王雷英多年来潜心语文教学的研究，重视课堂教学生命的流动与情感的沟通，重视对话式的教学互动，逐步形成了自己极具亲和力的教学风格。在"浙江省第二届青年教师阅读教学观摩教学评奖活动"中获一等奖，代表浙江省参加在广西南宁举行的"全国第四届青年教师阅读教学大奖赛"荣获一等奖。几年来在《小学语文教学》《小学语文教师》等刊物上发表多篇论文，主持的《全脑教学策略研究》等多项课题获省、市级成果奖，推动了小语教学改革的进程。

一、名课实录
——以读激情，以情悟文

《野百合也有春天》课堂教学实录

（一）巧妙导入，吸引注意

师：同学们，很多文字会跳入我们的眼帘，在不经意间会落入我们的眼眸，当这样的文字出现在我们面前的时候，让我们去捕捉它，去抓住它，去感受它，让我们一起静静地来阅读这样一篇文章。（钢琴曲响起）（教师大屏幕依次显示课文文字）

（学生看大屏幕默读文字）

师：王老师看到文字在大家的眼眸里跳动，你们的嘴唇也在轻轻地念着，是吗？

生：是。

师：这篇文章的题目叫——

（学生齐答——野百合也有春天。教师板书课题）

（二）注重朗读，加强引导

师：这样的文章读一遍是不够的，打开课文轻声地自由朗读，把它读正确，读通顺，还要看看能不能把它读得很好听。

（学生自由朗读课文，教师巡视指导）

师：看到大家读得这么认真，王老师真的很高兴，谁愿意站起来把课文念给大家听。

（学生读第 1 自然段，学生语气处理得很轻）

师：从你的朗读当中，王老师感受到你有自己的感受。

（学生读第 2 自然段，学生抓住重点词朗读）

师：真好！

（学生读第 3 自然段，学生读得很美）

师：这么长的一段话，读得通顺又好听，而且是个男同学，真不简单。

（学生读第 4 自然段，学生读得字正腔圆）

（师接着指名读下一自然段）

（学生读第5自然段，学生咬字很准）

师：是啊。

（学生读第6自然段，学生的声音有些沙哑）

（师继续指名读下一自然段）

（学生读第7自然段，学生读得有很多重复）

师：好，好样的。

（学生读第8自然段，学生读得很深情）

师：感谢这几位同学的朗读，让我们再一次感受了课文，是吗？

生：是。

师：这样读还不够，课文描写的是一株怎样的野百合？大家再一次快速地浏览全文，用笔画下描写野百合的词语。

（学生快速浏览全文，用笔画下描写野百合的词语）

（学生边画，教师边指名上台写词语）

师：大家一定会找到很多词语，请大家反复读你画出来的词语，读得有感情，有味道，好吗？

（学生练读）

师：要读出声音，要抓住课堂上每一次练读的机会。

（学生继续练读）

师：在我们的眼前可以看到这样的一株野百合，它——

生：固执而充满活力。

师：这是一株怎样的野百合，它的花——

生：晶莹纯洁，没有尘埃。

师：它的叶——

生：舒展。

师：它的叶还可以包含下所有的纷扰，这是一株充满独特气质的野百合，它比玫瑰——

生：更纯洁、清澈。

师：比水仙——

生：坚强、有耐力、有个性。

师：野百合，有——

生：纯净的心。

师：有——

生：包容一切纷扰的胸怀。

师：有——

生：超常的耐性和坚毅的品格。

……

（三）善于设疑，鼓励探索

师：同学们，可是这样的一株野百合，它也有烦恼、痛苦，不释然的时候，（板书：不释然）它为什么而不释然，请你从课文当中找一找答案，再一次回读全文。

生：这是一个被人遗忘的山谷，就连最无私的太阳也不屑施舍一些阳光在这，寂寞是这里唯一的主题。

师：能说说你为什么找到这里吗？

生：因为所有的花都希望自己生长在一个热闹繁华的环境里面，可是这朵野百合却生长在一个被人遗忘的山谷里面。

师：你从哪里读出这是一个被人遗忘的山谷啊！（教师说话速度放慢）

生：就连最无私的太阳也不屑施舍一些阳光在这。

……

师：然而，是什么又使它释然了呢？你能从文中找找答案吗？再一次回读全文。

（学生回读全文找答案）

生：虽然没有玫瑰鲜艳，但绝对纯洁、清澈，虽然没有水仙娇嫩细腻，可是坚强、有耐力，绝对个性，于是它释然了。

师：你怎么读出它释然了呢？

生：因为虽然没有玫瑰的鲜艳，但是它非常纯洁、清澈，虽然它没有水仙娇嫩细腻，可是坚强、有耐力。

师：拿自己和——

生：玫瑰、水仙比较。

生：我是从另一句体会出来的，充满独特气质，波光粼粼中闪着银色的光，那花瓣的影子在水中荡漾，像一颗颗蠢蠢欲动的心，渴望着阳光和欢乐。

师：你找的这一句跟他找的这一句结合起来，是课文的——

生：第4段。

师：让我们来看看第4段，是什么让它释然呢？老师想请每位同学把自己当作野百合，你能不能从溪水中，看到自己的影子，你想怎样来读这一段，来，给大家提提建议，你觉得怎么才能读好这一段。

生1：要读出充满独特的气质，还要读出有耐力，有个性和纯洁清澈。

师：就把自己的认识带到文字当中去读，是吗？还有怎么想的？

生2：要读出玫瑰和水仙多么鲜艳、娇嫩细腻，这样就可以更多地体会，从侧面体会到野百合比他们还纯洁清澈。

师：对比来感受，课文中一个两个关联词要读得好，是不是？

生3：要读出一颗颗蠢蠢欲动的心，因为读出蠢蠢欲动的心，就体现出野百合释然。

师：抓住蠢蠢欲动的心这个词语来读出它的释然。

生4：要读出对野百合的赞美之情。

师：不多说了，自己练吧。

（学生根据自己的理解练读第4段）

……

师：同学们，野百合望到了自己在溪水中的影子，它明白了什么呢？

生：它明白了自己不是被遗忘的，因为大自然给它这样独特的气质，说明大自然还是关心它的。

师：大自然还是给它一种信赖的，是吗？有自己独特的气质，其实啊，还有，你来说说。

生：它明白了丑小鸭总会有变成白天鹅的一天。

生：它认为自己并不比其他花差。

师：相信野百合一定会明白更多更多，于是它——

生：释然了。

……

（四）读写结合，寓理其中

师：但是，相信野百合的形象一定会在我们的眼前浮现，那么你面对这样的野百合，你有什么话要说的么，拿起笔写下一两句。

（学生书写感受，教师巡视指导）

师：好，停笔，谁愿意把自己的话念给大家听，就把手举得高一点，那么其他同学在听的时候，王老师提醒你注意两点，同学们写的这一两句话，它在表达上有什么值得我们学习的地方，还有它所反映的思想是不是积极向上的，或者代表了同学们的一种想法，文和理两个方面都要注意了。

生：从中我知道了野百合是凭着自己超强的耐性和坚毅的品格，才等到了自己期盼已久的一天，它这时终于知道在春天中也有自己的美丽，它自己并没有被人遗忘。

师：我觉得你写了好长的一段，为什么不全念出来呢，不要吝啬。

生1：一朵朵水灵灵的百合花，特别淡雅，它并没有为此飘飘然，而是默默地散发出浓郁的清香，这香气令人陶醉，招柳风飞蝶舞，它是凭着自己超强的耐性和坚毅的品格，才等到了自己期盼已久的一天，它终于知道在春天中也有自己的美丽，它并没有被人遗忘。

师：写得好不好？

生：好。

师：好在哪里，既有对野百合的描述，花的样子，花的姿态的描写，又有自己的一种情感蕴含在里面。

生2：野百合的坚韧和恒心值得我们大家都来学习。

……

师：教给我们这么多就可以了，省略号就行了，值得大家去想。从大家的发言中王老师感到了一份激动，一份感悟。同学们，相信大家写了很多自己的感言，由于时间关系，我们不在课堂上作一一交流，时间已经到了，让我们在这样的一首歌当中来结束我们今天的语文课，播放歌曲罗大佑的《野百合也有春天》。

二、名课解读
——激趣入手，调动热情

苏霍姆林斯基认为："所有智力方面的工作都要依赖于兴趣。"《语文课程标准》指出："学生是语文学习的主人，语文教学应激发学生的学习兴趣。"当一个人对某种事物发生浓厚稳定的兴趣时，他就能大胆地探索其实质。并使其整个心理活动积极化。因此，兴趣是一种特殊的心理倾向，是获得知识进行创造性学习的一种自觉动机，是鼓舞和推动学生学好语文的内在动力。语文教学应从培养学生的学习兴趣入手，调动学生学习的热情，使学生在兴趣中由被动学习转变为主动学习，使语文课堂充满魅力。

1. 以读激情，以情悟文

《野百合也有春天》是一篇抒情哲理散文，写的是在被人遗忘的山谷里的一株野百合，从埋怨和诅咒生长的环境，到对自身价值的实现的演变，从中反映了世界上每样东西都有它自身的意义，只要有颗纯净的心，有包容一切纷扰的胸怀和超常的耐性，就有属于自己的阳光。

在抒情散文的教学中，课文抽象的语言和复杂的结构，是很难让学生对课文中心进行理解的。教师可以采用"以读激情，语音传情，以情悟文"的"知情合一"的教学方法，即根据课文的脉络，引导学生阅读，自行解读课文。教师引导学生在理解词、句、段的基础上，多读，善读，带着情感读，从中反复体会语句的意义和情味，做到"披文以入情"。"多读疑自现，多读疑自消。"教师注意以读激情，诱发学生的情感共鸣。在这堂课的教学中，王雷英三次串读形容野百合的词语的目的何在？就是让学生在反复体会语句的意义和情味中逐渐地丰富野百合的形象。

2. 设疑问路，谆谆善诱

在教学中，要尽力打破学生头脑中的"平静"，激发学生思维活动的"波澜"，也就是激发学生的疑问，引发他们在生疑——置疑——释疑的循环往复中探求新知，发展智能。

王雷英提问学生："同学们，可是这样的一株野百合，它也有烦恼、痛苦、不释然的时候，它为什么不释然，请你们从课文当中找一找答案。"之后，王雷英接连提出了"能说说你为什么找到这里吗？""你从哪里读出这是一个被人遗忘的山谷啊？"等问题，层层深入，环环相扣，引导学生独立思考，激起学生的创造性，挖掘学生的内在潜能。

3. 以生为本，畅所欲言

语文学习注重语言表达的训练，具有较强的实践性。教师是教学活动的组织者和引导者，教师的作用在于调动学生积极思考和主动参与。教师要树立以生为本的思想，在课堂上提供更多的机会让学生发表自己独特的见解，提高学生的表达能力和创新意识。这样，学生的学习兴趣就会被激发起来。

以野百合恶劣的生活环境与其他花儿优越的生活环境进行对比，从而突出野百合的高贵品格，这是本课的教学重点和难点。为了解决这个教学重点和难点，王雷英精心地设计了这样一个环节——让学生想象自己是百合，选择自己理想中的生活环境进行生活。这个环节比较适合小学生的思维特点和年龄特征。王雷英让学生展开想象的翅膀，根据自己的兴趣爱好抒发感想，畅所欲言，与老师和同学分享自己的感悟。在交流的过程中，学生的学习兴趣高涨，同时口头表达能力得以培养，一举两得。

三、创设氛围，唤起情感
——从情感熏陶上激发兴趣

小学语文课堂教学的优化是一个系统工程，除了需要在教学目标、内容、步骤、策略等方面下工夫外，还要重视创设良好的课堂氛围，激发学生的学习兴趣。在小学语文教材中，许多课文都是文质兼美的作品。教师要实现课堂教学的优化，就必须重视唤起儿童的道德情感，建立和谐的师生和生生关系，使儿童处于充满爱的富有情感色彩的课堂氛围中，受到情感的熏陶，获得知识，训练智能，完善人格。

王雷英从创设良好的课堂氛围出发，根据学生的年龄特点，抓住教学的重点和难点，努力激发学生求知探索的兴趣，教学风格令人耳目一新。

经典案例

师：同学们，课前，王老师播放了一些图片。我就发现很多同学很快地读文字、看图片。同时搜集生活当中的阅读信息，是我们高年级孩子应该有的阅读本领，非常好。（播放课件）看，这是著名的纽约大都会——

（指着课件中的滚动文本中的一组诗，引领学生轻轻读，课件播放纽约大都会外景）

师：她，就是诞生在达·芬奇笔下的——

生：蒙娜丽莎。

师：把她的名字读得好听一点——

生：蒙娜丽莎。

师：同学们，你们读出什么味道了么？

生：我读出了对"蒙娜丽莎"的敬仰。

师：恩，仰慕。还有么？

生：我读出了对"蒙娜丽莎"的期盼。

师：恩，期盼。

生：我读出了等待。

师：确实，"等待"是一种向往，等待是一种心灵的期盼，等待就是为了这样的相遇。今天，我们一起走进作者的——（板书课题）

生："蒙娜丽莎之约"。

师：快速地朗读课文，在读正确、读通顺的基础上，想一想：课文哪几段着重向我们描绘了这一幅世界名画。开始吧！自己快速地读。

（生自由出声读课文）

师：读完了？好，听到大家朗朗的读书声，王老师很享受。课文哪几段在细致描写这幅名画？

生：我从第5段、第6段和第7段看出来。

师：确实，作者最精彩的，就是将他所看到的和想象到的蒙娜丽莎，用文字传递给我们，让蒙娜丽莎就像真人一样走近了我们，这堂课啊，我们就要运用我们以前学过的阅读方法，来读懂、了解作者在写作上的一些秘密。好吗？

生：好。

师：请你们在5、6、7三个自然段中找一段，拿起笔画一画，哪些词语让你们感受到蒙娜丽莎的真，蒙娜丽莎的美，蒙娜丽莎的神秘，把那些词语找出来，画下来。

师：我看到了，你们动作很快啊。谁第一个来发言？

生：我找了第6自然段。

师：我们从头开始，哪些同学读的是第5段？

生：我读的是第5段，其中我最喜欢的是"她的脸颊放着红光，一头黑发轻松地垂在双肩，她的眼神是那样柔和与明亮，嘴唇看来不像是涂抹的色彩，而是真的血色。仔细看她的颈项，你会怀疑血液真的在里面流动。"

师：她一下子找了那么多的句子，你能从这些句子中找出好的词语来吗？继续说一说好吗？

生：我从这一段中"泛着红光、柔和、明亮"等词语中，看出作者把这幅画描写得非常逼真。

师：这幅画给我们的感觉，非常的真实。她是第一个发言的，而且那么多的句子都读得挺好的，给她掌声鼓励。谁对这段句子和词语有什么补充？

生："她的头发轻轻地垂落双肩"，我从"轻松地垂落双肩"中看出作者把蒙娜丽莎这幅画写得很细致。

师：是呀，已经找出好几个词语了，她找到了"泛着红光"，请你写在黑板上，他找到了"轻松地垂落"，请你写在黑板上，还有？你说！

生："近了，更近了，蒙娜丽莎就像真人一样，慢慢走进你。"我看出了蒙娜丽莎画像很逼真，就像真人一样。

师：画得像真人一样。请写到黑板上去。还有谁想说的？

生：从"血肉、血液"这两个词可以看出逼真，只有真人才会有"血液和血肉"，所以说从"血肉、血液"中可以表现出图画很逼真。

师：明明是一幅画，却让作者感受到是真的血液在流动。好，请你到黑板上去写。

生：我是从"柔和"和"明亮"这两个词语中，体会出作者把这幅画画得很逼真，而且可以看出蒙娜丽莎的神态。

生：描写了柔和、明亮的眼神。

师：说得真好！你把"柔和"与"明亮"写到黑板上。那我们就来读一读这些句子吧，好不好？一起来。

（师生齐读："她的脸颊泛着红光，一头黑发轻松地垂在双肩，她的眼神是那样柔和与明亮，嘴唇看来不像是涂抹的色彩，而是真的血色。"）

师：你们看到了吗？嘴唇看来不像是——

生：涂抹的色彩。

师："不是……而是……"这个句式用得很好，我们把它做上小记号。

师：你看，这么多好词语，让我们感受到，蒙娜丽莎像真人一样走近我们。我们还能从哪里读出她的真，她的神秘呢？刚刚这位女孩你说是第六段是吗？

生：我是从第6段的"她微笑着"这里看出她的真。"她的微笑有时让人觉得舒畅温柔，有时让人觉得略有哀伤，有时让人觉得十分亲切，有时又让人觉得几分矜持，蒙娜丽莎那神秘的微笑这样耐人寻味，难以捉摸。"

师：你是从哪些词语看出的？

生：我是从"舒畅温柔、略含哀伤、十分亲切、几分矜持、耐人寻味和难以捉摸"感受到蒙娜丽莎她的微笑。从不同的角度静静去看的时候，蒙娜丽莎的微笑给人的感觉也是不同的，可以看出蒙娜丽莎的神秘感。

师：果然是高手，她找到了一大串的四字词语，听出来了吗？你们找到了吗？

生：找到了。

师：我请她把这些词语都写在黑板上，从右边竖下来，让我们好好体会一下。同样也找到这些词语的同学举举手。（学生举手）

（学生把找到的词语写在黑板上）

师：都很棒！这组词语都在写蒙娜丽莎神秘的——

生：微笑。

师：她的微笑太耐人寻味了，难以琢磨。有时让人觉得——

生：舒畅温柔。

师：有时让人觉得——

生：略含哀伤。

师：有时让人觉得——

生：十分亲切。

师：有时又让人觉得——

生：几分矜持。

师：富有变化。我们再读出词语的变化。有时让人觉得——

生：舒畅温柔。

师：是什么感觉？舒畅温柔是什么感觉？带着你的心灵体会来读。

师：有时让人觉得——

生：略含哀伤。

师：有时让人觉得——

生：十分亲切。

师：有时又让人觉得有几分——

生：矜持。

师：这就是蒙娜丽莎耐人寻味、难以捉摸的微笑。

师：老师这儿有一段小小的文字，你读了这一段以后，可能会对蒙娜丽莎的微笑有更深的体会。来，自己快速地读一读。

（多媒体呈现短文）

师：你又获得了哪些信息？来，告诉大家。

生：我读到"那微笑时而温文尔雅，时而安详严肃，时而略带哀伤，时而又有几分嘲讽。"

师：这里用"时而"带出了对微笑的不同描写，我们把这一组词语好好地读一读。

师生齐读：时而温文尔雅，时而安详严肃，时而略带哀伤，时而又有几分嘲讽。

师：这真是神秘莫测。还从这段话中读出了什么？来，请这个女孩儿。

生：我从这里读懂了，人的笑容主要表现在人的眼角和嘴角上，达·芬奇却把这些部位画得若隐若现，没有明确的界限，因此才会有这令人捉摸不定的神秘的微笑。

师：这也是达·芬奇的神秘所在。还是回到我们课文的第6段，除了刚刚找到的那些词语，你还能找到哪些词语体会出蒙娜丽莎的神秘？来，你说。

生：从"蒙娜丽莎那微抿的双唇，微挑的嘴角"这两个词语当中，体会出达·芬奇把蒙娜丽莎画得很细致，很巧妙，好像有话跟你说。

师：说得真形象。前面是作者看到的，后面是作者想到的。两个"微"不一样，作者写得多传神啊。请你把"微抿""微挑""好像"这3个词语，也写在黑板上。

师：还有吗？再找找看。

生："在那极富个性的嘴角和眼神里，悄然流露出恬静淡雅的微笑。"我从这里看出，达·芬奇把蒙娜丽莎的这些部位描写得时隐时现，从不同角度看出了不同的样子。

师：就请你把这两个词写到黑板上。

生：我从蒙娜丽莎"转瞬即逝"的面部表情这个词语上，看出了达·芬奇的精湛技术。

师：真好，转瞬即逝。来，我们连起来把第6段读一读。老师读前面描写肖像的具体部位，你们接着往后读，来！

……

师：你们想看看她吗？（课件展现油画）看，她就是达·芬奇笔下，永远面带微笑的"蒙娜丽莎"。读——

（生借助图右边的提示，复述第5、6、7自然段，师生齐读）

师：你想不想和作者一起好好去欣赏《蒙娜丽莎》？

生：想。

师：那就让我们一起去看看，老师希望大家在看的时候，也能在心里用上那些好的词语，甚至更多的词语去形容她、赞美她，好吗？

（多媒体播放油画，从远到近，从上到下，局部大特写……乐声优雅，学生静静欣赏）

师：蒙娜丽莎那转瞬即逝的微笑，却成了永恒的、美的象征。作者就是这样来赞叹的，请大家轻轻地来读——

（课件呈现课文结尾）

师：这是作者发出的感慨，我们读了作者写的文字了，也看了王老师带给大家的《蒙娜丽莎》了，有什么感受呢？拿起笔写下来。你可以学习作者的方式，用"虽然……却……所以……"的句式，也可以不参照作者的句式，完全按自己的想法，写几句看了蒙娜丽莎的感受，好不好？就写自己最想表达的一两句话，开始。

（学生安静地写）

师：我非常想听听大家的感受，勇敢地举起你的手，像作者一样，把你对蒙娜丽莎的那种喜爱，用你美丽的声音传递给我们。好不好？来，大家注意听，会倾听的同学是最聪明的孩子。

生：蒙娜丽莎那神秘的微笑和泛着红光的脸颊给我留下了很深的印象，她的双手和嘴唇刻画得极其细腻，仿佛是真人呈现在我的眼前。

师：他是用自己的方式写的，是不是啊？真好，给他掌声。尤其是他突出了一个"神秘的微笑和泛着红光的脸颊给我留下很深的印象"，他把他印象最深的东西写清楚了。

生：蒙娜丽莎那神奇的微笑，她身后的背景，带给人无穷无尽的幻想。蒙娜丽莎是那样的光彩夺目，给有幸看到她的人留下了深刻的印象。达·芬奇以其天才的想象力和神奇的画笔，使蒙娜丽莎这幅名画成了永恒的美的象征。

……

师：同学们，课后啊，我们再把自己的感受好好地交流一下，相信今天这堂课肯定会打开你的某一扇窗，让你更想去了解，我们还不是很了解达·芬奇——这位旷世奇才！

（课件出示介绍达·芬奇的一段文字）

师：你还可以去看看卢浮宫（课件出示介绍文字、图片），那儿收藏的艺术品已达 40 万件，而最有名的镇宫三宝就是《维纳斯》《蒙娜丽莎》《胜利女神》。这就是卢浮宫门前的金字塔建筑，我们要感谢那些创造艺术的人，还要感谢用文字来传播艺术的人，这堂课我们就上到这里了。同学们，下课吧。

（《蒙娜丽莎之约》）

案例分析

《蒙娜丽莎之约》是人教版小学语文六年级上册的课文。在本课的教学中，王雷英利用多媒体手段，创设良好的课堂氛围，激发了学生的学习兴趣。

上课伊始，王雷英首先通过课件播放一组文字并附上数幅插图，然后引导学生朗读。这样的导入，为学生营造了一个平和融洽的课堂氛围，让学生仿佛身临其境，对下文的学习充满了期待。上课中，王雷英继续使用多媒体手段展现一段描述《蒙娜丽莎》这幅画的文字，再次创设情景，激活课堂气氛，引发学生求知的欲望，激起探索的兴趣。同时，王雷英让学生谈谈对蒙娜丽莎的微笑的理解，培养学生的思维能力和表达能力。良好的课堂氛围，使学生"入境始觉亲"，真情动，兴趣浓。

实施方法

1. 对学生付出真诚的爱

要创设良好的课堂氛围，教师应善于调控学生的情绪，使学生保持愉悦、积极的心理状态。教师鼓励的语言、赏识的目光以及富有情感性的教态，都可以拉近师生之间的距离，成为激发学生学习的动力。教师在教学活动中要关爱、理解和欣赏每一位学生。这样，学生就会畅所欲言，无拘无束，思维变得活跃，碰撞出智慧的火花。

2. 让学生成为学习的主人

要创设良好的课堂气氛，教师要树立以学生为主体的课堂教学观念。传统的语文教学，突出的是教师的中心地位，学生的主体作用不明确。教师必须冲破传统教学思想的束缚，打破以传授知识为中心的传统课堂教学模式，确立学生的主体性地位，探索科学有效的教学策略。教师还应从教学活动的指挥者变为学习活动的组织者、引导者，课堂上多给学生思考的时间和表现的机会，多满足学生的成就感；从而让学生成为学习的主人，培养起学习的兴趣。

3. 积极地渗透人文教育

语文是一门具有人文特性的学科。《语文课程标准》要求教师在语文教学过程中积极地渗透人文教育，培养学生爱国主义感情和社会主义道德品质，促进学生积极的人生态度和正确的价值观的形成，提高学生的文化品位和审美情趣。人文教育能净化学生心灵，消除学生"畏师"的心理。人文教育，既符合学生身心发展的要求，又能活跃课堂氛围，激发学生的学习兴趣。

四、设疑引导，启发联想
——从设问引悟上激发兴趣

"学而不思则罔。"只有"读""思"结合才能真正地读懂课文。"学起于思，思源于疑。"疑问是思维的火种，疑问是阅读能力的核心。设疑引导，就是把握教材的特点和内在联系步步设疑，为学生的"思"架桥铺路，启发学生联想、预测、边读边思。设疑法抓住阅读教学的本质，突出教师的主导作用，有利于调动学生的学习兴趣。

王雷英善于在语文教学中设问布阵，把自己的教学思路转化为学生的学习方向，层层深入，富有启发性，引导学生自我探索，产生顿悟，不断提高阅读兴趣。

经典案例

师：描写月光的词语你们知道多少？

生1：月光融融。

生2：月光皎洁。

生3：月光如水。

生4：《静夜思》这首诗中也写到了月光，"窗前明月光，疑是地上霜。"

（师板书课题）

师：知道的真不少，今天咱们要学的这篇文章也和月光有关。请同学们读课题。

（生齐读课题）

师：贝多芬曾经这样说："我的音乐只应当为穷苦人造福。如果我做到了这一点该是多么幸福！"这篇文章写的就是他与一对穷兄妹之间的故事，描述了他创作《月光曲》的经过。请同学们想一想，我们学习这篇文章，要着重思考什么问题？

生1：文章写了他与穷兄妹俩的一件什么事？

生2：是什么激发了他的创作灵感？

生3：贝多芬在这首曲子里要表达自己的什么感受？

生4：他的这种感受是在什么样的情况下产生的？

生5：作者是怎样描写的？

师：同学们很善于动脑筋，下面请大家读一读课文，一边读一边用心体会，看看自己能体会到什么，有什么疑问？

（生自由读）

师：读了文章之后你有什么感受，谁来谈一谈？

生1：姑娘很喜欢贝多芬的曲子，很崇拜他。

生2：盲姑娘家很穷，她买不起音乐会的入场券。

生3：贝多芬是一位很善良的人，他对穷人有同情心。

生4：贝多芬演奏的曲子太好了，兄妹俩都陶醉了。

生5：我有个问题："弹得多纯熟啊！感情多深哪！您，您就是贝多芬先生吧？"贝多芬为什么不回答姑娘的话，而却要再为她弹一曲呀？

师：问得好，真会动脑筋！

生6：我也有个问题，贝多芬为什么连招呼也不打，就飞奔回客店连夜把刚才弹的曲子记录下来？

生7：老师，我知道为什么？

师：请讲。

生7：这首曲子是他现想出来的。

师：这叫即兴创作。

生7：对，他即兴创作，害怕忘了，所以才飞奔回客店连夜把刚才弹的曲子记录下来。

生 8：他为什么能够即兴创作？

师：也就是说是什么触发了他的创作灵感？问得太好了，抓住了最关键的问题。现在咱们就一起解决这个问题。

师：请同学们先读一读文章的第 2 小节，仔细体会一下贝多芬的心情。

（生读）

师：从"幽静"一词能想到什么？

生：光线不明亮，只有淡淡的月光，周围很安静。

师：对，这样的环境就叫"幽静"。能体会到贝多芬的心情吗？

生 1：在幽静的小路上散步，他肯定很愉快。

生 2：听到有人弹他的曲子，他肯定很惊讶，很好奇，这么一个小镇上有人在弹我的曲子，他是谁呀？

生 3：弹得断断续续的，肯定不熟悉，有没有人教他？

师：体会得好，所以他就——

生：走近茅屋。

师：接下去读第 3 小节，继续体会他的感情。

（生读）

师：从兄妹俩的对话中你能体会到什么？

生 1：姑娘渴望能亲耳听一听贝多芬是怎么弹钢琴的。

生 2：兄妹俩相互体贴。从哥哥的话中我体会到他很伤心，因为他不能满足妹妹的心愿。妹妹感觉到了，就连忙安慰他，说自己不过是随便说说罢了，实际上她非常渴望能听到贝多芬的演奏。

生 3：盲姑娘很善良。

师：假如你是贝多芬，听了他们的对话你会有什么感受？你会为他们做些什么？

生：很激动，我会进去为他们弹奏一曲。

师：贝多芬说"我的音乐只应当为穷苦人造福。如果我做到了这一点该是多么幸福！"姑娘善良的品质和她对音乐的热爱，让贝多芬为之激动，正如你们所想，他推门进去要为这位盲姑娘弹奏一曲，满足她的心愿。请同学们读课文第 4、5、6 三个小节。

（生读）

师："弹得多纯熟啊！感情多深哪！您，您就是贝多芬先生吧？"从盲姑娘的这句话中你能体会到什么？

生1：盲姑娘觉得只有贝多芬才能弹得这么好。

生2：从两个叹号可以看出盲姑娘听到贝多芬演奏的音乐太激动了。

师：理解得好！贝多芬是著名的音乐家，他的演奏不光是技巧，而是凭感情。盲姑娘深深地感受到了他赋予乐曲的感情。在这么一个小镇上，在一所茅屋里，贝多芬遇到了一个能够凭借音乐与他进行情感交流的人，他此时的心情一定——

生：很激动。

师：此时此刻对于贝多芬来说，告诉对方自己是谁并不重要，他只想——

生：为姑娘再弹奏一曲。

师：是的，他想为姑娘再弹奏一曲，以表达自己激动的心情。就在他要再弹一曲的时候，发生了什么情况呢？请读课文第8小节。

（生读）

师：借着这清幽的月光，心情激动的贝多芬开始即兴弹奏了，他的琴声带给这对穷兄妹什么感受呢？练习读课文的第9小节。

师：请同学们再重点练习读一读皮鞋匠所联想到的，体会怎样读才能读出景物的变化。

（生练读，指名读，师范读，生再读）

师：同学们读这几句话，语气由轻而重，由缓而急，你能想象到乐曲的旋律吗？

生：乐曲的旋律也应当由轻而重，由缓而急。

师：能由乐曲的旋律想到贝多芬弹奏时的表情和动作的变化吗？谁来表演表演？

（生表演，开始动作优雅舒展，面带微笑，后来动作迅速而有力，整个身体都晃动起来）

师：演得好。能由此领悟到贝多芬赋予乐曲的情感吗？

生：老师，我明白了，贝多芬表达的正是自己见到盲姑娘前后的感情。

师：真聪明！结合贝多芬见到盲姑娘前后的情感变化再来读一读皮鞋匠所联想到的。

（生再读）

师：《月光曲》多美啊！请同学们读最后一小节。（生读）

师：联系上下文想一想"陶醉"是什么意思。

生：从"苏醒"一词我觉得"陶醉"是说兄妹俩被《月光曲》迷住了，忘记了周围的一切，连贝多芬走都没有发觉。

师：真会动脑筋。等他们醒来之后，兄妹俩会交谈些什么？周围的同学一起讨论讨论，一会儿给大家表演表演。（生讨论）

（《月光曲》）

案例分析

《月光曲》是一篇意境优美的课文，讲述德国著名音乐家贝多芬因同情穷鞋匠兄妹而为他们弹琴，有感于盲姑娘对音乐的痴迷而即兴创作出《月光曲》的传奇故事。本课的教学重点是使学生了解贝多芬是怎样创作出《月光曲》的，以及在创作过程中思想感情的变化；难点是贝多芬的感情变化的原因，因为它关系到贝多芬创作《月光曲》的激情来自何处。这一点课文没有具体答案，需要教师精心设计疑问，引导启发，才能突破教学的重难点。

王雷英根据教学的重难点，多处设疑，引导学生解读课文。开课，王雷英就让学生思考学习这篇文章要着重思考什么问题，并让学生自己提出问题，创设情境，明确了学生的主体意识，促进了学生的自我发展。王雷英善于引导学生边读边思考，把自己的感受与大家分享，这样就激发了学生的学习兴趣。

实施方法

设疑教学法，是教师指导学生以设疑解难、激疑促思的方式进行阅读教学的方法。"学贵有疑"，说明问题在教学中有着非常重要的作用，它决定着学生能否正确把握教学的重难点。在课堂中，教师适当适时的提问能激发学生的求知欲，调动学生的积极性。

1. 精心设疑

精心设疑，可以诱发学生的创造意识，培养学生主动探究的精神。在课堂教学中，教师要善于选准课文的中心点，根据教学重点精心设疑。一般从主旨、线索、结构、人物评析、语言艺术等方面入手。教师还要在学生困惑易错处设疑，在学习无疑处设疑。设疑要尽可能少而精，富有启发性。

2. 引导质疑

学生质疑的能力不是自然而然发展起来的，而是要教师在日常教学中做大量艰苦细致的工作。最重要的是，教师要打破长期封闭的教学模式，使学生摆脱习惯于等待教师"奉送"答案的依赖，鼓励学生自己发现问题。此外，教师要帮助学生克服在独立学习中的不利因素，以分析、比较、审视的态度来对待和接受知识，自觉养成质疑发问的习惯。

3. 推导解疑

由设疑问难到释疑释难，是一个深入阅读、发展思维的过程。创造设疑的条件，指导解难的方法，使学生主动探求正确的答案。指导的方法有主要两种：

（1）创设情景，提供材料

利用录音、录像、挂图、板书和直观教具，适当引喻设譬，穿讲寓言故事，朗读短文小诗，提供参考资料，都有利于创设情景，增加情趣，活跃气氛，激发思维，调动学生多种感官智力活动，从多方面接受信息，进行综合分析揣摩，从感性和理性两方面把握课文，这样就能更好地释疑释难。

（2）熟读精思，互相切磋

"读书百遍，其义自现"，让学生带着疑难在熟读中精思探源，疑难问题往往不讲自明。重要的疑难问题可以在小组或全班互相切磋，共同探讨，获得解决。

五、设计导语，抛"砖"引"玉"
——从导入环节上激发兴趣

俗话说："良好的开端是成功的一半。"导入，是课堂教学的首要环节，是将学生由非学习状态转入学习状态的准备阶段。良好的导入，能够激发学生的学习兴趣，调动学生学习的积极性，吸引学生的注意力，提高整堂课的教学效果。

那么，一段好的导语就是一堂课成功的先决条件。导语，重在"导"，必须声声击到学生的心扉上，能紧紧扣住学生的思维，把学生的心"拉"回课堂上，消除其他课程的延续思维或心理杂念的干扰，把学生的注意力集中起来，使他们饶有兴趣地投入到新的学习状态之中。

经典案例

（课件出示刘伯承元帅的有关材料，让学生阅读）

师：同学们，让我们一起回到1916年，在一个外国人开的诊所里，一个生性孤僻的医生。一天，他遇到了一个非常特殊的病人，于是有了一次非常特殊的手术。你们想了解吗？

师：自由朗读课文，要求读准字音，读通课文。

（生自由读课文）

师：你碰到难读的词句吗？

师：你认为很难读的地方多读几遍。

（生读句子）

师：把难读的句子多读几遍是读通课文的好办法。请大家再读课文，提出真正值得研究的问题。开始。

（生默读课文）

生：为什么沃克医生说遇到了一块会说话的钢板？军神指的是什么呢？

生：为什么神情变得柔和？

生：刘伯承在做手术时一定很痛，为什么他一声不吭？

生：为什么刘伯承在手术前不说自己的名字，却说自己是刘大川？

生：刘伯承在手术时心里想的是什么？

生：一向从容镇定的医生这回为什么紧张了呢？

生：医生知道刘伯承是军人，为什么还要问呢？

生：为什么要关上门再问？让更多人知道不是更好吗？

生：刘伯承做手术时很痛苦，为什么不打麻醉针？

生：课文为什么在最后才出现他的真名？

生：为什么医生眼睛里闪出晶莹的泪花？

生：他到底想说什么？

生：刘伯承为什么会记得那么清楚，说是72刀？

生：医生为什么后来能知道刘大川不是刘伯承真正的名字？

（师随机板书）

师：同学们提出了很多问题，有的从课题发问，有的从刘伯承方面来发问，接下来，大家能不能从那么多的问题中找到一个能概括那么多问题的一个问题来研究？

（生读课文）

师：刚才，王老师看了两组，发现很多组的同学都在研读"为什么说他是军神"这个问题。现在我们交流一下，说说理由。

生："钢板"比铁还坚硬，说明他不仅外表坚强，而且内心坚强，是个伟大的人物。他不使用麻醉剂，超出了一般的人。

师：他说了这么多，你们听明白了吗？这位同学把钢板和军神联系起来，能不能找出课文中的句子，这样更具有说服力。

生：他汗珠滚滚，说明沃克医生原来给病人做手术没有不打麻醉剂的。

生：他担心刘伯承会晕过去才汗珠滚滚。

师：他联系了前文，抓住了一段很关键的话。

（师出示句子）

师：你们读一读，想一想，结合刚才的问题，看这段话还能帮我们解决什么问题？

生：我从这段话中知道，刘伯承不打麻醉针是为了使革命成功。

生：他觉得打了麻醉针就不能很好地指挥战斗。

生：他怕影响了脑神经。

师：其实，这一段是告诉我们他不打麻醉针的原因。

（老师引读）

生：我觉得刘伯承是一个会说话的钢板，他动手术时动了72刀都能数出来，真是不同寻常。

师：大家轻轻地数一数，闭上眼睛想象一下（数不清，2，3，4，5……71，72）

生：这是常人难以想象的痛苦，怎能不说他是一块会说话的钢板？

师：你不但能抓重点语段，还能抓重点词，把词写在黑板上（生上前板书：一声不吭）

生：我对他的说法不同意，"青筋暴起"说明他不是钢板，因为钢板是没有感觉的。

生：他说得不对，不打麻醉针做手术对常人来说已经非常了不起了。

师：还从哪句话看出来？

生：医生说最后他忍不住可以吭出声来，要是我的话，手术做到一半可能就吭出声来了。

师：从刚才同学们的发言中，看出同学们已经读懂了课文，再回到课文中读一读。

（师引读）

师：到现在为止，你明白了沃克医生为什么说他是会说话的钢板了，我们再来看看，围绕这个问题，就能解决了黑板上的问题。刘伯承不仅仅是一位铁骨铮铮地军人，更是一位军神。

（投影图片）

师：大家再自由地读读这段话。（出示课件：病人一声不吭，他的双手紧紧抓住身上的白垫单，手背青筋暴起，汗如雨下……）

（指名读，学生评价）

师：写一写你最想说的一句话。

生：有刘伯承这样的人，中国革命一定会成功！

生：刘伯承真不愧是一位军神！我向你学习。

生：刘伯承，是一位勇敢而坚强的人。

师：怪不得沃克先生说——

（出示：沃克先生惊呆了，大声嚷道："你是一个真正的男子汉！一块会说话的钢板！你堪称军神！"）

师：让我们记住他的名字——刘伯承。

（音乐起，齐声朗读以上这段话）

（《军神》）

案例分析

《军神》是人教版课标本第十一册的课文。课文讲的是刘伯承到沃克医生那里做手术不用麻醉剂的故事，体现了刘伯承镇定、沉着、坚韧不拔的钢铁般的意志。

兴趣是语文学习活动中最活跃的心理因素，它对于维系注意力，增强理解和记忆，启发联想，唤起情感体验，都具有积极作用。课前，王雷英利用课件出示刘伯承的相关资料，激发了学生的兴趣，吸引了学生的注意力。新课的导入，王雷英只用一句简短的话概括课文的主要内容，"非常特殊的病人"和"非常特殊的手术"激起了学生的好奇心和求知欲。"你们想了解吗?"一句话带动全体学生的情绪，巧妙地进入下文的学习。王雷英的导入开门见山，简洁明快，就像一把金钥匙一样，为学生开启了课堂的大门。

实施方法

著名教育家于漪说："课的第一锤要敲在学生的心坎上，或像磁石一样把学生牢牢吸引住。"好的导语是教师精心为学生打造的金钥匙，带领学生打开智慧之门，达到"立片言以居要"的境界，发挥着激发兴趣的作用。

1. 悬念导入，激发求知

悬念是指人的一种急切期待的心理状态。悬念所造成的这种心理状态让学生的注意力加倍集中，求知欲旺盛，思维十分活跃。在导入时，教师用巧妙的语言设置悬念，能迅速造成求知若渴的心理状态，使教学活动从教师的刻意铺垫转化为学生主动探索新知的过程，为后继学习打下情、知交融的心理基础。

2. 故事导入，引人入胜

故事是儿童最喜欢的一种文学形式，是儿童认识世界的窗户。生动有趣的故事往往包含着精彩的情节、丰富的情感和深刻的哲理，这些无不引人入胜。小学生以形象思维为主要特点，天真可爱，想象力丰富，最喜欢听教师讲故事。如果教师借助故事导入新课，那么必将激发学生学习新知识的兴趣，并且这种乐学的兴趣能够积极地影响学生在整个课堂中学习的心情。当然，由于导入时间有限，教师所讲故事最好以短小精悍为妙。

3. 媒体导入，吸引注意

多媒体教学以形、声、光、色等表现手段，创设出形象、直观、生动的情境，使学生在轻松活跃的课堂氛围中接受知识，完成学习任务。在导入时，教师可利用幻灯片、录音、录像、图片等多媒体手段，生动形象地展示与课文相关的内容，吸引学生的注意力，引起学生探索的兴趣。

六、深度阅读
——兴趣教学与课堂优化

1. 兴趣教学的渊源与作用

我国有着几千年的教育史，我国古代教育家们积累和总结了丰富的教学经验，提出了许多有价值的见解，这对现代的教学理论、原则和方法具有重要的影响。其实，兴趣教学在古代就被倡导了。大教育家孔子说："知之者不如好之者，好之者不如乐之者。""好"就是"以之为爱好"，"乐"就是"以之为乐趣"，这些都体现了兴趣在学习中的重要地位。孟子有云："君子引而不发，跃如也。"意思是说，教师如同射手，张开了弓却不发箭，做出跃跃欲试的姿势，以启发和诱导学生，激发学生学习的积极性。这从侧面也反映了兴趣教学的重要作用，倡导学生做学习的主人，鼓励学生自主探索。"授之以鱼，不如授之以渔"——这正是现代教学论的"学生是学习的主体"的精髓所在。

在国外，以比利时德可乐利为代表的兴趣教学最引人注目。德可乐利说："兴趣是个水闸，用它开启注意的水库，并使注意有了方向。它也是一种刺激，脑力依赖它而冲出。"它形象地说明兴趣与学生的内在需要有着密切的联系。教师要通过激发学生的兴趣去促进教学，就必须了解学生的内在需要，并了解兴趣与学生的内在需要之间的联系。瑞士教育家皮亚杰提出："所有智力方面的工作都依赖于兴趣。""进步教育"学派的代表人物杜威也提出了"兴趣中心论"的主张。这些学说的提出，有力地验证了兴趣在教学中的重要地位和作用。

兴趣教学在课堂教学中的应用，是素质教育的一种体现。素质教育是以促进学生的德、智、体、美、劳全面发展为基本特征的教育。因此，兴趣教学的引入，对素质教育的推动和发展有着举足轻重的作用。

2. 新课改中的语文兴趣教学

长期以来，在"应试教育"的大环境下，语文教学往往只偏重语文基础知识的传授和基本技能的训练，忽视学生学习方法和良好习惯的培养。久而久之，学生不仅丧失了对语文学习的兴趣，而且失去了可持续发展的动力。

跨入21世纪，在当今社会经济和文化转型的背景下，我国开始进行基础教育课程改革。课程改革以"一切为了每一位学生的发展"为核心理念，关注学生全面的发展，要求从根本上解放课堂，解放学生，解放教师，努力构建新型的课堂教学模式，真正地让学生成为课堂的主人，让学生由"要我学"变成"我要学"。在这样的背景下，兴趣教学已成为一种优化课堂的教学方式。

实施素质教育，兴趣教学势在必行。所谓兴趣教学，是指教师针对教学对象内容，采取灵活多变的方法，利用学生的好奇心理、逆反心理和求新心理，创造一个和谐、轻松的课堂环境，激发学生的求知欲，使学生在情感的愉悦中接受知识，掌握技能，以达到最佳的教学效果。

教师要在课堂上激发学生的学习兴趣，就应确立学生的主体地位，而教师是教学活动的组织者、引导者和合作者，起到课堂教学的主导作用。教师要根据学生的认知规律创造条件，引导学生进行自主探究学习，激发学生学习的兴趣。另外，教师应关注学生的个体差异，相信每个学生都具有可供发掘的潜能，让每个学生都能得到全面的发展。尊重学生、面向全体学生，也正是激发学习兴趣的重要手段。

语文学习由于应用性较大，有时难免会让学生感觉到学习过程枯燥无味。倘若把语文课上得有声有色，生动有趣，就可以让学生在轻松的氛围中掌握知识，提高能力。"兴趣教学"所形成的这种氛围，能使学生处于良好的心理状态，因愉快而学，因学而愉快。

3. 兴趣教学中的教师素养

教师是教学活动中的引导者和组织者，教师只有"领"得好，学生才能找到掌握知识的方法和渠道。至于怎么"领"，就关系到教师自身的素养了。在新课程的背景下，兴趣教学对教师素养提出了更高的要求。教师应具备以下几种素质。

（1）因材施教，循循善诱

"因材施教"是优秀的传统教学思想之一。孔子说："视其所以，观其所由，察其所安。"这就是说，教师要观察学生的言行举止，了解学生的个性特点，把握学生的实际情况。这样，教师有针对性地对不同层次的学生实施不同的教学策略，有的放矢，循循善诱，就会起到事半功倍的教学效果。

（2）言传身教，尊重学生

这是从古到今，教育对教师提出的基本要求。教师教书育人，必须以身作则，言传身教，在学生面前树立学习的榜样。孔子说："其身正，不令而行；其身不正，虽令不从。"这里强调了以身作则、正己正人的"身教"的重要意义。教师要做到"言传身教"，必须要有渊博的知识和丰富的教学经验，要有威信，使人信服。其次，教师还应尊重学生，建立良好的师生关系。

（3）刻苦钻研，积极创新

教师倘若要更好地完成教学任务，就不能被动地等待运用别人的研究成果，或生硬地照搬套用；而应该以研究者的心态置身于自己的教学活动中去，认真反思、分析和总结教学中出现的各种问题，找出有效的解决方法。同时根据时代要求，积极学习最新的教学科研成果，并把其创新地应用到自己的教学实践中，最大限度地提高课堂教学的实效。

（分析论述：孔婉芬）

陈建先

如何通过激发学习兴趣体悟语文智慧

名师档案

——教学科研之星

陈建先，全国著名语文教师，全国小语会青年教学研究中心委员，江苏省和谐教育学会副秘书长，连云港市教科所研究员，连云港市小学语文课程改革专家组成员，曾荣获"江苏省优秀青年教师""江苏省教坛明星""连云港市优秀教育工作者"等称号。

陈建先是"本位语文"的积极倡导者和践行者，追求"扎根语言，着意精神，立足发展"的本位语文观和"读为本，悟为核，用为宗"的课堂特色，教学风格扎实、灵动、开放、和谐。

陈建先潜心于小学语文教学的实践与研究，参与并主持多项国家、省、市级课题的研究。发表论文100余篇，出版专著《本位语文：陈建先经典课堂与创新设计》，参与编写《语文名师同步教学设计》等多本著作。

一、名课实录

——本位语文，课堂激趣

《钱学森》课堂教学实录（苏教版，小学语文第十一册）

（一）激智导入，开拓思维

师：同学们喜欢看电影吗？

生：喜欢。

师：说到电影，我想请教一下，你们知道世界上最著名的电影大师是谁吗？

生：张艺谋。

师：张艺谋是我国当代著名的电影导演，暂时还不是世界最著名的电影大师。当然，我们希望他努力争取。

生：卓别林。

师：对！你是怎么知道的？

生：我在电视里看到的，说卓别林是电影之父。

师：对！"电影之父"。在电影这一行业里他是老大！算是祖师爷了，谁还知道哪些"之父"？

生："音乐之父"贝多芬。

生："钢琴之父"李斯特。

生："炸药之父"诺贝尔。

师：在中国，也有一个人被誉为"导弹之父"，你们知道他是谁吗？

生：不知道。

师：他就是放弃了在美国优厚的待遇，毅然回国的世界著名科学家钱学森。钱学森，1943 年毕业于上海交通大学，随后留学美国。在美国，钱学森享受着优厚的待遇，但是他一刻也没有忘记自己的祖国。经过五年的漫长等待，1955 年 10 月 1 日，他终于回到了阔别多年的祖国。为我国火箭、导弹的研究和发射工作做出了巨大的贡献。想不想读课文？

生：想。

（二）初读课文，整体感知

师：好！放开声音，以自己喜欢的方式去读课文。

（学生自由朗读）

师：还想读吗？

生：想。

师：真话还是假话？

生：真话。

师：好，想读的同学请举手。好了，时间到，再举手也不算了，就你们这些人读。你们举手最快，获得了读课文的权利，请你们起立齐读课文第1节。（对没有举手的学生）等他们第1节读完了，你们才有权利接着读。当然，如果谁读累了，可以随时坐下来歇一歇，想读了再站起来读，好吗？

生：好！

师：开始读吧。

师：听你们整齐的朗读，真是一种享受。不过，现在我想学一学齐泯王，不听你们齐读，想听你们一个一个地朗读，见识一下你们各位的真功夫。谁敢读读？

（生无人举手）

师：被吓住了？都想当南郭先生？

（众笑）

师：（有一学生举手）好！他站起来了，站起来就证明自己不是南郭先生，有勇气！

师：读得不错，你百分之百不是南郭先生！不过有个字音要注意一下，"屈指一算"读"qū"，不读"qǔ"。"魂牵梦绕"的"绕"读第四声，不读第三声。这是个多音字。

师：谁来接着读课文？

（读到"赴美国留学"，师示意停下）

师：停。这个"赴"字是个生字，怎么记住？

生：姓"赵"的"赵"字"×"换成"卜"就行了。

师：闭起眼睛写一下。"赴"是什么意思？

生：到的意思。

师：对！还可以怎么说？

生：去。

师：也对。但这里为什么不用"去"或"到"？（略停）"赴"是书面语，而"去"和"到"有时可以做口头语使用。所以"赴"字一般用在比较正规的书面语中。比如在电视新闻里经常听到"胡锦涛总书记偕夫人赴某某国访问"，而不说"去"或"到"某某国访问。好，接着读。

（读到"富裕"时，师示意停下）

师：停。还得打断你一下。看老师写这个"富裕"的"裕"字。"裕"字怎么解释？

生："裕"就是富的意思。

师：你怎么知道的？

生："裕"字左边是衣字旁，右边是个"谷"，一个是穿的，一个是吃的。

师：吃穿都有了，丰衣足食了，还不富裕吗？对吧？

生：对！

师：你真聪明。从字形上就能看出字的意思。其实这也是我们祖先的一种造字方法，有一些字的字形就代表了它的意思。比如"孬"读"nāo"，意思就是不好，差劲。"不正"合起来就是"歪""wāi"，两个"木"就是"林"，三个"木"就是森林的"森"。

师：下一段？请你来读。

生："……欢度中华民族的传统节日。"

师：除了中秋节外，还有哪些中华民族的传统节日？

生：春节。

生：元宵节。

生："五一"劳动节、"三八"妇女节。

师：传统节日是指世代相传的、具有一定民族特色的庆祝活动或祭祀仪式等。"五一"劳动节、"三八"妇女节、"六一"儿童节等是国际性的节日，不是咱们中国特有的传统节日。明白吗？

生：明白。

师：好，继续读下一段，后面那位高个子女孩，你来读。

（生读到"袒露"时，师正音，释义）

……

师：刚才我们已经把课文读了两遍了吧？

生：嗯。

师：我告诉大家，学语文一定要读，不认识的字多读几遍就读准了，读不顺的句子多读几遍就读顺了，不理解的地方多读几遍也就明白了。当然，学语文又不能光是读，都让你们读去了，读完下课，各走各的，读了以后各人有什么感受，有什么体会，有什么发现，有什么疑问，大家彼此都不知道，那又何必几十个人挤在这一间屋子里呢？对吧？那你们说，不光要读，还要干什么？

生：还要说读书后的感受。

师：对！还有？

生：谈谈不理解的地方。

生：说说自己的收获。

（三）深入课文，读中感悟

师：对！只要是自己的体会、感受、困惑、发现，就要坚持自己的观点，实话实说。一句话，不管你有什么想法，怎么想的就怎么说。好了，现在我还想请大家读课文，不过这一遍要求提高了，读完后要谈一谈自己的想法。建议大家默读，这样便于思考，可以在你认为有想法的地方勾勾画画，作个批注。会做批注吗？

（生默读课文，做批注）

师：我们来交流一下，谁先来说？你是第一个举手的，发言权应该先给你！

生：我觉得钱学森很伟大！

师：嗯！说得不错。从哪儿看出来的？

生："我现在所做的一切，都是在做准备，为的是回到祖国后能为人民多做点事。"钱学森在美国有那么优厚的待遇，生活条件那么好，可他没有忘记自己的祖国。

师：身在异国他乡，心系祖国人民。就这段话，谁还有话要说？

生：钱学森说"他是中国人"。他一刻也没有忘记自己的祖国，我读了很感动，我想起了一首歌《我的中国心》。

师：能给大家唱几句吗？来！掌声鼓励！

生：唱"洋装虽然穿在身，我心依然是中国心……"

师：《我的中国心》最初是由香港著名歌手张明敏在80年代的时候演唱的。这首歌唱遍了大江南北，唱出了全世界爱国华人的共同心声。大家会唱吗？来！一起唱！

（师生同唱《我的中国心》，台下掌声雷动）

师：唱起这首《我的中国心》，有一种什么样的感觉？

生：感觉很激动！

生：很兴奋！

生：很想大喊一声！

师：喊什么？

生：中国，我爱你！

（四）细细品读，加深体会

师：多么真挚的情感！多么富有激情的呼唤！你同样喊出了身在美国心系中国的钱学森的心声！有把握把钱学森的心声读出来吗？

生：有！

生："我是中国人。我现在做的一切，都是在做准备，为的是回到祖国后能为人民多做点事。"

师：我听到了深情！谁再来？

（一名学生激动地再读钱学森的话）

师：我听到了深情而且激动的心情！来，一起读！

师：还有谁有想法？

生：老师，我能先读一下吗？

师：当然可以。

生：（读课文第4节）当时我们中国刚解放，要钱没钱，要设备没设备，就连和他在一起的中国留学生都劝他暂时不要回去。可他却说，就是因为祖国现在很穷，所以我们要共同去创造，我们应当回去。如果心里没有祖国，他怎么会这样坚决呢！

师：是啊！中国有句俗话，"子不嫌母丑"，"狗不怨家贫"。祖国就是自己的母亲！

生：钱学森明明知道当时我们国家很穷，搞科学研究很不方便，但他却放弃了在美国的优越条件。因为他是中国人，他要为自己的祖国和人民做贡献，让自己的祖国早一天强大起来！

生：钱学森的话让我感动万分，因为他在美国帮助美国人做事，美国给他很高的待遇，将来可能会更有前途，而他回国，各方面条件都赶不上美国，如果不是由于他的爱国，那不就是一个傻子吗？

师：那你说，钱学森傻不傻？

生：我觉得他一点都不傻。因为在美国再好，但美国不是他的家啊！他是在中国长大的，怎么会不要自己的家呢？

师：说得多好啊！中国才是他的家！是祖国的山山水水养育了他。祖国的一草一木，一沟一坎都令他难忘；长江、长城，黄山、黄河，无时无刻不在对他深情地呼唤"归来吧！归来哟，浪迹天涯的游子"！我们再来读一读钱学森的肺腑之言，感受他那颗赤诚的爱国之心。

师：这段话是钱学森对谁说的？

生：这段话是钱学森对留学生说的。

师：什么情况下说的？

生：留学生劝他不要回国时说的。

师：钱学森既答复了留学生们的劝说，又表达了自己的心迹。想一想，假如你是钱学森，说这番话时应是怎样的心情？

生：激动！

师：对！

生：诚恳！

师：缺不了。

生：坚决！

师：体会得很好。那你就带着你的激动，带着你的诚恳，带着你的坚决和果断再来读一读。

师：同学们发现没有，这一节除了写钱学森的话，还写了谁的话？

生：还写了留学生的话。

师：为什么要写留学生的话？

生：因为留学生的话和钱学森的话正好是个对比。

师：就是说，留学生的话和钱学森的话正好是个对比，对吧？对比着写，有什么好处？

生：这样，就更能突出钱学森的爱国心！

师：那我们找找看，课文里还有没有这种对比的写法？快速浏览一下。

生：刚才我们学过的第2节就是对比写法。

师：说具体点。

生：书上说钱学森在美国享受优厚的待遇，有富裕的生活和优越的工作条件，而钱学森却要回去。

生："想到前方就是自己魂牵梦萦的祖国，他多么希望脚下不是轮船的甲板，而是火箭的舱壁啊！"这里用"轮船的甲板"和"火箭的舱壁"作对比，说明钱学森归心似箭！

师：怎么看出来的？

生：轮船的甲板，说明钱学森是乘船回来的；火箭的舱壁，这说明是坐在火箭里，火箭的速度比轮船快，说明他盼望早一点回国。

师：分析得很有道理！看这句话，有一个成语正好能概括它的意思，又能表达钱学森此时的心情，谁知道？

生：归心似箭！

师：对！但作者为什么要用火箭作比，而不是飞机或者快艇呢？

生：因为成语不是说"归心似箭"吗？

师：当然也有这个"箭"的意思。还有别的吗？

生：因为火箭是最快的，没有比它现快的了。

师：就是说钱学森盼得不能再盼了，急得不能再急了，对吧？

生：对！

师：谁能把这归心似箭的心情读给大家听？

（一名学生读，不够理想）

师：哪个词语在读的时候要特别注意？

生：火箭的舱壁。

师：对呀，那就要表现出来呀！

生："……而是火箭的舱壁呀！"

师：好！感觉出来了，一起读！

师：还有对比的写法吗？

生："听说钱学森准备回国，美国海军的一位高级将领说：'钱学森无论到哪里，都抵得上5个师，绝不能让他离开美国！'"这一段用美国一位将领的话来作对比，突出了钱学森回国的决心一刻也没有动摇。

师：这位将领的话你是怎么理解的？

生：是说钱学森是个难得的人才，坚决不能让他回到中国，这样美国的损失就大了。

生：说钱学森抵得上 5 个师，说明他是个有能力的人。

师：一个师有多少人？猜猜看。

生：500 人。

师：太少了！

生：5000 人。

师：差不多。我来告诉你们，部队的编制分甲、乙两种，乙种是 5000 人一个师，甲种一个师就是 10000 人，你们说 5 个师是多少人？

生：按甲种师是 50000 人，乙种师 25000 人。

师：至少 25000 人啊！钱学森至少赶得上 25000 人！这是一个什么样的人？

生：力量无比的人！

生：了不起的人！

生：像神仙一样的人！

师：神奇的人！所以美国海军的高级将领怎么说？

生：读"钱学森无论到哪里……美国！"

师："绝"字什么意思？

生：坚决不允许。

生：没有商量的余地。

师：这句话怎么讲？

生：就是不允许钱学森回到中国！

生：是不允许他离开美国，到中国不行！到其他国家也不允许！

师：再往深一点思考，这句话还有什么潜台词？

生：就是他们美国一定要想方设法把他留下来，帮助美国做事。

师：他们会怎么留？

生：他们会给他涨工资，给他更好的别墅，更高档的轿车。

师：嗯，有可能。

生：还会给他升官。

生：给他美女。

（生笑，众笑）

师：这是想诱惑他。电影、电视里一些坏蛋经常会这么做。还有别的吗？

生：他们如果劝说不行，利诱也不行，可能就要来硬的了。比如抓起来拷打他。

生：会派人监视他，把他软禁起来，不允许他外出、打电话、通信等。控制他的人身自由。

师：是啊！同学们的想象都有可能。他们会软硬兼施，千方百计阻挠钱学森回国。事实上，当时的美国政府确实也是这么做的。当钱学森提出要回国后，他们非常恐慌，后来又非常的恼火，明里暗里对钱学森进行迫害。后来还卑鄙地找了个借口把钱学森抓了起来。当祖国得知这一消息后，周恩来总理马上和美国政府进行交涉。经过5年的努力，钱学森终于获得了自由，回到了祖国的怀抱。谁来读一读第5节和第6节。

（一生读）

师：五年的时间有多长？你们现在是5年级，5年后你们高一就读完了。再算一下，一年是365天，5年是1825天；一天24个小时，5年是43800个小时；一堂课40分钟，5年整整是2628000分钟，相当于65700节课，若按一年在校上课200节计算，整整要在学校上课328年啊！这么漫长的等待，对一心回国的钱学森来说真是怎样？

生：度日如年。

师：好！他用了4个字的词语来概括，谁还想说？

生：备受煎熬。

生：寝食难安。

师：所以想到前方就是自己魂牵梦绕的祖国，他多么希望——

生：脚下不是轮船的甲板而是火箭的舱壁啊！

师：虽然在美国享受着优厚的待遇，可是他说——

生：我是中国人。我现在所做的一切，都是在做准备，为的是回到祖国后能为人民多做点事。

师：当他袒露心迹，有留学生劝他不要回国时，他诚恳而又坚决地说——

生：我们日夜盼望着的，就是祖国能够从黑暗走向光明，这一天终于到来了。祖国现在是很穷，但需要我们大家——祖国的儿女们共同去创造。我们是应当回去的。

师：正因为如此，钱学森回国后，为我国——

生：运载火箭、导弹的研制和发射做出了卓越的贡献，被誉为"中国导弹之父"。

（五）总结归纳，升华情感

师：钱学森回国后，得到了毛泽东主席、周恩来总理的接见。一个月之后，成立了我国第一个导弹技术研究院。钱学森就是这个研究院的第一任院长。他带领一批科技人员奋力拼搏，1960年9月10日，在中国的土地上，用国产燃料成功发射了第一枚P—2导弹，从而揭开了中国导弹试验史上的第一页。1970年，我国用长征一号运载火箭成功发射了第一颗东方红卫星……1991年10月16日，在钱老即将年满80岁的前夕，国务院、中央军委授予钱学森"国家杰出贡献科学家"荣誉称号和一级英模奖章。1999年9月18日，中共中央、国务院、中央军委隆重表彰为研制"两弹一星"做出突出贡献的科技专家，钱学森荣获"两弹一星功勋奖章"。关于钱学森的感人事迹，还有太多太多，同学们课外可以阅读《中华名人传记》，还可以上网查阅有关资料，只要搜索"钱学森"3个字，网上就有260万个页面。今天的课就上到这儿，下课！

二、名课解读
——情趣课堂，智慧生成

1. 导入激趣，启发思维

好的开始就是成功的一半。一堂成功的课，离不开教师精心设计的导入语。上课伊始，陈建先以一个轻松的话题导入，"同学们喜欢看电影吗?"一句简短的话，不仅把学生的注意力吸引过来，还成功营造了一种轻松愉悦的教学氛围。接着，由"电影之父"联想到"音乐之父""钢琴之父"，在联想的过程中，积极调动学生脑中的知识储备，由学习联想到生活，再由生活回归到学习，拓宽了学生的知识面。然后，顺利导入到"导弹之父"，为钱学森这一人物的出场做好铺垫。这样的导入，由此及彼，都是不着痕迹的"引线"，体现了陈建先通过精心设计导入激发兴趣的教学艺术。

2. 以读激趣，读有所思

语文教学的主要任务是让学生学习语言，提高运用语言的能力，而这一能力的提高主要依靠语言实践。在陈建先看来，"读"应该是一项最基本、最经常也是最重要的训练，熟读则是感悟升华的临界条件。在本课教学中，陈建先引导学生以读为主，读中感悟，读有所思。首先是初读课文，整体感知，在征得学生的意愿后，部分学生领读，然后全班齐读。陈建先充分利用"读"的策略，通过默读、朗读、速读、个别读等方式，使学生全方位地接触文本，在读中体会语言文字的魅力特点，在读中思索钱学森的言行举止，在读中感悟钱学森的情感变化，从而达到兴趣盎然的学习状态。

3. 情境激趣，披文入情

情境激趣，是课堂激趣中最常用的方法之一。教学情境的巧妙创设，有助于提高学生课堂参与的热情，调动学生学习语文的主动性。对于现在的学生而言，爱国之情往往没有爱家之情那么强烈，那么具体，学生的爱国意识与情感是被动而模糊的。如何激发学生的情感共鸣，使他们能够情深意切地感受钱学森的爱国之情，显然是本课教学难点之所在。为了突破这个教学难点，陈建先在学生已经深入文本的基础上，先让学生自由谈论感受，然后师生齐唱爱国歌曲《我的中国心》。唱完后，课堂气氛变得十分热烈，台下掌声雷动。显然，学生的爱国情绪被调动起来了。此时，陈建先及时引导学生高喊自己的爱国感言，把学生的爱国情绪调动到最高涨激昂的状态。由于学生之间，师生之间，学生与文本之间，已经产生了情感共鸣，因而当学生再次感悟钱学森的爱国热情时，就显得轻松多了。陈建先巧妙地引导学生披文入情，使学生获得了深刻的情感体验。

4. 质疑激趣，自主探究

"学贵有疑。"学生有了疑问，就会产生求知的欲望，从而激发探究的兴趣。在教学中，陈建先善于引导学生质疑，然后再自行解疑。如在学习钱学森的第 2 段话时，陈建先启发学生去发现问题，"课文中除了写钱学森的话之外，还写了谁的话？""为什么要写留学生的话？""这样对比有什么好处，文中还有没有其他的对比写法？"等等。一连串的问题，使学生在与文本对话的过程中，不断质疑，不断发现，不断探究，学会举一反三，并自行总结出学习方法。陈建先成了学生学习的伙伴，学生在探究的过程中充分感受到了学习语文的兴趣。

5.评价激趣，知识拓展

对学生的评价，要立足"过程"，发现闪光点，以点带面。正面表扬和鼓励学生，是让学生乐学的重要手段。在学生第二次读完课文后，陈建先正面作出了评价，"听你们整齐的朗读，真是一种享受。"随之，引出"滥竽充数"的典故，"不过，现在我想学一学齐湣王，不想听你们齐奏，想听你们一个一个地吹，见识一下你们各人的真功夫。谁敢出来？"陈建先不仅为学生拓宽了知识面，还巧妙地活跃了课堂气氛，学生其乐融融。接着，在个别读的过程中，陈建先在肯定、鼓励学生朗读水平的同时，及时纠正错别字音，而且巧妙地解析汉字的造字法、一字多音等知识点。学生在理解文本的同时，也实现了相关知识的拓展。

三、以读激趣法
——学生学习兴趣的生成

以读激趣法，旨在使学生通过默读、朗读、速读、演读、个别读等多种阅读方式，学会理解地读，有体验地读，传情达意地读，在读的过程中促进学习兴趣的生成，使学生在反复的品悟中升华情感。

一篇课文，读得越熟，领会越深。"读书百遍，其义自见。"说的就是这个道理。陈建先认为，阅读文本应是语文学习的前提所在，只有通过与文本的"零距离"接触，学生的感受才是"原汁原味"的，才是"超级震撼"的，在此基础上的语感能力才能日趋完善。

 经典案例

（学生自由快速地读课文）

生："老人引我进了他的小屋，为我沏了一杯茶。茶，很热，很香，仿佛一股暖流，很快地把我们俩的心灵沟通了。"老人对陌生的游客这样热情，还为他沏茶，让人佩服！

师：热情待客，心地善良。你有个字音没读准。"沏"读第一声，"qī"，不读"qì"。来，读一遍，全班一齐读。"沏"是个生字，"彻底"的"彻"双人旁换成"氵"就是"沏"。因为沏茶要用水来泡，所以就是"三点水"。能记

住吗？在本子上写一遍。

生："茶，很热，很香。仿佛一股暖流，很快把我们俩的心灵沟通了。"这句话表面写茶香，人喝了心里热乎乎的，其实是写老人的热情像茶一样让人感到温暖。

师：作者把老人的热情比作了热茶。茶热，情更热；茶浓，情更浓；茶香，情更真！"一杯热茶"把老人的热情写活了！就顺着这个话题，大家再找找看，看文中还有没有这种形象化的表达方法？

生："天游峰……就像一根银丝从空中抛下来，在云雾中飘飘悠悠，仿佛风一吹就能断掉似的。"作者把天游峰的"险"形象地写了出来。作者把石梯比作在云雾中飘飘悠悠的、风一吹就能断掉的银丝，让人似乎真能看到这样一幅画，看到它的"险"。

师：谁能把这个危"险"的画面读出来？

（一名学生试读）

师：我倒有个问题了，既然是写扫路人，作者为什么用了整整一段话来写天游峰的险。

生：天游峰是扫路人工作的地方，写天游峰的险，就是突出了老人扫路的危险性。

生：若随便在一个比较容易的地方打扫卫生，可能也就没有什么了不起的了。

师：这对我们写文章有什么启发？

生：看来写一个人不一定都从正面直接来写这个人，从侧面来描写这个人所在的环境也会收到很好的效果。

师：课文里有直接描写老人的吗？

生："我游兴未尽，他身穿一套褪色的衣服，足蹬一双棕色的运动鞋，正用一把竹扫帚清扫着路面。"

师：你觉得这是一位怎样的老人？

生：我觉得这是一位非常朴素的老人。

师：从哪里看出的？

生：因为他穿了一套褪了色的衣服，说明衣服已穿了很多年了，已经很旧了；而且人是精瘦的，说明他生活条件也不好。

师：生活条件好的人都得是胖子吗？（众笑）

生：不一定。

师：再往深处想一想，从"褪色的衣服""精瘦"两个词还能体会到什么？可以相互讨论一下。

生：从"精瘦"可以看出，老人是在辛勤地劳动，因为整天劳动就不容易发胖，而且整天在山上风吹日晒的也容易变瘦。

生："褪色的衣服"不但说明老人艰苦朴素，也看出这是老人长期在外劳动造成的，风吹日晒才会褪色的。

生：老师，"运动鞋"也说明了老人是扫路人，穿运动鞋干起活来更方便。

师：可见，无论是"褪色""运动鞋"还是"精瘦"，都非常准确地反映出老人是扫路人这一身份。你看只有一句话，作者用词多么准确！多么恰当！我们一起来读读这句话。

师：来！我们继续走近这位老人。

生："借着淡淡的星光，我仔细打量了他，瘦削的脸，面色黝黑，淡淡的眉毛下，一双慈善的眼睛炯炯有神。"

师：读了这一段，你又觉得这是一位怎样的老人？

生：这是一位身体健康的老人，因为他的眼睛炯炯有神，眼睛是心灵的窗户，眼睛有神身体肯定很好。

师：你从炯炯有神的眼睛中看出了老人的健康，会读书，会思考。

生：这是一位勤劳的老人。因为面色黝黑，说明他长期在外风吹日晒，"瘦削"和前面的"精瘦"一样，也说明他不停地劳动着。

师：谁来概括一下？

生：这是一位健康的、善良的、勤劳的老人。

师：能用上四个字的词语吗？

生：这是一位身体健康、勤劳善良的老人。

生：这是一位心地善良、吃苦耐劳、精神矍铄的老人。（热烈的掌声）

（《天游峰的扫路人》）

案例分析

读，是理解、感悟的前提。陈建先在《天游峰的扫路人》的教学中，主要采取议读议悟的"读"的方式，为学生创造一个充分展现自我的平台，做到有读、有议、有思，有感、有质疑，有辩论。学生通过自由速读课文，找出扫路人让人敬佩的语句；接着，陈建先举例引导："我发现了这一节里有一句话和我们刚才学的'倒抽了一口气'的表达方式一样，你们发现了吗？"学生的积极性被调动起来了，甚至举一反三，从文中找出多处这种形象化表达的句子。

读，如果仅是停留在发现的层面，是远远不够的；读的目的在于感悟与理解。首先，陈建先让学生分别找出正面描写和侧面描写老人的语句，然后通过语句进一步分析老人的性情、品质。先是由语句获得直观的感悟，接着是从重点词语中寻找突破点，"再往深处想一想，从'褪色的衣服''精瘦'两个词还能体会到什么？可以相互讨论。"学生在讨论的过程中，相互启迪，相互补充，碰撞出智慧的火花。

 实施方法

1. 以读激趣，展开想象

孩子对故事有一种天生的喜爱之情，而语文教材，大部分课文的故事性都很强。本质上来说，学生是喜欢读课文的，关键在于教师的点拨指导。初读课文时，贵在激趣。有了兴趣，学生就会乐此不疲。读的方式是多种多样的，可以朗读、默读、演读、速读、诵读，等等。教师还可以利用多媒体课件或是书本上的插图，引导学生边读边联想课文的相关情节，有助于加深对课文的理解。

2. 走进文本，深入体验

苏霍姆林斯基说："把每一个学生都领进书籍世界，培养对书的酷爱，使书籍成为智力生活中的指路明灯，这些都取决于教师，取决于书籍在教师本人的精神生活中占有何种地位。"学生阅读，目的在于领悟，在学生进行阅读的过程中，教师要善于引导学生走进文本，进入角色，深入体验，以便学生更好地理解课文内容。

四、情感激趣法
——学生学习兴趣的发展

情感激趣法，即通过教师的全情投入，充分调动学生的情感，进而激发其

浓厚的学习兴趣。教师要用自己的全部情感去把握课文所表现出来的真、善、美，用真挚的情感去拨动学生的情感之弦，与学生一起触摸文章跳动的灵魂，喜作者之喜，怒作者之怒。

与其他学科相比，语文本身蕴含着丰富的人文精神与生活气息。要真正让学生学懂、学好一篇文章，就必须牢牢地抓住文本中的情感因素，通过对字、词、句的品读，与作者、与文本中的各种人物进行深入的情感交流，引发学生的内在体验，激起学生的情感共鸣。在教学过程中，教师可以充分利用影视、图画、幻灯、音乐、表演等手段，将教学内容中的情景再现于课堂，带领学生进入文章特定的情境之中，激活学生的学习兴趣。

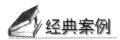 经典案例

师：想不想看看过去的乡戏？

生：想！

（播放过去的乡戏录像）

师：喜欢吗？

生：喜欢。

师：我现在是中央电视台的记者，我对现场观众做个采访。请问这位大爷，您老喜欢乡戏吗？（众笑）

生：喜欢！太喜欢啦！

师：您老平时爱唱戏吗？

生：有时间爱唱几句。

师：那我们掌声有请这位大爷给我们唱上几句好不好？

生：好！大路不走走小路，噢……（众笑）

师：《天仙配》中的董永来了！

师：您好！大妈。今天是一个人来看戏吗？

生：不！我们全家都来了呢？这不，这是我孙子狗蛋！（众笑）

师：小朋友，你叫什么名字？

生：我叫狗蛋。（众笑）

师：干脆我就叫你狗蛋吧，这样更亲切。我说狗蛋，听说电视台正在播放动画片《哪吒传奇》，你怎么也来看戏了呢？

生：乡戏好看！俺喜欢！还有就是看乡戏不用买票。（众笑）

师：噢，还蛮有经济头脑的呢？好了！亲爱的观众朋友们，采访到此结束。祝现场的观众朋友们拥有一个美好的夜晚，也祝电视机前的朋友们拥有快乐的心情。

师：好！我们再回到课文。

生："等到锣鼓一敲……台下的戏迷们便眉飞色舞起来。"从这里看出大家对乡戏很入迷，只是台上的人物刚一出场，还没有正式开始演唱，台下的戏迷就迫不及待了。

师：嗯，这一方面说明演员的水平高，另一方面说明戏迷热情。什么叫"眉飞色舞"？

生：就是眉毛乱动，像跳舞似的。

生：不是跳舞，这是形容人特别高兴，连眉毛都有了神采，都活灵活现了。整个人都是喜笑颜开的！

师：好个活灵活现、喜笑颜开！说得多好啊，来点掌声！谁能眉飞色舞地读一读这句话？

（一学生上台绘声绘色地读）

师：同学们，这就是乡戏！这就是虽然简单，却让人不能不看的乡戏！这就是难得清闲，却又不能不唱的乡戏！打开书本，我们一起再次来走进这个人山人海的现场。唱戏的大多是农民——

（生齐读"唱戏的大多是……很远很远。"）

（《乡戏》）

案例分析

"情生于境，境能移情。"创设一个师生、生生与文本对话的交互情境，能让学生走进文本，让文本进入学生的内心深处。为了让学生更形象，直观地了解过去的乡戏，陈建先给学生播放了一段乡戏的录像。学生看得津津有味。学生只有在学习兴趣被充分调动的情况下，才会产生想了解、想读、想学习的念头。接着，陈建先为学生创设了一个新颖有趣的情景，"我现在是中央电视台的记者，对现场观众做个采访。请问这位大爷，您老喜欢乡戏吗？"充满视觉冲击力的录像和教师富有感染力的语言，不仅很好地渲染了课堂气氛，而且将学生带入课文的情境之中，唤起学生对乡戏的喜爱之情。《乡戏》这篇课文虽然没有什么精彩有趣的故事情节，但由于陈建先的全情投入，因此学生学习的劲头十足，课堂上充满了欢声笑语。

实施方法

1. 创设情景，渲染气氛

创设情境，是指教师在教学初始，根据学生的心理特点、认识规律及课文的特点，为学生创设出切合课文的学习情境，激发学生的求知欲望，引导学生自主探究。教师在教学活动中创设具体生动的问题情境，也能够激发学生饱满的学习情绪，促使他们以积极的态度主动融入文本的学习之中。

2. 人格影响，全情投入

德国教育家第斯多惠提倡："要努力以自己的人格来使教学有兴趣。"所谓人格，是指教师要热爱自己的学生，要具备高度的事业心和责任感，要有激励、唤醒和鼓舞学生的教学艺术。教师要善于以高尚的人格去影响学生，全情投入，激起学生的学习兴趣，使学生全身心地投入到学习中，成为课堂的主人。

3. 自主感悟，体验成功

每个人对成功都有着强烈的渴望。在教学中，教师除了要调动学生的情感体验外，还要充分挖掘学生头脑中与教学内容相关的知识积累，调动学生已有的生活体验，让学生在已知的基础上去感悟未知，从而形成自主感悟的能力。教师要引导学生自己去发现和获取知识，体会到学习也是一种乐趣。

五、求知激趣法
——学生学习兴趣的强化

求知激趣法，即通过激发学生强烈的求知欲，调动其主动性，进而达到强化其学习兴趣的目的。求知激趣法的实施，主要从变换教学方法、放飞学生的想象、鼓励学生的发散思维等方面入手。

苏霍姆林斯基认为："在人的内心深处，都有一种根深蒂固的需要，这就是希望自己是一个发现者、研究者、探索者。"在儿童的精神世界里，这种需要更为强烈。从这个层面上说，激发学生的求知欲，就相当于激发学生的学习兴趣。小学生一般都有强烈的好奇心和求知欲望，他们都非常渴望学到更多的知识。语文教师要充分挖掘课堂教学的潜力，加大知识信息量，充分满足学生的需求，促使学生学习语文的兴趣得到强化。

经典案例

师：你觉得，什么样的人称得上英雄啊？

生：很有本事的人。像杨利伟叔叔这样的。

生：了不起的人！

生：勇敢的人！

师：你知道哪些英雄？

生：黄继光、董存瑞。

师：他俩是战斗英雄。还有别的英雄吗？

生：前年有非典，医生也是英雄。

师：抗击非典的英雄，我们称之为"抗非英雄"。

生：岳飞是抗金英雄。

师：对，岳飞！南宋的爱国名将，精忠报国！我们都称他为民族英雄。民族英雄和我们刚才说的那些英雄有什么不一样？

生：民族英雄是打仗的。

师：黄继光和董存瑞没有打仗吗？只不过岳飞抗击的是外族的入侵，董存瑞打的是当时的反动派，属于本民族之间的内部战争。黄继光是抗美援朝，并不是直接抗击外国的入侵。记住了，只有抗击外国或其他民族入侵的战斗英雄才叫"民族英雄"。比如，我们今天要学习的就是一位伟大的民族英雄——郑成功。来！齐读课题。怀着对英雄的敬仰之情读。

师：郑成功是收复台湾的民族英雄，可能同学们对他已有一些初步的了解。我相信，只要大家打开书，把《郑成功》这篇课文认认真真、仔仔细细地读一遍，你对他肯定会有更深刻的认识。

师：读了一遍课文，谁有话要说？

生：读了课文，我知道郑成功在厦门修造船只，操练海军，他看到自己亲手训练的海军纪律严明，充满了必胜的信心。

师：首先，我要感谢你，因为你是第一位回答问题的同学，你为大家开了个好头；其次我还要表扬你，只读了一遍书，你对郑成功的战前准备已有了较深的了解，看来你读书很用心。

师：谁能概括地说说自己的收获？

生：我知道了郑成功的军队和荷兰侵略者进行了战斗。郑成功的军队团团围住敌人的军舰，把敌人打败了。

……

师：谁来说说看，课文主要讲了哪两件事？

生：课文主要讲了郑成功收复台湾、建设台湾的事情。

师：谁愿意写在黑板上？

（一生上台板书：收复台湾、建设台湾）

师：大家看这位同学的板书，你有什么发现？

生：他把"收复"两个字写得特别大。

师：你能告诉大家，你为什么要把"收复"写得这么大呢？

生：因为，我觉得郑成功只有收复台湾，才能建设台湾。

师：也就是说，收复台湾很重要，如果不能收复，就谈不上建设了，对吗？

生：对。

生：老师，我有不同意见。光收复就有用了吗？不去建设能行吗？我觉得建设也很重要。

师：你的意思是，建设和收复一样重要，也应该写大些，是吗？

生：对。

师：瞧！这两位同学较上劲了。一个认为收复重要，一个认为建设和收复同样重要。老师真高兴！你俩都很善于读书，很会动脑子。我相信，还有更多的同学想发表自己的看法。不过我倒有个建议，咱们先别急着讨论"收复"和"建设"哪个重要，因为说话要有根据。谁能把"收复"和"建设"这两部分读熟了，谁的发言才有权威性。

……

师：好了。读完一遍课文，只要你是用心去读了，总会有这样或那样的感受。我觉得刚才大家说得都有道理。下面我想看看大家拿出哪些证据来，课文的哪些词句让你气愤？让你痛快？让你开心？让你激动？为什么？来，快速读读课文。

师：谁来说说？咱们先从"气愤"谈起。

生：我感到很气愤，"明朝末年，荷兰侵略者……他们残酷地奴役台湾同胞，台湾人民恨透了这伙强盗。"这些侵略者真是太坏了，他们平白无故地侵略台湾，这本就不应该，却又残酷地奴役台湾同胞，真是不要脸的狗强盗！

师：骂得好！狗强盗！蛮不讲理的狗强盗！所以你气愤。老师想问你，你是怎么理解"奴役"这个词的？

生："奴役"就是把人当奴隶使用，像对待牲畜一样。

生："奴役"就是荷兰侵略者对台湾同胞想打就打，想杀就杀，叫他们干什么就得干什么。

师：对。大家理解得很深刻！那么什么叫"残酷地奴役"呢？

生："残酷地奴役"就是非常奴役。

师：（笑）你的意思我能听懂，但说"非常奴役"听起来是不是有点别扭？

生：就是非常残酷，没有人性地奴役。

师：对！没有人性。

生：就是指奴役的程度很重，很厉害。

生：奴役到极点了。

师：是啊！他们挖空了心思，用尽了卑劣的手段，用尽了所有折磨人的酷刑，把罪恶的魔刀伸向了善良的台湾人民。也许，我们能从一些电影、电视里体会到这种残酷的场面。但历史的真实更会让包括我们在内的每一位有良知的中国人痛恨不已！请看大屏幕。

（《郑成功》）

📐 案例分析

直白的讲解会剥夺学生思考的权利，不利于学生思维能力的训练与培养。在教学中，陈建先非常注重学生的思维训练，培养他们的创新能力。上课初始，陈建先启发学生说出"战斗英雄""抗非英雄"等"英雄"之后，继而引出"民族英雄"，通过比较，引导学生了解民族英雄的内涵。在初读课文进行整体感知后，陈建先提出课堂中的常规性问题："谁来说说看，课文主要讲了哪两件事？"但是，与常规操作不一样的是，在学生正确回答问题之后，陈建先不是把要点直接写到黑板上，而是征求学生的意愿，让学生自己写到黑板上。简简单单的一个细节，不仅吸引了学生的注意，更体现了学生的主体地位。

在语文教学中，巧设提问有助于激发学生的学习兴趣，促使学生达到最佳的学习状态。陈建先在充分肯定学生的感受的基础上，马上追问："下面我想请大家拿出证据来，课文的哪些语句让你气愤？让你痛快？让你开心？让你激动？为什么？来，快速读读课文。"陈建先尊重学生独特的情感体验，同时积极引导学生的学习兴趣。

实施方法

1. 变换教学方法，调动学习积极性

课堂教学是传授知识、开发智力、培养能力、进行思想教育的主渠道。但由于应试教育思想的束缚，导致很多教师的教学方法僵化、呆板，引起学生的厌学情绪。为了扭转这一局面，教师应当灵活地选择教学方法，通过不同的手段来吸引学生的注意，引导学生自己发现问题，自主探究学习，自觉参与教学活动。

2. 放飞想象，激活学习热情

著名作家冯冀才说："我想到的东西都会不由自主地变成画面，如果不出现画面，没有可视性，我仿佛就抓不住它们。"如同画画一样，学习也是需要想象的。教师在阅读教学中要充分利用想象的功能，指导学生透过文本中的语言，想象出丰富多彩的形象画面，让学生更深刻地体会文本中的情感。想象活动大大地丰富和拓展了文本内容，有利于学生思维能力的培养和提高，也有利于激活学生的学习热情。

3. 鼓励发散思维，激发探究兴趣

发散思维，即一个问题不死守一种答案，而是从四面八方开拓思路，多角

度地思考解决问题的办法。在教学中，多采取"一问多答""变式训练"等方法，鼓励学生站在不同的角度，提出各种不同的见解，凡事多问几个为什么，大胆设想不同的答案。教师要充分肯定学生的进步，用心挖掘其闪光点，及时鼓励和表扬，激发学生探究的兴趣。

六、深度阅读
——课堂激趣与语文教学

1. 课堂激趣的意义

夸美纽斯指出："兴趣是创造一个欢乐光明的教学环境的主要途径之一。"兴趣是人们力求认识某种事物或爱好活动的稳定倾向，它是一种潜在的素质，能激发学生对学习活动产生心理上的爱好和追求。兴趣是克服困难、推动学习活动的内在动力。可是，由于应试教育的负面影响，教师的因循守旧，学习任务与学习压力与日俱增等方面的原因，直接引起学生的厌学情绪，甚至磨灭学生的学习情趣。

被动的学习不仅效率低下，也不利于学生的全面发展。在新课程改革的背景下，学习兴趣的培养在语文教学中占据着越来越重要的地位。《语文课程标准》明确指出："教材应符合学生的身心发展特点，适应学生的认知水平，密切联系学生的经验世界和想象世界，有助于激发学生的学习兴趣和创新精神。"由于语文课内容丰富，语言博大精深，学生学习语文时，兴趣浓厚，其学习往往随兴趣而迁移。

从学习心理学的角度来看，学习兴趣与学习的关系主要表现在：当学生对某门学科产生学习兴趣时，他就会产生力求掌握该学科知识的需要，使自己的心理活动处于积极状态，自觉地集中自己的注意力，积极主动地获取知识，从而提高自己的学习效率，而学习效率的提高又会加深他对该学科的兴趣。因此，教师在教学过程中，必须潜心研究如何激发学生的学习兴趣，这样才能达到预期的目的。同时，教师还要根据学生的实际情况，选择最合适的教学策略，使学习任务变为学生内在的需求，使他们感觉到自己是学习的主人，从"要我学"转变为"我要学"。

2. 课堂激趣的误区

学习兴趣的培养是素质教育的重要内容，课程改革为其注入了更加丰富的内涵。课堂激趣给语文教学带来了生机和活力，它更多关注的是学生的全面发展。但是，由于某些教师对新课程理念的认识偏差，在实际的课堂教学中，课堂激趣容易出现以下几个误区。

（1）多媒体的使用不当

多媒体辅助教学是课堂激趣的常见手段，它有助于激发学生的学习兴趣，调动学生的学习激情；它可以增大课堂教学的容量，提高课堂教学效率；它还可以深化教学内容，突破教学重难点，等等。多媒体在课堂教学中的功劳是显著的。然而，有些教师在教学中过分依赖多媒体，把多媒体教学当作课堂教学的唯一手段；课堂成了多媒体课件的展示课，师生间缺乏情感交流，这不利于教学工作的顺利开展。

（2）繁华热闹一场空

《语文课程标准》提出，"语文教学应激发学生的学习兴趣，注重培养学生自主学习的意识和习惯，为学生创设良好的自主学习情境，尊重学生的个性差异，鼓励学生选择适合自己的学习方式。"为了倡导"自主、合作、探究"这种新型的学习方式，热热闹闹的讨论交流成了许多课堂必不可少的"法宝"。讨论后，教师让学生依次发言，发言完毕，一堂课也就结束了。表面上看，课堂教学十分热闹，没有明确的讨论中心，讨论的主题越扯越远，更别说培养学生的创新思维了。有些教师直接把课堂变成辩论会，为了一两个毫无价值的问题，辩论双方争论不休，把所有时光都消耗在"打嘴仗"上。这些活动的安排，课堂气氛是活跃了，学生的学习兴趣也被调动起来了，但教学的价值却失去了。

（3）重人文轻工具

自1997年人文精神的大讨论以来，有识之士呼唤浸润学生心灵的人文精神，呼吁教育的生命意识。在语文教学中，教师尤其注重思想教育、情感熏陶、思维训练等方面内容。由于不少教师把研究重点聚焦在文本内容的理解上，强化了语文人文性的一面，也就必然淡化了语文的工具性特征，致使训练也了课堂中的"禁区"。

（4）溢美之言满课堂

鼓励性原则是课堂评价的重要原则，教师的一个微笑，一句称赞，虽然微不足道，但在学生心中是极有权威的评判。教师要善于把握时机，通过肯定与赞赏，呵护学生的上进心，激发学生的求知欲，这有助于调动学生学习的积极性和主动性。但是有的教师为了体现课堂评价中的鼓励性原则，不论学生的问题回答得是否正确，不管学生回答问题的质量如何，一律冠上"很好""真棒""你真聪明"等高度肯定的评价语，看似是对学生的鼓励与尊重，实际上是在抹杀学生的积极性。

3. 课堂激趣的方法

学习兴趣是学生积极学习的一种心理倾向，它不是先天固有的，而是后天获得的。在课堂教学中，常见有效的激趣方法有如下三种。

（1）导入激趣，以情激情

导语是一堂课的开场白。学生对每篇课文都有新鲜感。一个好的导语可以激发学生学习新课的心理情绪，提高他们学习的积极性和主动性。常见的导入类型有知识导入、激智导入、情感导入和趣味导入。不管教师使用的是哪种导入方法，在导入的过程中，教师应做到以情动人，充分调动学生的情感，激起学生学习的兴趣，诱发学生的学习动机。

（2）提问激趣，质疑探究

提问不仅仅是课堂激趣中的重要环节，更是启发学生思维的主要方式。在教学中，教师要找准问题的突破口提问，让学生在提问中思考，在思考中质疑，在质疑中探究。通过把握学生的思维去向，促使学生达到最佳的学习境界，做到真正激起学生的学习兴趣，点燃学生心灵的火花。

（3）拓展激趣，知识延伸

新课程实施以来，"拓展"成为语文课堂教学中的一个热门话题，被当作评价一堂课是否遵循新课改理念的标准之一，因此对课堂教学内容进行拓展成为语文教师在课堂教学中不可或缺的内容。语文教师不断拓展，大胆延伸，课堂教学不再囿于教材内容，在教学中有意识地调动学生的生活经验和阅读经验，开发和利用语文课程资源。变教材的忠实执行者为新课程的开发者，提高学生的语文素养。让学生获得更深刻的人生启迪和情感体悟。

（分析论述：赵琰珍）

杨明明

如何运用启发式教学法激发学习兴趣

名师档案
——全国优秀教师

杨明明，全国优秀教师、浙江省特级教师、浙江省作家协会会员、儿童文学作家，杭州市优秀作家。近20年来，撰写、编著了书籍十余本，约200多万字。

八十年代参与研究的《小学生最优发展综合实验》成果获国家教委首届科研成果一等奖。论文《提高中低年级语文学习效率与实践》获课题组论文评比一等奖。杨明明老师被评为杭州市优秀科研工作者。

杨明明提倡在生活中学习语文，创造"导学法"和"课堂差异教学"等教学模式。1985年由中央电教馆录制的《找骆驼》课例在教育卫星播放，曾被聘为中央电教馆讲师。其生动朴实、不拘一格的教学风格受到全国各地专家和同行的好评，在全国有着广泛的影响。

一、名课实录

——启发教学，开启智能

《背篼》课堂教学实录（两课时）（浙教版小学语文第九册）

第一课时

（一）导入新课，设疑启发

师：今天，我们学一篇新的课文，题目叫"背篼"，看我写完这两个字，你就要试着说说"背篼"是什么。（老师慢慢书写"背—篼"竹字头）

生："背篼"肯定是背在背上的，装东西的。

生："背篼"是用竹子做的，类似箩筐那样的，可以盛东西的、装东西的。至于是不是一定只能用竹子做的，恐怕不一定了吧，比如藤条也可编……

师：见到过吗？

生：有、没有……

师：刚才，你们自己研究了"背篼"，现在请专心听老师背诵第1段课文（背诵）。你能说说，什么时候，谁，背着什么归来了？

板书：（　）（　）背着（　）归来了。

生：黄昏，山里的孩子，背着满满一背篼柴火归来了。

师：不错，那么，第1段中还有什么词句需要研究吗？我们边读边画。（读后学生提问）

生：什么叫蜿蜒？

生：晚霞怎么"背"？

师：对呀，晚霞怎么背？

生：打柴的孩子回来了，为什么说"归来了"？

师：谁能回答为什么用"归来了"？（学生们摇头）我也觉得为难，但我想，学完了课文，你们肯定能回答的！那么，"背着五彩晚霞归来了"是什么意思？

生：是不是就是指"黄昏"，换一种方式讲时间？

师：大家说呢？（生齐说：对的！）那么，这"蜿蜒"是什么意思？（举手者不多）那么我们再读读课文？

生：我知道，是指"弯弯曲曲的山路"。

师：噢，想过吗？这"蜿蜒"两个字为什么是"虫"字旁？

生：蜿蜒是指蛇虫爬行的样子吧！

师：我想大概是这个意思吧。来，我们再来读读，能试着背背第一段课文吗？（生背）

（二）深入探究，理解文意

师：学得很不错，我们就按这样的方法，继续研究，课文共有几节？

（生数后答，有7节）

师：好，下面的学习任务是：1.读通课文；2.读准字音；3.找出本文的重点词句。

师：你们还记得吗，什么叫重点词句？

生：（回忆学过的单元目标提示）能表示课文主要意思的词句叫重点词句。

师：对，现在开始自学，课文比较短，用5分钟就能完成刚才提出的学习任务吗？

（生自学，师巡查）

师：有读不准的字音吗？（出示"蜿蜒""林""撩""揩""田埂""坎""篓"等字）好，大家读得挺准的。

师：现在说说你找的重点词句是哪一句？（让孩子先画下来，再提出一起说的要求）我们可以一起说吗？

生："哦，山里的孩子，背篓里盛着一个勤劳的童年。"

师：都是这一节？

生：对！

师：好！那我们再好好读一遍，读出赞扬的口气。

生：（齐读）"哦……"

师：我不明白，背篓里怎么盛得下童年，这句话是什么意思？

生：就是说，山里的孩子很勤劳。

生：就是说山里的孩子天天劳动。

师：他们两个谁说得更准确？

生：我认为某某说得对。因为重点句中说山里的孩子有个勤劳的童年，整个童年都很勤劳，所以说天天很勤劳。

师：那么，你们知道童年是从几岁到几岁吗？

生：大概是五六岁到十二三岁，也就是小学阶段。

师：对，现在，我们就"抓住重点词句，深入理解课文"。该怎么做？

（学习大屏幕上的"单元提示"）

师：该怎么做？（生读"单元提示"：1. 想想课文中的哪些具体事例是表达重点词句意思的；2. 想想课文中所描写的情境；3. 围绕重点词句想想，课文主要给我们什么启发）

师：好，我们现在试着学习第5、6自然段，按"提示"的要求学，我们将体现山里孩子勤劳的具体事例画下来，待会儿请这样回答："勤劳体现在……上"，可以吗？（学生边读边画，约两分钟）

师：勤劳体现在什么上？能说吗？

生：勤劳体现在"沉甸甸的背篓"上。

师：勤劳体现在"一捧红红的山柿子"上。

生：勤劳体现在"一小捆药材"上。

生：勤劳体现在"轻轻吁了一口气"上。

生：勤劳体现在"自己积攒学费的想法"上。

师：同学们找得对，能不能这样说：勤劳不仅体现在（ ）上，还体现在（ ）和（ ）上。

生：勤劳不仅体现在（沉甸甸的背篓）上，还体现在（一捧红红的山柿子）和（一小捆药材）上，还体现在（轻轻吁了一口气的动作）上。

师：能说说你为什么画这些词句吗？

生：沉甸甸的背篓里盛着的是满满一背篓柴火，不勤劳哪有那么多柴火可打呀？如果换成我，绝对不行。

生："轻轻地吁了一口气"是勤劳，没有劳动习惯的人放下这沉甸甸的柴火，早就瘫倒在床上了。（众笑）

生："一小捧红红的山柿子"是勤劳，因为他一边打柴，一边还想到邻家的小弟弟，多么善良！

生：我觉得他自己攒学费的想法很了不起，采药是要有本领的。

师：我不明白，如果药材可以换钱，为什么他不采满满一背篓药材，而只是一小捆呢？

生：我想，他的任务主要是打柴吧。

生：妈妈等着他的柴火做饭呢，这是他们家的燃料。

师：呵，我们城里的孩子毕竟不太了解山里人的日子。

生：我想，可能是这样吧。药材是很珍贵的，很难找的，所以他只采到一小捆。

师：是的，这位山里孩子边打柴、边采药，够勤劳的。我们来读读这一段，读出你对他的赞扬。（反复读第6自然段，基本会背）

（学生朗诵，背诵）

师：那么，我们读读第7自然段，看看"（　）是勤劳的象征"。

生：汗水和泥渍。

师：互相看看，你们脸上有汗水和泥渍吗？

（学生互相看，摇头）

师：你们能学学妈妈给孩子揩汗的动作吗？（撩起围裙的动作，"揩"的动作）

（学生表演动作）

师：妈妈给孩子揩汗，孩子的表情是什么样子的？

生：（读）他抬起头，抿着小嘴微笑。

师：他的"笑"是什么意思？你能说说他仿佛在说什么？

生："妈妈，谢谢你的关心！"

生："妈妈，你真好！"

师：老师这儿有4种答案，请你想想，哪一种是山里孩子的回答，听好！A："妈妈，你看我多能干！"B："妈妈，我打的柴够烧一阵子了吧！"C："妈，我不累，您放心！"D："无言，什么话也不说，就是"抿着小嘴微微笑"。听清楚没有，你选择哪个答案？请好好想想，用"举手指"回答是哪一种。（生基本选择第3种或第4种）

师：能说说原因吗？

生：我选择第3种回答。因为山里孩子很朴实、忠厚，不可能是A、B两种回答。

生：我选择第4种回答。我觉得山里孩子此时以笑回答是最恰当的，妈妈给他擦汗他用微笑回答表示感谢，用眼睛表示感谢，不用多说了。我们母子之间是相通的，有心灵感应。

师：说得真好！我们读一读，读出妈妈的爱，读出孩子的懂事。

（学生读课文）

第二课时

师：我们继续上课，看作业完成得怎么样。（投影校对作业）

（生校对作业）

（三）读练结合，品味词句

师：我们已经学了几段了？（5段了）我们把学过的段落背背看。

（生有表情的背诵课文）

师：很好！特别是第7自然段背得好，看看还有哪一段是写妈妈的？

生：第3自然段。

师：哪一句？画上。

生："他知道，那是妈妈高高扬起的手臂，在呼唤自己。"

师：想想，妈妈怎么呼唤？比如，孩子叫"山伢子"。

生：（学样）"山——伢——子，回——来——吧！"

师：挺像的，真是妈妈的手臂吗？

生：不是的，是炊烟。

师：是什么？请说准确。

生：袅袅升起的炊烟。

师：更准确些。（　　）的，（　　）的炊烟。

生：袅袅升起的，飘过林梢的炊烟。

师：什么叫林梢？（生自由回答：树的顶端）对！我们来读读。

（学生朗读第3自然段）

师：这是一句比喻句，用……比作妈妈。对！我们来背背看。（背第4自然段）妈妈在招呼孩子了。用哪一句话能说明他也着急回家？

生："他加快了脚步。"

师：走过哪些地方，读……

生：拐过一道弯，绕过一道坎，走过一条窄窄的田埂，跨过小石桥。

师：某某，请你回答，刚才我们讲的这段路是村内的，还是村外的？你根据什么判断？

生：刚才这条路是村外，因为后面写着"走进村子，走进自己的院子"，我从"走进"来判断的。

师：对！会解读！山里孩子是背着沉甸甸的背篓走这条路的，你们是体会不到的。

生：（自由议）我们不是山里孩子，我们没有实践的机会。

师：想试试看？我这里有一只背包，九公斤，你背着，我们背读第5自然段，谁愿意？（生纷纷要求尝试）

（一位同学背上背包，较沉。众笑，学生在台上蹎步）

"走——拐过一道弯……"

师：（帮学生卸下背包）什么感觉？

生：沉甸甸的，太重了！

师：还有呢？

生：山里的孩子很苦！

师：谁再试试？（又请了一位同学试）

（在参与、实践中，背诵课文）

师：（问背者）有什么体会？

生：累！背不动。

师：你佩服山里孩子的什么？

生：佩服他的精神，吃苦的精神。

生：佩服他的劳动能力。

生：佩服他的体质，我的身体受不了。

师：现在再体会一下，为什么用"归来了"？能说吗？

生：对于我们来说，这山里的孩子确实如英雄一般，可以用"归来了"。

师：那么，你觉得这篇文章是城里人写的，还是山里人写的？

生：当然是城里人写的，山里人自己不会把自己当英雄。

师：说得不错！山里孩子确实是可爱的孩子，是勤劳的孩子，值得我们学习。看看，我们还有哪一段没学。

生：第2自然段。

师：第2自然段写了什么？读读。

（生读）

生：好像写景。

师：是的，这儿（打开投影）每组有两种写法，你自己读读想想，每组的表达方式有什么不同，你喜欢哪一句？大伙儿先读读。

生：（读）

1. 山风吹着他蓬乱的头发。

山风梳理着他蓬乱的头发。

2. 小溪发出轻轻的流淌声。

小溪对他说着悄悄话。

3. 鸟儿在枝头上叫着。

鸟儿依依送别，约他明天再来。

生：我觉得第 2 句好，有感情。

生：我觉得第 2 句好，它用了拟人的手法。

师：你能读出山风、小溪、鸟儿对山里孩子的喜爱吗？试着读读。

（生读）

师："依依送别"该怎么念？我来试试行吗？（示范读）谁再来试试，希望
超过我？

（全班集体朗读这 3 句话）

师：刚才我们学习时有没有按单元目标所要求的那样？请回忆一下。

生：有。

生：第 3 点还没有给我们充分的时间讲。

师：哪一点？

生：就是这篇课文给我们什么启发这一点，好像还没有给我们充分的时间
来说。

（四）对照自我，拓展深化

师：你觉得这篇课文给你什么启发？

生：我觉得我们应该想一想和山里孩子比，我们还缺少什么？

师：好，我们准备 5 分钟，待会儿来说一说。

（生在本子上写答案）

师：来，现在我们来说说和山里孩子比，我们还缺少些什么？

生：我们缺少山里孩子的勤劳。

生：我们还不能自己积攒学费，连想都不敢想。

生：城里的孩子娇生惯养，而山里的孩子五六岁就已经能打柴了，我觉得
难为情。

生：我们的童年是在享受中度过的，而山里孩子的童年是在勤劳中度

过的。

生：我缺少的是山里孩子坚强的意志，我想到山里去住一段时间，去体会体会。

生：我缺少的是山里孩子那种坚持不懈的精神。

师：同学们说得很对，希望我们城里的孩子也具有山里孩子的那种高贵的品质。

二、名课解读
——巧妙启发，激发兴趣

《语文课程标准》指出，教师应创造性地理解和使用教材，积极开发课程资源，灵活运用启发式教学策略，激发学生的主动意识和进取精神。美国教育家杜威认为："教师的首要任务在于唤起学生理智的兴趣，激发其对探究的热情。"特级教师杨明明让四年级学生上五年级课文《背篼》，她独特的课堂设计与巧妙的启发式教学激发了学生学习语文的兴趣，圆满地完成了教学任务。

1. 连番设疑，巧妙引导

《背篼》是一篇描写山区农家孩子打柴归来的散文，语言简练而又充满乡土气息，文章的主旨在于教育学生勤劳俭朴。"学生为主体，教师为主导"是现代教学的指导思想。杨明明提出的问题，层层深入，循循善诱，引发学生的积极思考，大大提高了学生的学习积极性。

上课伊始，杨明明问学生背篼的"篼"是什么部首？当学生回答是"竹"时，杨明明马上让学生思考："'背篼'会是一种怎样的物具呢？"接下来，在讲到第一段"蜿蜒"一词时，又让学生根据部首猜测其意思。一步一设疑，层层启发学生思考。

在本课的教学中，杨明明注意创设有趣的问题情境，引导学生深入体验和品味，提高学生的理解能力。学生深入理解课文常常是从问题开始的，而问题是否有趣，对于调动学生的学习兴趣至关重要。在第一课时，杨明明问到："我不明白，背篼里怎么盛得下童年，这句话是什么意思？"这样就把学生容易分散的注意力集中起来，同时巧妙地引导学生深入到课文当中，激起了学生思考问题的兴趣。培养了学生的思维能力。

2. 放飞想象，开启智能

学习语文，需要理解语言文字；而理解语言文字，就需要跟具体事物联系起来，这样才能深入领会其中丰富的内涵。因此，在语文教学中，教师要启发学生按照语言文字的描述，运用自己的知识和经验，展开想象，把文字转换成形象的画面。

著名的科学家牛顿指出："没有大胆的猜想，就不可能有伟大的发现和发明。"教学中适当地运用想象法进行教学，让学生勤思多练，可以激发学生的求知欲望，有利于调动学生自主学习的积极性，有效地开启学生的智能。在第一课时，杨明明就较好地运用了想象教学法。人类的想象是一朵最美丽的花朵，杨明明给它插上了翅膀，令其在这一课堂中绽放异彩。

3. 勤于诵读，品词赏句

新课程理念强调：要注意加强对学生日常诵读的评价，鼓励学生勤于诵读，在诵读中增加积累，加深体验与领悟。《背篼》是一篇短小优美的散文，文章语言简练而又富有韵味，非常适合学生积累词句。而散文教学的最高境界，就是教师在教学时引导学生声情并茂地诵读，通过诵读来解读作者，解读课文，使学生深入到文章中去，与作者产生共鸣。学习一篇散文就如同让学生经历一次心灵的旅行，洗涤学生的灵魂，提高学生的审美能力，陶冶学生的道德情操。在本课中，杨明明的教学颇具特色，可以说是达到了这一境界。她主要运用了三种品词赏句方式：

一是让学生在理解课文的基础上有感情地朗读课文。这在杨明明的课堂教学中几乎处处可以体现。

二是运用好句选择法品味词句。在第一课时中，杨明明首先问道："当'妈妈撩起围裙一角，揩去他小脸上的汗水和泥渍'时，这位山里的孩子'抬起头，抿着小嘴微微笑'，此时此刻，他会对妈妈说些什么吗？"然后出示了一道选择题让学生选择。在比较和分析的过程中，学生理解了作者的深意。

三是运用变式比较法品读词句。在第二课时，杨明明问："从什么地方看出作者喜欢山里的孩子呢？"在学生回答后，杨明明话锋一转："下面我们进行原句和变句的比较，体会作者是怎样通过生动的描写来表达自己对山里孩子的喜爱之情的。"于是，杨明明出了三道比较题让学生分析，在指导学生学到一些写作技巧的同时，也让学生懂得了作者的思想感情。

4. 创设情境，体验情感

小学语文教材中，许多课文的情感因素是十分丰富的。然而，文章中作者的情感，不能直接传授给学生，只有通过语言文字的描述来表达自己的情感。由于小学生的生活经验、文化素养和思想感情较浅，对于自己陌生的事物很难理解。这就需要教师创设情境，渲染气氛，增强语言的直观性和感染力，从而唤起学生的情感体验。

杨明明运用了情境表演和情感朗读的方法，拉近了学生与文章及作者之间的情感距离，把作者的写作意图展示给学生，让学生领悟作者寄情于景和寄情于事的写作手法。

第二课时，杨明明在讲山里的孩子如何背着"沉甸甸"的背篓归来时，提问学生是否能体会出"沉甸甸"是怎样的一种感觉呢？接着，让两个学生先后上台背着"沉甸甸"的背篓——一个塞满书本的大背包，做打柴归来的表演。表演过后，扮演者深有体会，同时感染了其他同学。学生对"沉甸甸"一词的意思有了更为深刻的理解。

三、提出问题，启发激趣
——开拓学生的思维

在启发引导式激趣教学中，运用"提出问题教学法"使学生依据自己对教材内容的理解，结合自己的所思所想，自己提出问题或回答问题，进行课堂自主讨论研究，从而养成学生自主学习的习惯。这种教学方式旨在通过学生的主动学习，以学生的提问或教师随机提出的问题为研究性学习的切入点，以创新思维为突破口，培养学生的问题意识和探索精神。

杨明明善于采用"提出问题教学法"，恰到好处地根据教学内容的重难点，结合学生身心发展的特点，巧妙设疑提问，给学生以启发，开拓学生的思维，营造"开动脑筋，积极探索"的良好的课堂氛围，并且有效地完成了教学任务。形成了"以问题为主线，活动为载体，体验为收获，情趣为动力"的教学模式。

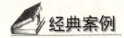

经典案例

师：今天，我们来学一篇课文，是一个成语故事，叫——（生读题）《惊弓之鸟》。这"惊"——（生接）是害怕。对！这"弓"（生自由答）是弓箭、弓弦的意思。这"之"在这里是"的"的意思。

师："惊弓之鸟"的意思是——

生：害怕弓弦声的鸟。

生：被弓弦声吓怕了的鸟。

……

师：好了，大家都明白了，谁置大雁于死地？

生："嘣"！

师：（指名）小 A，如果，你跟魏王去打猎，如果，你也拉得动这张弓，也会"嘣"的一响，这只大雁会不会掉下来？

生：（愣了一下，摇摇头）不会。

师：那么，这只惊弓之鸟怕的是更羸的"嘣"，而不是小 A 的"嘣"？（众愣了，又顿悟）

生：（齐）不是！不是！它怕的就是"嘣"！

师：你们是说，不管谁拉弓，只要有"嘣"的声响，它就会怕。对吗？小 A 拉出"嘣"，它也会掉下来，是吗？

生：（响亮地）是！

师：（故作不解）那更羸有什么了不起！把大雁吓下来的本事，谁都有，小 A 也有，更羸算得上是射箭能手吗？

（学生纷纷发言：更羸有本事）

师：更羸的本事是什么？你能用这个句式写话吗？更羸的本事不是（　）而是（　）。有困难的同学可以参考书上的第六段，完成练习六的第二题。其他同学按自己的想法写。

（学生做作业）

（老师巡视，进行个别辅导）

师：完成的，可以先读给大家听。

生：更羸的本事不是会拉弓，而是看出这只惊弓之鸟。

生：更赢的本事不是只会拉弓吓大雁，而是他能从雁鸣声中知道这是一只惊弓之鸟。

师：不错，谁再说说。（继续巡视，继续讲评）

师：这"一眼识破"用得好，你读一下：

生：更赢的本事不是只会拉弓吓大雁，而是他能一眼识破这是一只惊弓之鸟。

师：好吗？"这是一只"改成"那是一只"更为恰当，是吗？

生：对，因为大雁远在天上。

师：好，做完的同学自由交流，我们第一节课就学到这里。

第二课时

师：我们读完了，老师还有一个问题想和大家讨论一下。

生：（顿时来劲）什么问题？什么问题？

师：究竟是谁害死了这只惊弓之鸟？讨论一下。

（学生热烈议论）

生A：我说是更赢害它，是更赢的"嘣"！

生B：我不同意。更赢根本没碰到它，是先前的那个猎人，大雁的伤是以前受的。

生C：以前那个猎人又没射死它，它不是活得挺好的吗？

生D：是那群大雁，干吗不回来找找它？要不，它也不会这么孤单了！

生E：我认为关键是它自己！它要是心理素质好，不吓自己，更赢的弓弦再"嘣！嘣！嘣！"也不碍事！（众大笑）

师：你说得真好。我觉得这只大雁在自己吓自己。因为它第一次受到了箭的伤害，第二次碰到类似的情况就惊了，其实它只要不惊，不往上飞，伤口也就不会裂开，也不会直掉下来了……那么，我们学这个成语故事有什么意义？

生：（立即接）不要当惊弓之鸟！（众笑，你是鸟吗）

生：心理素质要好。不要自己吓自己。

生：不要心虚，否则会自投罗网。

师："自投罗网"？（学生笑，插话，你是坏人啊）

生：我想这个故事告诉我们别犯"惊弓之鸟"的错误，遇到紧急的情况要冷静，别自己吓自己，要想出自己救自己的办法。

师：不错，我想他说的就是这个故事的积极意义吧！这个作业，不知你们能做吗？请写写看。这只受箭伤的大雁，只要（ ），就（ ）。

（学生写作业）（老师提醒写字姿势）

师：（巡视，给予个别指导）。做完了吗？我们交流一下。

生 A：这只受过箭伤的大雁，只要心理素质好，就不会丧命。

生 B：这只受过箭伤的大雁，只要不是自己吓自己，就不会命归黄泉。

生 C：这只受过箭伤的大雁，只要冷静、沉着，就会平安无事。

师：好！这个"只要……就……"，立即检验出大家的学习水平。每个句子都正确，哪一句比较优秀？

生：第三句！用词简练，意思明确！

师：我同意。课文已经学完了。谁能总结一下，我们学会了什么？

（学生立即举手）

师：建议大家先想一想，理一理，做个准备，然后再有条理地说。（教师适时做引导，教会学生有条理地按要求发言）

师：准备好了？好，请发言。

生：我懂得了"不动笔墨，不读书"学会了读书时做读书记号。

师：很好！学会做读书记号，（指黑板）这是本单元的训练目标。希望大家常用。

生：学会了本课的字词，特别记住了这个"赢"字怎么写。

师：真的，能默写给大家看吗？

（生上讲台，在黑板上默写"赢"）

生：我学会了"惊弓之鸟"这个成语的含义。

师：应该说"我懂得了……"或"我明白了……"是吗？

生：我能把大家说的做个总结：

1. 学会了读书要做读书记号。

2. 学会本课的字词，像孤单失群、悲惨、愈合等。

3. 明白了"惊弓之鸟"这个成语的含义。

生：我补充，学会了用"只要……就……"等关联词造句。知道这篇课文按"结果、原因"分段。

师：你们总结得非常全面，把老师想说的都说了，现在，下课！（众笑）

（《惊弓之鸟》）

案例分析

《惊弓之鸟》是浙教版第八册的课文。在本课教学中，杨明明根据学生的个性差异和年龄特点采用"问题教学法"，一步步引导学生理解文意，帮助学生逐渐养成思考问题的习惯和掌握解决问题的方法。

"思维是从疑问和惊奇开始的。"为了让学生探究出更羸射下大雁的原因，杨明明设计了这样一组问题：假如这把弓是更羸的，是小 A 拉的，那只大雁会不会掉下来？说说理由。小 A 的本事是不是跟更羸一样？更羸的本事究竟是什么？让原本离学生一千多年的更羸和班里的同学进行比较，这大大激发了学生思考问题的兴趣，激起了学生强烈的求知欲。

全课接近尾声时，杨明明又出"新招"，亲切地对学生提问道："这只大雁究竟是谁害死了它？"一石激起千层浪，学生思维颇为活跃，畅所欲言，各抒己见。学生的求异思维在此时获得了训练。杨明明所运用的巧妙方法似有意为之，又不失自然，让人感觉十分贴切。

"授之以鱼，不如授之以渔"，教学的目的不仅要使学生"学会"，而且要使学生"会学"，这就要培养学生在课堂中获得知识的技能。常有疑问，才能常有思考，常有创新。要想在课堂这块阵地上培养出有着创新能力的学生，激发学生深思善问是至关重要的。

实施方法

1. 科学而又巧妙地设计问题

教师必须科学而又巧妙地设计问题，使学生发挥智力因素，以培养他们的创造性思维。在教学中所设计的问题难度必须与心理学家维果斯基提出的"最近发展区"相符合，提出可以发展学生思维的问题，让学生能"跳起来，够得着"。此外，教师所提的问题最好是涉及教学重点和难点的问题，是为了推动课堂更好地进行的问题。

2. 创设问题情境

要使学生善于提问，首先要培养学生发现问题的能力；而培养学生发现问

题的能力的关键是创设问题情境。教师在课堂上创设问题情境，促使学生产生疑问，自觉提出问题，激活学生探究问题的动机和兴趣。此外，教师要注意给予学生自由思考的时间和自由表达的空间，让学生能在课堂上充分地表现自我。

3、有效地启发和总结

教师要认真对待学生所提出的问题，寻求最佳解决途径。为了提高教学效率，对学生提出的那些跟课文关系密切的、能打开学生思路的问题，教师要着重指导。对提问的学生要加以鼓励，可以把关键性的问题作为学习的重点提取出来，让全体学生一起讨论。此外，对于学生的回答，教师要多些给予鼓励和肯定，并要进行恰到好处的总结。

四、平等对话，启发激趣
——促进师生的互动

《语文课程标准》指出："语文教学应在师生平等对话的过程中进行，阅读教学是学生、教师、文本之间对话的过程。"所谓对话的教学话语系统，是指一种强调通过师生之间平等的互动交流来达到学生自主合作和自由发展的话语体系。它是人格对等基础上的心灵相约，是相互信赖氛围中的精神交融，也是教学相长情境下的切磋探讨。

在教学中，师生之间的平等对话是充分发挥师生双方在教学中互动交流的前提条件。学生是语文学习的主人，语文教学应注重培养学生自主学习的意识和习惯，为学生创造良好的自主学习条件，尊重学生的个体差异，鼓励学生选择适合自己的学习方式。教师应转变观念，更新知识，不断提高自身的综合素养；并且创造性地理解和使用教材，积极开发课程资源，灵活运用教学策略，引导学生学会学习。

经典案例

师：今天我们学新课《啄木鸟和大树》，谁了解啄木鸟？

生：啄木鸟是森林里的医生。

生：啄木鸟是一种益鸟，脚短，嘴尖，有锐利的爪子，舌头上有钩子，能把虫钩进嘴里。

师：你真会学习，再看一遍解释。（生看后）作为森林里的医生（板书：医生、森林），你说啄木鸟的哪些特征是它给树治病的条件？

生：嘴尖，锐利的爪子，舌头上有小钩。

师：现在我和你讨论一个问题：为什么啄木鸟具备这么多为树治病的条件？

生：这是天生的，是啄木鸟生存的条件。

师：你还能举出类似的例子吗？

生：老鹰、螃蟹、青蛙、黄鼠狼、变色龙、蚯蚓、刺猬、壁虎、穿山甲、乌贼、蜗牛、泥鳅、螳螂、非洲斑马、骆驼……

师：××知识"渊博"，这是他平时多看书的结果。动物的许多先天条件，都与它生存环境有关。好，现在请大家读第1段。看看，第1段讲了什么？

生：……

师：你还研究了什么词？

生：我研究了"治病"这个词，啄木鸟治的是树的病，不会给人或动物治病。

生：我研究了"每天"这个词，因为啄木鸟必须飞来飞去找有病的树，如果它不飞，总不可能叫树跑来吧。

生：……"森林"……不在森林里，啄木鸟找不到虫吃。在草地上或其他地方的虫不合啄木鸟的口味。

师：你们都研究得非常不错。现在把第1自然段连续读两遍。

（生朗读）

师：第一次读得不错。我提个小建议："的"字应念轻一些。

（跟读——齐读）

师：啄木鸟和大树的故事应该从哪一节开始？研究一下，用手指表示。（第一次学生意见分歧较大，老师让学生再读课文，再研究，第二次大多数同学答案正确）

师：啄木鸟说了好多话，它劝大树干什么？（治病）你认为哪句话对大树最重要？用笔画出来。（师看到画对的学生，让他去检查本组同学是否画对）

师：齐念画出来的句子。（生读）危险是什么意思？

生：……

师：对于大树来说，危险指什么？

生：……

师：我们看看大树原来是什么样子的？（师画树）书上用哪个词来描写大树的？（师板书：年轻力壮）

生：……

师：大树年轻力壮，树干粗壮，枝叶怎么样？

生：绿、密、茂、盛。

师：大树怎么说？（指名说，指导有感情地说）

师：大树第一次是怎么拒绝的。（板书：叫××，你读读看）

（师连着指名几位男生读，后指名女生读）

师：好，这么多男同学怎么比不过一个女同学？（男孩子不服气，纷纷举手要读，积极性很高）那么男同学一起读。（男生读）

师：好，再考男同学一个问题：大树第一次是叫，第二次是生气，第三次是怎样了？

生：不耐烦。

师：不耐烦什么意思？耐烦什么意思？

生：……

师：不耐烦的语气谁能读得正确？（指名读，指导评价，全班练习）

师：请你说说大树叫、生气、不耐烦说明了什么？

生：它不想治病。

生：它讨厌啄木鸟给它治病。它怕痛。

师：关键是它不明白什么道理？

生："小病不治，变成大病就危险"啦！

师：我现在请一位同学把大树危险的样子画出来。（指名一位同学上来画）其余同学我们来找出文中写大树危险的词语。

（指名上来写名词）

（生写"稀稀拉拉，渐渐干枯，蛀得空空的"）

师：现在我们来读读看。（生朗读）

师：××读得很好，再读一遍，我听听谁能像他那样读那么好，边读边想大树临死时会说一句什么话？（生有感情地读）

师：它临死时会说什么话？请写在书上，写好的站起来，读给大家听。

生：啊！谁叫我自作自受？

生：啄木鸟，我以前对不起你，快来给我治病吧！

生：上帝啊，快叫啄木鸟来救我吧！

生：我以前不听啄木鸟的话，我真该死！

生：我太后悔了，当初不该不听啄木鸟的话。

生：天啊！快来救救我吧！

师：好，今天写小作文《大树临死前的话》。

（《啄木鸟和大树》）

案例分析

在《啄木鸟和大树》一课中，杨明明采用了问答、谈话、讨论等方式的平等对话法开展教学活动。

《啄木鸟和大树》是富有警示意义的寓言故事。杨明明大胆创新，在启发引导式激趣教学中通过师生平等的对话，营造了宽松的课堂氛围。首先，从课堂导入"今天我们学新课《啄木鸟和大树》，谁了解啄木鸟"开始，师生之间第一次进行平等对话。其次，杨明明深知课堂教学是师生共同学习的过程，也是学生之间共同学习的过程，于是问道："啄木鸟说了好多话，它劝大树干什么？你认为哪句话对大树最重要？用横线画出来。"并且让画对的学生去检查本组同学是否画对。这样不但促进了师生之间的互动交流，而且促进了学生之间的交流与学习。这是师生之间第二次平等对话。此外，在课堂结尾，杨明明让学生大胆想象，猜想大树临死前会说什么话。这是师生之间第三次平等对话，大大拓展了学生的思维。

"亲其师，信其道。"良好的师生关系是教师对学生进行情感熏陶和人文教育的前提；而平等对话有利于良好师生关系的形成。

实施方法

1. 理解作基础

教师设置的对话话题只有具备了科学性、趣味性、启发性和时代性，才能

最大限度地激发学生潜在的表现欲，在充分投入的对话状态下，吸取知识、发展能力、提高语文素养。因此，教师需要理解文本，理解学生，把握学生的好奇心和求知欲。

2. 互动为关键

教师不能用想当然的问题、既定的教案去调控对话进程，而应顺应良好的对话进程以营造宽松的氛围。教师要为学生提供展现自己的舞台，激发学生的对话欲望，让他们在探究性学习中达到师生互动、生生互动，顺利地完成学习任务。

3. 点拨以提升

虽然师生之间人格是平等的，但是在学识上是有差异的。学生是不成熟的对话者，教师必须适时点拨。要使学生在阅读对话中学会建构知识，需要教师利用课堂中的现有资源，随机点拨引导。教师可采用朗读中点拨、解读中点拨和运用中点拨的方式，从而唤起学生的共鸣，提高平等对话的效果。

五、自学辅导，启发激趣
——提高自学的能力

在教学过程中，教师要积极开展学生乐于参加的语文实践活动，引导学生在实践活动中主动获取知识，形成能力。避免繁琐的分析和机械的练习。这就要求广大语文教师对传统的课堂教学模式和策略进行改革，努力探索出一种适应现代学习能力发展的新模式、新策略；而自学辅导教学法的灵活运用则顺应了新时代教学的需要。

新课程理念倡导，学生是学习的主人。在启发引导式激趣教学中采用自学辅导教学法，为学生提供展示自我的平台，把学习的主动权真正地交还给学生。提高学生的自学能力，促进学生语文综合素质的提高。

经典案例

师：《要下雨了》这篇课文可能会讲些什么？

生：可能会讲一些快要下雨的事。

生：可能讲下雨之前有些什么情况。

师：对。那么这篇课文讲些什么呢？我们打开课本的113页。老师有个问题，你们是否学懂了课文，用什么来检查呀？

生：用课文后面的练习题来检查自己学懂了没有。

师：说得对。让我们来看看课后的题目，第1个题目是什么？你念。

生："看拼音读课文"。

师：看拼音读课文要求我们怎么样？

生：要求我们读通课文。

师：第2个题目是什么？要求我们什么？

生："说说小白兔怎么知道要下雨了，你知道下雨前还有哪些现象"。这个题目要求我们把课文读懂。

师：第3个题目是什么？

生："分段朗读课文"。这个题目要求我们把课文读好。

师：把课文读好应该怎么样？

生：读得有表情。

师：课文后面的题目要求我们读通、读懂、读好。那么，我们首先读通课文。

（学生自己阅读课文。按拼一拼，读一读，想一想，记一记的步骤去解决生字。几个学习能力稍差的学生，教师把他们叫到讲台前辅导）

师：都读通了吗？请大家互相检查。

（学生两人一组，每人读一句，一方有错，另一方帮助纠正）

师：都读通了。课文讲了些什么？

生：这篇课文告诉我们，要下雨的时候，燕子飞低了，小鱼游到水面上来了，蚂蚁往高处搬家了。

师：说得真清楚。谁还能说得这样清楚？

生：下雨之前，燕子飞低了，小鱼游到水面上来了，蚂蚁到高处去了。

师：说得好。为什么下雨之前燕子飞低了，小鱼游到水面上来了，蚂蚁搬家了？我们一小节一小节地把课文——

生：学懂。

师：现在先看看第2小节，燕子为什么飞低了？你们要把课文中的答案找出来，然后再对自己提出几个为什么，自己来回答。（学生读后回答）

生：为什么燕子飞得这么低呀！因为燕子的翅膀沾了小水珠，平时燕子飞得很高，飞得很灵巧。

生：为什么小白兔要问燕子："你为什么飞得这么低呀？"因为小白兔像我们一样，都喜欢问为什么。

生：为什么说小燕子从小白兔头上飞过。这是要说明，小燕子飞得很低。

生：为什么书上写"小白兔直起身子，伸伸腰"，因为它刚才在吃草；为什么燕子飞得这么低，因为小虫子飞得低了，虫子怎么会飞低了，因为小水珠把虫子的翅膀粘住了；小水珠是从哪里来的，因为太阳晒到湖里，小水珠成了水蒸气，散发到天空中，变成云，冷风一吹，云变成了小水珠掉下来了。

师：噢，真能干，我们为他鼓掌。他把《小水珠旅行记》里的知识都用进去了。我们要向他学习，问一个的为什么，我们学懂了很多问题，燕子飞低的原因也搞清楚了，而且许多问题都提得很有水平，现在我们轻轻地把第2节读一遍。

师：现在杨老师来读前面的一句话，你们读后面的一句话，分角色的话你们读。（师生对读）

师：行了，按这样的方法学习第3小节，要能回答小鱼为什么游到水面上来，小鱼游到水面上来干什么？（学生自学后回答）

生：小鱼游到水面来透透气。

师：为什么要游到水面上来透透气？

生：因为水里闷得很。

师：有没有同学知道，为什么水里会"闷得很"？

生：水里面没有空气。

师：对，要下雨了，溶解在水里的空气也少了，所以水里闷得很。现在，请一位同学来朗读，大家做小老师。做小老师要有很高的水平。要认真地、热心地帮助同学。

（学生朗读课文）

师：大家对他的朗读有什么看法，请谈谈你的看法。

生：他的字音读错了，我能帮助他。

生：他的标点没有读出停顿来。

生：他读得太快了。

生：我认为他读得比以前有进步了，以前他读得很不自然。

师：对，我们既要看出缺点，热情帮助；又要肯定成绩，看到同学的进步。下面，还是老师读解说词，大家读角色的话。小鱼对小白兔很关心，要把关心的口气读出来。

（学生有表情地朗读）

师：第4节讲蚂蚁搬家，蚂蚁为什么往高处搬家，书中没有答案，谁晓得为什么？

生：因为蚂蚁住在地下，雨水能流到洞里，蚂蚁会被淹死。

生：水流下来，会流进窝里去的。

生：我有个问题，蚂蚁用触角讲话，小白兔怎么会听得见呢？

师：大家想想看，小白兔为什么会听见蚂蚁说话？

生：这是童话。

师：对，这是童话。所以蚂蚁要往高处搬家，刚才你们说的意思是因为水往低处流，容易流进蚂蚁的窝里去。

生：我有一个问题，泥土是会吸水的，水不会淹掉蚂蚁窝。

师：雨下得很大，它吸水来不及了。

生：前几天，雨水也流进我们家了。西湖水都满上来了。

师：好了，现在你能回答书上的问题了吗？（指黑板板书）

生：（齐声）因为小燕子低飞了，小鱼游到水面上来了，蚂蚁往高处搬家了，所以小白兔知道要下大雨了。

师：来，我们一起把课文最后个两小节读一读。它们告诉小白兔的知识对不对？

生：对。

（《要下雨了》）

 案例分析

杨明明所提倡的"导学法"的理念，是有别于传统教学的新的教学理念。"导学法"所承载的基本理念是：教师在课堂教学过程中，不直接向学生转述知识，而是组织引导学生自学求知，教师的职能由传统教学的"授"转变为"导"，学生在课堂中的学习活动由传统的"接受"转变为"自学"。

在本课中，杨明明详尽地展示了如何一步一步引导学生自学，并十分重视

学生学习成果的及时反馈，为学生提供展示自己的平台。实践证明：在课堂教学中必须发挥学生的主体作用，让学生在鼓励与赞赏中乐学，在启迪、激发中活学。"好孩子是夸出来的。"这样，学生的自学能力才能得到培养，素质才会提高。

在本课的自学辅导教学过程中，杨明明主要通过三个步骤进行激趣：一是学生阅读课文，教师指导阅读方法；二是教师辅导少数差生学习与引导学生之间互助学习相结合，让学生逐渐适应自学辅导教学这种学习方式；三是让学生多读、多思、多联系生活，教师适时引导学生进行总结、归纳。

实施方法

1. 启发激趣，导读定向

在学生自读之前，教师向学生明确自学目标，弄懂自学程序的要求，规定学习内容、自学方法和注意事项，还要明确自学所用的时间。这样，自学目标与自学时间可以灵活调整，使学生学有所获，克服自学的盲目性和随意性。

2. 引导点拨，讨论交流

首先教师要善于抓住机会，精心设问，让学生思维"遇阻"；接着组织学生议论，并适时点拨；再引导学生自读自悟。通过反复诵读，读中理解，理解再读，品评课文中的语言美、思想美，使学生深入理解课文，主动积累和运用语言。在教学过程中，教师还要重视讨论交流，让学生学会相互评价和自我评价，充分发挥"合作学习"的积极效应。

3. 小结深化，激励提高

一堂课结束，教师要进行小结。这样不仅有助于学生巩固学习内容，而且有助于学生掌握学习方法，养成良好的学习习惯。这时，教师要表扬自学表现好的学生，委婉地提醒做得还不够好的学生，以培养学生学习新知识的自觉性。

六、深度阅读
——启发教学与激发兴趣

1. 启发式教学思想的起源与发展

作为一种教学方法，启发式教学很早就被人们所认知与使用。在中国，孔子是古代最伟大的教育家。他不仅继承了前辈优良的教育传统，而且兴办私学，广收门徒，积累了丰富的教学经验。他提出："不愤不启，不悱不发，举一隅不以三隅反，则不复也。"孔子这句话言简意赅，生动地描述了教学过程中学生的心理状态，精辟地阐述了教与学的关系，揭示了学习知识与发展智力的规律，明确地提出了启发式教学的概念。

在国外，古希腊著名的教育家苏格拉底善于运用"谈话问答法"，教导学生获得知识。他从来不把结论直接告诉学生，而是通过个别事实的对比，引导学生自己得出结论。苏格拉底把教师比喻为"知识的产婆"，他的"产婆术"，对后世的启发式教学影响很大。

时至今日，启发式教学思想仍有着旺盛的生命力。主要原因是它代表着一种科学民主的教育思想，可以使学生更好地掌握知识、发展智力和提高分析问题的能力。启发式教学法的概念，原本是针对注入式教学法提出来的，分析两者之间的根本区别，就可以知晓启发教学思想的本质特征。所谓注入式，是指教师把学生当做盛装知识的容器，向其灌输大量现成的概念、原理和公式之类的知识。在教学活动中，学生是消极被动的接受者，学习的特点是接受和记忆已有的结果。学生学到的知识不少，但是灵活运用和创造的能力差，智力和情感世界的发展受到限制和损害。而启发式教学与此相反，它认为学生是学习的主体，教师的主要任务在于引导学生发现问题、思考问题和解决问题。学生在课堂上始终是主动的、积极的、能动的，学习上特别强调理解、运用、发挥和创造，并通过学习活动使学生的智力因素和非智力因素都得到发展。

2. 启发式教学法的本质特征与心理结构

启发式教学法的本质特征主要体现在以下四个方面：一是在教学观念上，确立学生的主体地位。课堂教学不再是教师教，学生学，而是通过教师启发、诱导，主要依靠学习者自身的活动来实现学习目标。师生共同活动、民主相处、教学相长。二是在教学过程中，强调学生的能动作用。学生不是消极的接受知识，而是要靠自己动手、动口、动脑来获得活的知识，增强创造能力。三是在教学手段上，通过创造良好的学习氛围来激发学习者的学习热情和内在潜能，不断提高教学效果；而不是靠死记硬背、题海战术和加班、加点等办法来提高学生的成绩。四是在教学目标上，重视学生的全面发展。知识与能力并重，学习与创造并重，智力因素与非智力因素并重，把学生培养成全面发展的、有创造力的人才。

在教学过程中，教师要在各个环节上抓住学生的学习心理结构的核心，以提高教学质量：

一是动机的激发。明确学习的目的，培养学习兴趣，引起求知欲和好奇心。二是知识的摄取。最核心的心理因素是感知和观察力。三是知识的领会，即从感性认识上升到理性认识，即对知识的理解。这要有直觉思维和发散思维，不达目的不罢休的决心和毅力，以及丰富的想象力的参与，其中最核心的是思维能力。四是知识的巩固。记忆是该环节的核心因素。五是知识的运用。最核心的是操作技能。

3. 课堂教学中启发式教学的反思

当前我国的教育改革在极力推进由应试教育向素质教育的转变，因而以后教学的关键是如何提高学生的素质。学生获得知识离不开课堂教学，课堂教学应坚持启发式教学法，教会学生掌握开启知识宝库的能力。这种能力被人们称为"智慧窗户的注意力、智慧眼睛的观察力、智慧仓库的记忆力、智慧中枢的思维能力、智慧翅膀的想象力、智慧升华的创造力。"17 世纪西方教育家夸美纽斯也非常注重开发学生的智力，他要求教师在教学过程中，要重视对学生观察力、思考力和把知识运用于实践的能力培养。

良好的教学方法既是教师传授知识的一种好方法，也是学生接受教学内容和促进学生积极学习的一种重要手段。联合国教科文组织在《学会生存》中指出："未来的文盲不再是不会识字的人，而是没有学会怎样学习的人。"教师在教学过程中，应把教与学有机结合，从教与学双边来设计教学。现代教学观点要求教师在教学中把教学的重点放在知识的发展过程中，也就是让学生通过感知——概括——应用的思维方法去揭示、体验知识的发生和发展过程，使学生提高认识发现能力。启发式教学不失为一种相当有效的教学形式。

4. 启发式教学在语文新课改中的运用

在新课程背景下，教师要继承与创新地运用好启发式教学，让新课程改革充满生命力。其主要策略是在运用启发式教学时赋予"生命教育"的意义。在课堂"师生积极互动"中运用启发式教学，在课堂教学与课外活动的整合中运用启发式教学。

从新课程与教学改革的理念上说，启发式教学是指充分发挥教师的主导作用和学生的主体作用，在教师与学生积极互动的教学过程中，处理好传授知识与培养能力的关系，激发学生学习的积极性，引导学生独立思考，陶冶思想情操，关注学生的个体差异，满足不同学生的学习需要，使每个学生都能得到全面发展。

启发式教学有着深刻的哲学和心理学的理论基础，是我国传统教学实践经验的科学总结，它反映了教学过程的客观规律，充分体现了新课程理念。因此，教师有必要继承和发展好启发式教学，让新课程教学改革充满生命力。

（分析论述：刘善泉）

霍懋征
如何通过体验情感激发学习兴趣

名师档案
——把爱献给教育的人

霍懋征，全国著名特级教师。建国后，历任北京第二实验小学教师、副校长，全国教育学会、全国小学语文研究会常务理事，民进第六届、第七届中央常委。1949年作为教师代表参加了开国大典。1956年被评为全国首批特级教师。1978年荣获全国三八红旗手称号。第一次全国教育工作会议上被评为中国现代百名教育家之一。曾被周恩来总理誉为"国宝老师"，薄一波同志称其为"一代师表"，温家宝总理题词夸奖她为"把爱献给教育的人"。

霍懋征从事小学教育60年，以"爱心、耐心、信心、细心"对待学生，倡导"没有爱就没有教育""没有兴趣就没有教育""没有教不好的孩子"等理念。她在语文教学中，注意学习他人的经验，取长补短，不断改进教学方法，逐步形成了一套"讲读"的教学风格：在钻研教材的基础上，抓住规律，讲讲读读，以讲为主，以读为辅。著作有《班主任工作札记》《小学语文教学经验谈》等。

霍懋征的教育思想、教学改革均受到全国小学界的瞩目，在国外也受到普遍赞誉，影响极大。

一、名课实录

——古诗激趣，体验情感

《望庐山瀑布》课堂教学实录（人教版，小学语文第四册）

（一）背诵旧诗，揭示课题

师：我们学过许多首李白的诗，谁能背一下？注意每人背一首，不要重复别人背过的诗。

（学生争着背诵，积极性很高。背了《静夜思》《赠汪伦》《早发白帝城》《望天门山》《独坐敬亭山》等）

师：大家背得都很熟，今天我们再学一首李白的诗。

（板书：望庐山瀑布）

师：谁来讲讲课题的意思？

生："望"是看的意思，题目是说看庐山的瀑布。

师：什么是瀑布？谁看见过？

生：我在泰山上看见过瀑布，它是从高山上直流下来的水，水流得很急，像倒下来似的，远远地看去像一块白布。

师：是一块铺在桌子上的白布吗？

生：是垂挂着的白布。

师：对，这样说就准确了。一说到瀑布就想到高山，从高山陡峭的地方，水流倾泻下来，远看像一块白布垂挂在山前。水很急地流下来，可以用"倾泻"这个词。注意"瀑"字怎样写？

生："瀑"是左右结构的字，左边三点水，右边是暴雨的"暴"字，合起来念"瀑"（pù）。

生：把"暴"字加上三点水，就念瀑布的"瀑"。

师：说得对。齐读"瀑布"。

（学生齐读）

（二）细读古诗，理解诗意

师：知道庐山在什么地方吗？

生：庐山在江西省，是一个风景很美的地方，很多人都到那里去游览。

师：我们一块儿来学习这首古诗。

望庐山瀑布

日照香炉生紫烟，

遥看瀑布挂前川。

飞流直下三千尺，

疑是银河落九天。

师：谁能读一读？

（学生齐读、个别读、教师范读）

师：你们再小声读读，共同议论一下，看能不能理解诗的意思。有什么问题也可以提出来。

（学生分四人一个小组议论）

生：老师，银河是不是神话中说的，把牛郎、织女分开的那条河？

生：我奶奶告诉我，银河是天上的一条大河。

师：银河实际上是许许多多的恒星，民间传说是天上的一条大河。

生："九天"是什么意思？

生：我知道，"九天"是指很高的天空。

师：古人认为天有九层，九天指天的最高层。

生：香炉是烧香的炉子吗？

师：不是，这里的香炉指的是香炉峰。这座山峰的样子像香炉，所以叫香炉峰。你们懂得"日照香炉生紫烟"这句诗的意思吗？

（学生没有举手的）

师：这句话的意思是，太阳照在香炉峰上，峰顶云雾弥漫，蒙蒙的水汽透过阳光，呈现出一片紫色，好像燃起的紫烟缭绕着香炉峰。多么美丽的景色啊！你们再仔细体会一下这句话的意思，想象一下高高的香炉峰是多么漂亮。谁能讲讲这首诗？

生："日照香炉生紫烟"，是太阳照在山峰上，峰顶云雾弥漫，阳光透过蒙蒙的水汽，好像燃起了紫烟。"遥看瀑布挂前川"，是远远地看去，瀑布挂在山的前边。"飞流直下三千尺"，是水从三千尺高的山峰上很急地流下来。"疑是银河落九天"，以为是银河从天上落下来了。

师：能讲下来很好，谁还有什么意见吗？

生：我给它补充一点，"川"是河的意思，应该说是挂在山前的河面上。

生：我有一点意见，"三千尺"不一定是个准确的数字，主要是突出山势很高。是不是可以说成是水从很高的山峰上急流下来？

师：讲得好，谁能再讲一讲？

（学生逐句讲）

（三）品味体会，领悟情感

师：你们再小声读读，仔细体会一下，诗人写这首诗的目的是什么？

生：通过这首诗，诗人赞美了庐山瀑布的壮丽景色。

生：诗人赞颂了祖国的美丽山河。

生：诗人赞颂庐山瀑布的美景，实际是抒发作者热爱祖国山河的感情。

师：说得好！你是从什么地方体会出来的呢？

生：我是读出来的。诗人不仅把山峰写得很美，而且把瀑布写得十分壮观，好像是天河掉下来了。

生：诗人借景抒情，把景写得这么美，实际上是抒发他的爱国之情。

生：我觉得这首诗写得好，有静静的香炉峰在紫烟的缭绕之中，又有那白色的瀑布从很高的山峰上倾泻下来，发出哗哗的声响。最后诗人赞叹，这好像是天河掉下来了。

师：分析得很好。确实，这首诗中有静有动，有声有色，有景有情。我们再体会一下，作者写了红日、青峰、紫烟和白色的瀑布，色泽鲜明，多么美丽啊！在你们的头脑里，一定能勾画出一幅绚丽多彩的图画。这首诗，充分表现了庐山瀑布的雄伟壮观，诗人借此抒发了热爱祖国大好河山的感情。你们再小声读几遍，看谁能背下来。

（学生纷纷要求背诵，一般都能当堂背下来）

师：课后把这首诗抄在你们的抄诗本上。

二、名课解读

—— 巧妙添趣，开心学诗

霍懋征在教学中鼓励探索，引导发现，注重培养小学生的口语交际能力、搜集处理信息能力和实践创造能力，充分体现了《语文课程标准》所提出的"充分发挥师生双方在教学中的主动性和创造性"，"在教学中努力体现语文的实践性和综合性"，"重视情感、态度、价值观的正确导向"等教学理念。霍懋征的阅读教学着重培养学生的感悟能力和理解能力、提高学生的欣赏和评价水平，使学生在学习中享受到成功的喜悦。哪里没有兴趣，哪里就没有动力。走进这个课堂，我们发现霍懋征始终都在努力培养学生的学习兴趣，营造民主、宽松、和谐的教学氛围，使每个学生由"要我学"变为"我要学"，兴趣盎然地投入到学习之中。霍懋征擅长古诗教学，她不但教得灵活，而且富有成效。

1. 品味字词，在引导中打开兴趣之门

品词赏句是诗歌教学的一个重要组成部分。在课堂教学中，大多数教师习惯把词语生硬地灌输给学生，学生则死记硬背，似懂非懂。其实，揣摩词语在诗歌中的意思和作用，有助于学生深入了解诗歌的思想内容。

《望庐山瀑布》是李白的一首绝句，讲的是阳光照射的香炉峰生出紫色的烟雾，远远看去瀑布犹如一条长长的白练，高高悬挂在山川之间。水柱从峭壁上一泻千尺，恍惚间好像是银河从云端坠落。

在古诗教学中，词语教学不可轻视，一字一词往往起到画龙点睛的作用。让学生在理解的基础上去喜欢，在喜欢的层次上去理解，这是很有必要的；而教师的引导则有利于学生有效地接受知识，有利于激发学生的学习兴趣。如，霍懋征在让学生说说对课题"望庐山瀑布"的理解时，巧妙地由"瀑布"一词引发学生对"瀑布"的各种想象，接着问"瀑"字是怎样写的，学生则回答："'瀑'，是左右结构，左边三点水，右边是暴雨的'暴'字，合起来念'瀑'。"又如，有学生问"九天"是什么意思，另一个学生天真地回答说："'九天'是指很高的天空。"这个答案显然不正确，霍懋征纠正："古人认为天有九层，九天指天的最高层。"在品读字、词时，霍懋征在引导中打开了学生探索知识的兴趣之门，培养了学生独立思考的能力。

2. 自由讨论，在交流中拓展思维

在课堂教学中，霍懋征把学生分为四人一小组，自由讨论对诗歌的理解。小学生天真活泼，畅所欲言，常常在交流中碰撞出思维的火花，互相取长补短，感受诗人浓烈的爱国之情，丰富了精神世界。

在自由讨论后，学生提出了许多问题，如，"银河是不是神话中把牛郎、织女分开的那条河"，"九天是不是指很高的天空"，"香炉是不是烧香的炉子"，等等。在鼓励学生说出对全诗的理解后，霍懋征并不急于评论学生回答得正确

与否，而是询问学生还有没有补充："谁能再讲一讲"。这样，把机会留给了更多的学生，让学生在他人认知的基础上深入感知。自由讨论不仅培养了学生的口头表达能力，而且开拓了学生的思维能力。

3. 多读多思，在思考中领悟诗情

读书是吸收知识、获得信息的一种有效途径，而思考是将吸收的知识、获得的信息进行分析、加工、整理，变为自己的东西、自己精神的营养。因此，语文学习重在多读、多思。

在课堂教学中，霍懋征始终坚持让学生多读、多思。霍懋征先让学生齐读和个别读《望庐山瀑布》，然后给学生范读，通过充分的"读"来初步把握诗歌的思想内容。在深入分析课文时，霍懋征让学生再"小声细读，仔细体会一下，诗人写这首诗的目的是什么"。这样，学生在朗读和思考中增强了理解，获得了学习的乐趣。当霍懋征询问一位学生为何可以准确地领悟到诗人所要表达的情感时，学生如此回答："我读出来的。"这样一句话，道出了多读、多思的奥妙。让学生多读、细读，反复地读，是非常重要的。正如巴金先生所言："读多了，熟读了，常常可以顺口背出来，也就慢慢体会到他们的好处，也就慢慢地摸到它的调子。"

4. 由景及情，在审美中培养情操

针对小学生富有想象力的特点，霍懋征让学生在学习诗歌后充分发挥想象力，在脑海中形成一幅庐山瀑布的山水画，从中感受祖国山河名川的绚丽多姿。教师在讲授课文时不妨适当地把美的教育渗透进去，给予学生更多美的享受，让学生领悟美、欣赏美，从而丰富学生的精神世界，培养学生美好的、崇高的思想情操。

三、激趣教学之问答讨论法
——激发深入思考，提高多种能力

问答法又称为谈话法，是指教师根据学生已有的知识或经验提问，并引导学生经过思考，对所提出的问题逐步进行分析而获得结论，从而获得知识，发展智力的方法。

问答法在激趣教学中发挥着极大的作用。首先，它有利于唤起学生的注意

力；其次，它有利于学生思维能力的培养；再次，它在让学生提高自我能力的同时，锻炼他们的语言组织能力、口头表达能力和人际交往能力；最后，有助于激发学生深入思考，调动学生的主动性和积极性。此外，教师能够在教学活动中得到及时反馈，调整教学策略，提高教学效率；有助于教师主导作用和学生主体作用的发挥，从而达到教和学的和谐统一。

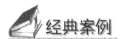 经典案例

师：谁能背一背这首诗？

生：背《望庐山瀑布》

日照香炉生紫烟，遥看瀑布挂前川。

飞流直下三千尺，疑是银河落九天

师：背得很好，但语气不够，谁能再背背。

（又有一名同学站起来背了一遍，声音大）

师：飞流直下三千尺，叫什么？

生：倾泻。

师：平时你们肚子不好叫泻肚，也是这个泻。另外形容雨很大，像用盆往下倒一样，叫什么？

生：倾盆大雨。

师：一起读，（生齐读：倾盆大雨）还有没有词形容雨势大，像盆倒一样？

生：瓢泼大雨。

师：像瓢泼一样，葫芦瓢的"瓢"，"瓢"字怎么写？

生："瓢"是左右结构，左边是"月票"的票，右边是"西瓜"的"瓜"，合起来念瓢（piáo）。

（出示幻灯片：瓢泼大雨）

师：倾盆大雨也可以说成瓢泼大雨，像瓢泼一样，或瓢泼似的都行。下面看看这个字（出示幻灯片：壑）认识吗？

生：壑（hè）。

师：壑这个字不好写，当什么讲？

生：形容很深的山沟。

师：如果与水放在一起，就是沟壑。与山放在一起就是高山深壑，高高的

山，深深的沟，就叫高山深壑，这样的地形怎么样？

生：很险恶，很险要。

师：到底是险恶还是险要呢？应该是地势险恶，为什么不用险要呢？

生：险要就是地势不但险恶，而且还很重要。

师：对，非常好。如果地势十分险恶，而且十分重要才叫险要。（出示幻灯片）你们看这个壑字是怎样写的？自己在桌面上写一遍。（生练写壑字，稍停出示幻灯片：钧）你们看这个字念什么？

生：钧（jūn）。

师：钧当什么讲？你们查字典了吗？

生：钧是古代的重要单位，一钧就是30斤。

师：很好。那千钧一发呢？

生：一钧就是30斤，千钧就是3万斤，3万斤的东西系在一根头发上，马上就要断了，形容情况非常危急。

师：千钧一发或者一发千钧，就是形容情况非常危急。同学们对字词预习得很不错。下面看看同学们对课文的预习情况。先看课题《飞夺泸定桥》，你们想一想在哪一首诗里学过泸定桥？

生：在毛泽东《长征》一诗中有关飞夺泸定桥的描写。

师：谁来背一下。

生：背《七律·长征》

红军不怕远征难，万水千山只等闲。

五岭逶迤腾细浪，乌蒙磅礴走泥丸。

金沙水拍云崖暖，大渡桥横铁索寒。

更喜岷山千里雪，三军过后尽开颜。

师：背得比较好，里面有一句叫：大渡桥横铁索寒，因此泸定桥也叫——

生：（齐答）铁索桥。

师：还记得铁索桥是什么样的桥吗？有几根铁索？

生：铁索桥有13根铁索。

师：13根铁索是怎样安排的？

生：下边九根，两边两根。

师：那一共才11根呀！

生：两边各两根。

师：（出示铁索桥彩色幻灯片）看，这就是铁索桥。诗里说：大渡桥横铁索寒。你知道铁索桥在哪条河上？

生：在大渡河上。

师：在大渡河上。（边说边指幻灯片）《飞夺泸定桥》介绍了一件什么事情？我们一看课题马上就知道作者讲的是什么了？

生：红军克服了重重苦难，夺取泸定桥的事。

生：在毛主席的领导下，红军克服了重重困难，夺取了泸定桥。

师：谁再加上时间，说得就更准确些。

生：长征途中，在毛主席的亲自领导下，红军克服了重重苦难，夺取了泸定桥。

师：很好。那么红军夺桥的目的是什么？是为了占据这个桥吗？

生：是为了过桥，为了北上抗日。

师：夺桥为了北上抗日，北上抗日就必须要过这座桥。（边说边在课题"泸定桥"的"桥"字下面板书："过"字）

师：那么我们看看作者是按照什么思路写的？

生：按照为什么过桥？怎么过桥？过去了没有？这样的思路写的。

师：对，按照事物发展的顺序写的。为什么要过桥？怎样过桥？过去了没有？回答得很好。再进一步想想：为什么要过桥呢？

生：因为要北上抗日，泸定桥是北上抗日的必经之路。

师：对。文章一开头就明确指出泸定桥是必经之路，必须从这里经过。（板书：必须过）然后写怎样过呢？这篇文章，题目是：《飞夺泸定桥》，你们一看"夺"字马上知道了什么？

生：泸定桥有重兵把守。

师：一看见"夺"字就知道有敌军，有我军。因此一看"夺"就知道过桥怎样，用一个字回答。

生：（齐答）难。

师：对。再加上一个字叫"难过"。（板书：难过）最后过去了没有？

生：过去了。

师：这篇文章分几段？

生：（齐答）分3段。

师：很清楚，你们预习得很好，必须过，但是很"难过"，最后红军过去了。那么文章的重点部分在哪儿？

生：在第2部分"难过"。

师：对。因为它是"飞夺泸定桥"。（边说边在课题"飞夺"底下画一条线）夺桥就行了，为什么还要用这个"飞"字呢？"飞"体现什么？

生：一个表示快，一个表示巧妙。

生：一个表示快，一个表示地势险要不好过。

师：到底这个"飞"字表示什么，我们带着这个问题，学习完就知道了。现在看书。谁能读一读课文的第1自然段？

（生读第1自然段）

师：注意这一段的一句话，这句话重点告诉我们一个什么问题？我再找同学读一读。

（生又读第1自然段）

师：大家说说，哪句话最重要？

生：大渡河两岸都是高山峻岭，水流湍急，河上只有一座铁索桥，这就是红军要夺取的泸定桥。这句话告诉我们：桥很难夺得，但又必须要攻取下来。

师：谁还有什么别的解释吗？

生：这就是红军要夺取的泸定桥，既说明了红军要夺取泸定桥的决心，又说明了这座桥很难走。

师：这座桥难夺，假如我不走这儿行吗？

生：不行。

生：不行，河上只有这座桥，别的地方没法走，虽然不好过，但必须过。

师：所以这座桥是必经之路，也是唯一的路。要北上抗日，就必须得过。作者第一段就交代了红军必须过这座桥，不管过这座桥有多么大的困难也得过。咱们再看下面，"这就是红军要夺取的泸定桥"，一看"夺"，马上在你眼前展开两条线。哪两条线？

生：敌军和我军。

（师板书：敌军、我军）

师：好。谁读第二段的前两句？

生：（读）"国民党反动派估计我军要在这座桥上通过，就调集了两个旅增援泸定桥，妄想阻拦我军北上。红军早就看穿了敌人的这个阴谋诡计。"

师：谁再读读。

（一个后进学生读得不熟练）

师：我们今天应该表扬×××。虽然他读得不好，但他积极举手发言，老师不叫他，他都着急了，这种精神值得我们学习。谁再读？

（生又读一遍）

（《飞夺泸定桥》）

 案例分析

《飞夺泸定桥》记叙红军战士为了北上抗日，排除万难，飞夺泸定桥的感人事迹。

霍懋征在课前让学生预习课文，在课堂中明确学习任务，带着预习时所遇到的问题去思索，然后在启发和点拨下自行解决问题。在课文讲解中，霍懋征善于抓住关键词来启发学生的想象，发散学生的思维。如为了让学生深入体会泸定桥的水势，霍懋征和学生们共同讨论"水流湍急""浩浩荡荡""倾泻""飞流直下三千尺"等词句的意思。同时形象地举例，让学生更加直观地了解这些词句的用处。这时，学生对红军要飞夺泸定桥的困难情况有了更深的了解。这是引发学生"灵性"的一种方式，在引发学生"灵性"的基础上，促使学生产生"顿悟"。同时，师生的问答，促进了学生的"灵性"和"顿悟"相结合，深化了学生的情感体验，从而让学生真切地感受到红军战士英勇战斗、勇往直前、不怕牺牲的英雄气概。

实施方法

霍懋征"问答法"的教学策略，摆脱了传统的以情节分析为中心的讲问课堂教学模式的禁锢，启发了学生的思维，调动了学生学习的积极性。

1. 课前准备，轻松学习

古语云："凡事预则立，不预则废。"这说明了要做好一件事情，就得有计划，有准备，这样才能比较容易地走向成功。不管是教师本人还是学生，都应该在课前做好充分的准备。教师在课前应该备好资料，熟悉上课要讲解的内容；而学生则应该在课前预习课文，做好预习笔记，把不懂的知识点记录下

来，以便在课堂中与教师讨论。

2. 敢问敢说，畅所欲言

"敏而好学，不耻下问"。想要激发学生的学习兴趣，就要让学生多问多答，畅所欲言。在问答中收获到学习的乐趣后，学生就会发现，这是一件令人鼓舞的事，何乐而不为呢！"小疑则小进，大疑则大进"。读书须有疑才行。作为教师，应鼓励学生大胆地把不懂的问题提出来，鼓励学生敢于表达自己的独特见解。教师适时做好归纳和总结，并给予肯定和鼓励。

四、激趣教学之读书指导法
——引导自主阅读，发掘创造潜能

读书指导法，即在教师的指导下，学生通过自主阅读教材以及相关的材料，通过课堂讨论、提问，或者由学生自行讲解课文部分或全部内容，来完成教学目标的一种教学方法。通过教学过程，从而使学生学会获取知识，深入体验作者情感，从而增强学生学习的自信心，养成乐于阅读、善于阅读的良好习惯。

运用读书指导法时，教师应要求学生先发表意见，继而指导学生认识问题的本质。运用这种方法，有利于促进学生思维的发展，使学生可以独立自主地思考问题，并且在发现问题、分析问题和解决问题中发掘、创造潜能，培养学习兴趣。

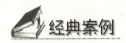经典案例

师：昨天让同学们预习了哪一篇课文？

生：《月光曲》。

（师板书课题：月光曲）

师：看课题《月光曲》，怎么理解？

生：在皎洁的月光下弹的一首钢琴曲叫《月光曲》。

生：一首钢琴曲的名字叫《月光曲》。

生：一首著名的钢琴曲的名字叫《月光曲》。

师：理解得很好。那么，看了课文以后，谁能说说这篇课文主要讲了些什

么事？

生：讲传说《月光曲》是怎样是写成的。（生回答的声音很小）

师：谁能再说一遍？声音大一点。

生：传说《月光曲》是怎样写成的。

师：对了。（师边重复"传说《月光曲》是怎样写成的"边板书"传说"二字）什么叫"传说"？

生：就是民间流传的——（生一时想不起下边说什么好，师轻轻地重复一句"民间流传的——"）事。

师：民间流传的一件事，或者说——

生：民间流传的故事。

师：很好。这篇课文主要讲传说《月光曲》是怎样——（生：谱写的）谱成的。

（师打开幻灯片，投影生字词"谱写"）

师：（指投影）"谱写"什么意思？把"谱"换一个词，简单地说就是——

生：编写。

师：音乐家写曲子叫"谱曲"。谱成就是写成。课文中讲的事情是"传说"。既然是"传说"，那就可能是真，也可能是——（生：假）或者有真有假。是群众中传说的故事。既然是故事，那一定有个完整的情节。根据你们过去学过的课文，像这样的文章，作者一定会按照什么样的思路来写？动动脑筋，看谁说得准。

生：可能按照事情的起因、发展、高潮、结束来写。

师：有不同意见吗？（生没有不同意见）可能是这样：文章开始有一个——

生：起因。

师：起因也叫故事的——

生：开始。

师：或者叫故事的——

生：发生。

师：发生以后，文章就要——

生：发展。

师：发展了，接着怎样呢？

生：高潮。

师：最后到末了——

生：结束。

师：既然是一篇传说的故事，（师边说边板书）起因、发展、高潮、结束，咱们就应该顺着这样的思路来读。现在把书打开。你们先听老师读一遍课文，把不明白的地方记下来。

（教师有表情朗读，学生静静地听着）

（教师读完后让学生提出问题）

……

师：还有什么疑问？（生没有再提问的）你们提的问题，有的在往下讲时就能解决。现在谁说一说这个传说的故事是怎么开始的？

生：开始是说有一年秋天，贝多芬到世界各地旅行演出。一天傍晚，他在小路上散步，听到断断续续的钢琴声。

生：有一年秋天，贝多芬在幽静的小路上散步，听到一个人在弹他谱写的钢琴曲。

生：有一年秋天，贝多芬到各地旅行演出，在散步的时候，听到断断续续的钢琴声，正是他谱写的曲子。又听到一对兄妹的谈话："因为音乐会的票太贵，我们买不起票"。所以，贝多芬到他们家里给这位盲姑娘弹琴。

师：理解得不太准确。咱们学完以后就会知道。我再问一个问题，这篇文章的高潮在什么地方？

生：他弹《月光曲》的时候，兄妹俩都陶醉了——好像都看到了大海，看到了月光下的大海，大海又掀起了波浪，兄妹俩在优雅的琴声中陶醉了。

生：高潮在贝多芬弹《月光曲》的整个过程。

师：回答得很好。高潮是他弹《月光曲》的经过。好，咱们现在看课本，注意带着问题来学。（师要生读第1自然段，并要求指出这一段中交代的几个问题。生读课文）

生：这1段告诉我们时间是一百多年前，第二是告诉我们德国有个音乐家叫贝多芬，第三告诉我们贝多芬谱写了许多著名的曲子，其中有一首著名的曲子叫《月光曲》。

生：它先告诉我们时间是一百多年前，然后又告诉我们德国有个音乐家叫贝多芬，之后又告诉我们贝多芬写了许多著名的曲子，其中有一首钢琴曲非常著名，叫《月光曲》，传说是这样写成的。

师：对。时间，作曲的人，更重要的是后面的一句话："传说是这样谱成的"。那下面一定要介绍什么啦？

生：是怎样写成的。

师：对。下面就得写"传说"了。（师要生读故事起因的一小段——第2自然段。生读课文）

师：这一段主要告诉什么呀？

生：有一年秋天，贝多芬到各地去旅行演出，来到莱茵河边的一个小镇上，听到了断断续续的钢琴声，弹的正是他的曲子。

生：有一年秋天，贝多芬在散步的时候，忽然听到了从一所茅屋里传来他谱写的曲子。

生：有一年秋天，贝多芬在散步的时候，听到了从一所茅屋里传出来断断续续的钢琴声，这正是他谱写的曲子。

师：他在散步的时候，听到了（师边板书：听到）——听到什么呀？（生：断断续续的钢琴声）（师板书：断断续续）这个钢琴声正好是他自己的——（生：曲子）"断断续续"是什么意思？

生：一会儿响，一会儿不响。

生：说明了曲子弹得不熟练。

师：一个音乐家，当他听到别人在弹他的曲子弹得断断续续的、非常不好的时候，他会怎么样？

（生一时想不起来。师小声地启发：是听呢还是不听呢？会不会这样想："谁在弹我的曲子，弹的断断续续的？"）

生：他想去帮助这个人把这首曲子弹好。

生：他一定会接着往下听。

生：他一定会去看看，到底是谁在弹钢琴，为什么会弹得这样不熟练。

师：他想去看看，说明这件事对他来说已经怎么样啦？

生：引起了他的注意。

师：你们再考虑：他在散步的时候能听到断断续续的琴声，这一定是一个什么样的环境？

生：非常安静的环境。

（师要生读"他在幽静的小路上散步，听到断断续续的钢琴声从一所茅屋

里传出来，弹的正是他的曲子"一句后，继续启发学生想象当时的环境)

……

师：贝多芬走近茅屋，听到有人谈话，是什么人在谈话？

生：是兄妹两人在谈话。

师：兄妹两人的谈话中包含了很丰富的思想感情。谁再读一读？(生又读第 3 自然段)

师：没有把语气读出来。我再读一遍，听听妹妹是什么样的心情，哥哥又是什么样的心情。(表情朗读第 3 自然段中兄妹的对话)

师：你们说说姑娘是什么心情？

生：姑娘迫切地想听到贝多芬弹这首曲子。

师：你从哪儿知道她迫切地想听呢？(师要生读姑娘的话。生读"一个姑娘说：'这首曲子多难弹啊！……要是能听一听贝多芬自己是怎样弹的，那有多好啊！'")

师：(深情地)"那有多好啊！"多么想听啊！妹妹特别想听贝多芬弹琴，非常迫切，还可以用哪个词？

生：渴望。

师：妹妹渴望着想听贝多芬弹琴，但是，通过哥哥的话又知道什么了？

生：通过哥哥的讲话，知道音乐会的票太贵了，他们又太穷，没法听到贝多芬本人弹这首曲子。

师：哥哥说："是呀，可是音乐会的入场券太贵了，咱们又太穷。"你想，这话下面可能还有什么话吗？

生：买不起。

(师要生把话说完整了)

生：是啊，可是音乐会的入场券太贵了，咱们又太穷，买不起。

师：买不起。从这句话里体会哥哥对妹妹是什么心情？

生：他很同情妹妹，只是家里的条件太差，太穷了。

生：他也希望妹妹能听到贝多芬弹琴，可他们家实在太穷，买不起入场券。

师：哥哥不能满足妹妹的要求，那哥哥的心情会是怎么样的？

生：非常难过、失望。

生：很同情他妹妹。

师：如果你的妹妹向你提出要求，你想支持她，但又不能满足她，那时你会有什么样的感情？

（生一时想不出合适的表达形式，师复述兄妹的情况及当时的对话，耐心启发）

生：哥哥对妹妹表示了歉意。

师：好。那你读一读哥哥的话，把对妹妹的歉意读出来。（生读哥哥的对话）

师：哥哥表示歉意，那妹妹呢？

（生念妹妹的对话："哥哥，你别难过，我不过随便说说罢了。"）

师：你们想，妹妹渴望听贝多芬弹琴，这句话是随便说的吗？（生：不是）那她为什么说"我不过是随便说说罢了"？体会一下妹妹是什么心情？

生：她想不让哥哥难过。

师：妹妹说这句话的下面可能还有什么话？谁能接上一句把姑娘的意思表达出来？

师：姑娘想安慰她哥哥。（深情地）哎呀，兄妹这一次谈话，对一个音乐家来说，对贝多芬来说，他听了以后又怎么样呢？（师边板书"听到兄妹谈话"，边要生念第4自然段第一句话。生念）

师：贝多芬听到这里就推开门，轻轻地——（生：走了进去）这回是这个"进"了，（板书"走进"）走进屋里。刚才是走近茅屋，想了解情况。这次是推门——（生齐：进去了）刚才同学提了一个问题，他干嘛进去了？你们说，贝多芬在想什么？

生：非常同情穷兄妹俩，想满足姑娘的要求。

生：他想他们穷，买不起音乐会的入场券，想进去弹给他们听。

生：他特别同情穷兄妹俩，进去想安慰他们穷兄妹，满足他们的要求。

生：音乐家非常同情兄妹俩，想安慰他们，满足他们的要求。

生：音乐家想，他们既然买不起入场券，就想在这儿给她弹一曲，满足盲姑娘和她哥哥的要求。

师：你们注意一个问题，这个故事发生在什么时候？

生：一百几十年前。

师：一百几十年前，约19世纪，一个非常著名的音乐家，为什么居然能够推开小茅屋的门为他们弹琴。

生：因为贝多芬是一个正直的音乐家。他对穷人非常穷、富人非常富的制度非常不满。他对穷人非常关心。他看到穷兄妹俩非常穷，而且又渴望听他弹琴，所以他走进了茅屋为姑娘弹琴。

生：因为贝多芬非常正直，同情穷人。还有一个，他自己本人也出生于穷人家庭。

师：对了。他有一个思想基础，就是他自己一生都很贫困，一生都在与贫困进行斗争。还记得他的一句话吗，叫做人呀，理当——（生："自助之"）他要对那些不幸的人进行安慰。他一听到穷兄妹俩的谈话，激发了情感，"我应该去弹"，所以就进了茅屋。进屋以后，你们读一读，屋子是什么样子的？（师要生念第4自然段。生念）贝多芬进屋后看到了什么？

生：看到穷兄妹家里很穷，只有一支蜡烛。蜡烛的光是微弱的，屋里很暗，只有小蜡烛，买不起电灯。还有钢琴也非常破。

生：看到家里很穷，只有一根蜡烛在放光。男的正在做皮鞋。女孩子呢，眼睛也瞎了。她非常喜欢音乐。而且摆着一架非常破旧的钢琴。

生：他家很穷，用一根蜡烛来照亮，一架很旧的钢琴。男的正在做皮鞋。弹钢琴的是一个十六七岁的姑娘，眼睛也瞎了。

师：姑娘"脸很清秀"，"清秀"是什么意思？

生：当好看讲。

师：很好看，不俗气。但眼睛瞎了。你们想一想，弹钢琴需不需要眼睛？（生：需要）为什么？

生：弹钢琴时要看歌词，看曲子，有时还要看着这个（生用手比划着但一时说不上来）（师接上："叫琴键。"）

师：弹钢琴需要眼睛。但是，这个姑娘呢？你看她前面的话："这首曲子多难弹呀！"（生接着读）"我只听别人弹过几遍，总是记不住该怎么弹。""总是记不住"，只靠脑子来记，多困难呀！当贝多芬看到姑娘的时候，你说他的心情会是什么样？

生：非常惊讶、惊奇。

师：在这种情况下，他一定会怎么样？

生：一定会给盲姑娘弹琴。

师：（念课文）"皮鞋匠看见进来个陌生人，站起来问：'先生，您找谁？走错门了吧？'贝多芬说：（师要生念，生齐读）'不，我是来弹一首曲子给这位姑娘听的。'"

师：注意，贝多芬当时是什么心情。（自言自语地）"姑娘是个盲姑娘，怎么能弹琴呢？"

生：非常同情。

生：非常怜悯这位盲姑娘。

生：心情非常激动。

生：很可怜这个瞎姑娘。

师：同情、可怜这个盲姑娘，所以在读"不，我是来弹一首曲子给这位姑娘听的"时，语气既要坚决又要亲切。

（师范读，并指导学生齐读，个别读）

（《月光曲》）

案例分析

《月光曲》是一篇非常优美的抒情散文，又是一个传说，主要是写德国著名音乐家贝多芬谱写《月光曲》的经过。在本课教学中，霍懋征巧用读书指导法，激发学生学习的兴趣，使整个课堂富有趣味。

霍懋征在讲解《月光曲》这篇课文时，指出课文分为起因、发展、高潮、结束四个部分，以便让学生有计划地分段思考。在进行课文讲解前，霍懋征对学生说："你们先听老师读一遍课文，把不明白的地方记下来。""好，咱们现在看书，注意带着问题来学。""在回答这个问题之前，我给你们讲一个故事。""好，那你们也听听这琴声，看你们的感觉怎么样。"等等，这样让学生带着问题去理解课文，显示出读书指导法的优点。

实施方法

《语文课程标准》提出："语文教学要注重语言的积累、感悟和运用，注重基本技能的训练，给学生打下扎实的语文基础。同时要注重开发学生的创造潜能，促进学生持续发展。"读书指导法，可以调动学生学习的兴趣，有利于学生掌握知识。

1. 抓住重点语句，品味体会

叶圣陶说："凡是出色的文学作品，语言文字必须是作者有趣的最贴合的符号。"如果学生可以理解文章的重点语句，那就可以让学生与作者的思想情感产生共鸣，拨动心弦。课文中的重点语句就像是人的眼睛，透过眼睛，我们可以看到一个人的心灵世界。教师应在课文的讲解中指导学生抓住重点语句，深入品味体会。

2. 引导学生阅读，感知主旨

教师要有效地组织学生精读、细读、略读、默读，指导学生有感情地朗读，反复地读，这不仅让学生更深刻地了解课文内涵，也有利于学生把握课文的主旨。在课堂上让学生多读，不失为一种有效的方法。

3. 引入课外故事，拓宽视野

教师在课堂中引入相关的课外故事，激发学生的学习兴趣，使学生思维活跃起来，而且也让学生了解到更多的课外知识。小学生的生活经验较少，视野不够开阔，对生活和世界处在一种相当朦胧而敏感的状态。教师在课堂中引入课外故事，不仅能开阔学生的视野，而且能丰富学生的语文素养。

五、激趣教学之课堂讨论法
——活跃课堂氛围，激活探究思维

所谓课堂讨论法，是指在课堂上由教师指导，围绕着一个中心问题，经过思考、讨论、交流，最终解决问题的教学方法。它以学生为主体，教师为指导，思考讨论为核心，是一种渗透启发、探究、自主等学习方式的教学策略。

课堂讨论法可以激发学生的学习兴趣，活跃课堂氛围，激活探究思维，便于培养学生独立思考的能力，有利于培养学生口头表达能力。运用课堂讨论法的基本要求是：讨论前，教师应提出讨论的题目和方法，指导学生搜集资料和调查研究，编好发言提纲；讨论中，要求学生普遍发言，教师要启发诱导，鼓励学生持之有据，言之有理，围绕中心，联系实际；讨论结束时，教师要全面总结，简要概括出问题的答案。

经典案例

师：先背几首诗。提个要求，不要重了，背时要有感情，有诗的韵味，背诗要有诗的调子。（示范）《扬眉剑出鞘》

欲悲闻鬼叫，我哭豺狼笑；

洒泪祭雄杰，扬眉剑出鞘。

（全班几十个小手都高高举起，生怕叫不到自己，有的小学生几乎都要站起来了，教师指名，让学生起来背诵）

生：《自嘲》（鲁迅）

运交华盖欲何求，未敢翻身已碰头。

破帽遮颜过闹市，漏船载酒泛中流。

横眉冷对千夫指，俯首甘为孺子牛。

躲进小楼成一统，管他冬夏与春秋。

（最后一句学生背得不太好，教师又重新读了一遍。）

生：《七步诗》（曹植）

煮豆燃豆萁，豆在釜中泣。

本是同根生，相煎何太急？

生：《无题》（鲁迅）

万家墨面没蒿莱，敢有歌吟动地哀。

心事浩茫连广宇，于无声处听惊雷。

师：（示范）"于无声处听惊雷。"

生：《春日偶成》（周恩来）

极目青郊外，烟霾布正浓。

中原方逐鹿，博浪踵相踪。

生：《革命更觉总理亲》（天安门诗抄）

清明时节雨纷纷，革命更觉总理亲。

倘若总理今犹在，痛打伪装"革命人"。

生：《扬眉剑出鞘》

欲悲闻鬼叫，我哭豺狼笑。

洒泪祭雄杰，扬眉剑出鞘。

师：前面起音高了些，谁能背得感情更充沛一点？

生：《扬眉剑出鞘》（这位同学背得好多了）

师：（对原来背得不大好的学生）你再背一次，前面起音要低一点。（学生站起来又背了一遍）好，这次好多了。我再给你们背诵一遍。（示范）咱们一起再背一遍。（师生共同很有感情地背诵一遍。许多小手又高高地举了起来，都想争取再背一首自己喜欢的古诗）好，咱们今天不背了。背得不满意的，就自己回去再好好地读一读。

今天咱们再学一课书：《落花生》。（板书：落花生）落花生，（放幻灯：落花生图片）为什么叫落花生？

生：是从树上落下来的。

生：花生不是树上长的。

师：（笑了）你看这张画，（指幻灯片）这就是花生。你看，落花生的花开完了，子房柄就钻到土里，花生就长在土里。花落了，花生长在土里，所以就叫"落花生"。把书打开，看看书本上是怎么讲的，我给你们读一遍。我读的时候，你们想这样一个问题：这课书是围绕什么写的？也就是说文章的主要内容是什么？（范读全文，范读时为了口语化，把姊妹改为姐姐）注意，这课主要围绕什么讲的？题目叫"落花生"。

生：围绕落花生讲的。

……

师：小小的花生豆儿就能讲出道理来，你们学习写。你们可以练习选材，想些什么，先想好再说。人家写的花生，你也可以想个小的事情，大家都好好想一想。（给学生几分钟思考的时间，想好的学生很快就把手举起来，三分钟左右，全班同学都把手举了起来）说说你想的。

生：我想的是些葵花籽。花籽很好吃，味儿香，价钱很便宜，还能榨油，更重要的是向日葵永远向着太阳，我们要像向日葵永远向着太阳一样，永远向着党。

师：好嘛！想得很好。（大家都为他鼓掌）有一点最可贵，我们就是要永远向着党。

生：我想写小剪子，它能帮助我剪纸、刻字，我喜欢它。

生：小手帕，它能帮助我清洁。

生：我想写几粒米。

师：可以。

生：我想写铅笔盒，用拟人的写法写。

生：我也想写几粒米。因为我过去吃饭不注意，常常浪费粮食。后来，学了《悯农》这首诗，我觉得不对了。

师：你还记得那首诗吗？

生：记得。（背诵）

锄禾日当午，汗滴禾下土。

谁知盘中餐，粒粒皆辛苦。

学了这首诗，我才知道一粒米也不应该浪费。

师：好，和古诗联系起来很好。大家都想得很好。有了内容再好好想想，怎么开头，怎么安排拟个提纲。（教师随时注意学生写字的姿态）把头抬高一点，写字头离桌子太近可不行。再认真选材，怎么开头？中间怎么写，结尾怎么写，都要好好安排。（让学生当堂写作，等大部分学生都已写好时，教师继续谈话）好，大部分同学都写好了，谁愿意谈谈自己的作品？

生：我写的是小铅笔盒。第1段介绍我的小铅笔盒，第2段写它帮我写好作业，第3段写我天天取得很好的成绩。开头写书包里装着我的小铅笔盒，它是新年时我妈妈给我买的，我看见它就想起我的妈妈。

师：很好，看到它就想起是妈妈给我买的。

生：上课时我想搞小动作，看到它，想起妈妈的话，我就认真听讲，回家看见它，我就认真做作业。有一次，我作业得了一个"中"，我大吃一惊，非常难过，后悔，我用橡皮使劲涂。这时，我的铅笔盒好像立刻向我指出："今后上课可得好好听讲啊！不用心听怎么能学好知识呢？"听了它的话，我惭愧地低下了头。从此，我就认真地学习，认真做作业，以后的作业都得"优"了。

师：好。

生：我和字典是好朋友，每当我有不认识的字，它就帮助我，是我的好老师。一年级时我还不会用字典，那时看到老师和妈妈都会用字典查字。我很快学会了查字典，可是到二年级下学期用偏旁部首查字典时，我又不愿意查了。后来老师对我进行了帮助。现在我遇到生字就去查字典，从此和它成了好朋友。现在它每天伴随着我上学，帮助我不断提高学习成绩，我们俩成了最好的朋友。

师：开头怎么和字典交朋友，后来又不愿意用它，最后又认真用它了。开篇很自然，很好。（有许多同学的手举得高高的，都想把自己写的说一说，这时下课铃响了）好，今天不说了，没写完的回去把它写完，写完的回去再检查一下交上来。下课。

（《落花生》）

案例分析

《落花生》是霍懋征自选的补充教材。课文揭示了一个道理：做人，就应该做落花生那样有用，而不是好看而无用的人。

在课前，霍懋征首先让学生自由背诗，要求学生背诵时要有感情，要有诗的韵味和调子；接着，霍懋征有感情地示范背诵；然后指导学生背诵诗歌。在第二课时，霍懋征开展了一次颇具创造性的活动，让学生联系实际生活，谈谈对生活的认识。学生相继举了葵花籽、小铅笔、小字典、小剪子、铅笔盒等小事物，并说出蕴含的道理。这种课堂讨论法，既有创意，又有个性，让学生在轻松的课堂氛围中，学到了更多的知识，感悟了人生哲理。

实施方法

霍懋征提出："重点培养学生的语文能力。"她针对每个学生的特点，因材施教，因势利导，或是讨论，或是趣谈，启发学生的思维，为学生创造许多表现自我的机会。

1. 朗诵品味，激发童趣

霍懋征说过："小学生思维能力弱，说话不清楚，但记东西快，模仿力强。根据学生这一年龄特点，我让学生在小学阶段多读多背一些。"童心是天真烂漫的，让学生在教师带领下，或者个体朗诵，或者是整体朗诵，都有助于激发学生潜在的童趣。在课堂教学中，教师不妨多开展些朗诵比赛，激发学生的学习热情，活跃学生的思维，培养学生的口头表达能力。

2. 尊重个性，表扬鼓励

学生对课文的鉴赏和感悟，具有很强的个性化特征，这是因为每一位学生都有自己的生活空间，都有各自注重的焦点、程序和方法。由于每一位学生的生活体验、情感世界、认识能力各不相同，因而在领悟课文方面必有出入。因此，在课堂讨论中，教师就要懂得理解学生，尊重学生，在接收到学生多元化或个性化的信息时，应给予学生人格上的肯定和尊重，培养学生独立思考的能力。此外，教师对学生在合作与交流中的积极表现应适当地给予鼓励和表扬，让学生产生自豪感和成功感。在自豪感和成功感的促使下，学生就会产生学习的兴趣。

六、深度阅读
——激趣教学与教学方法

跨入新世纪，随着基础教育课程改革在全国各地的推广与普及，注重发挥学生学习的主动性和积极性成为课改的主要内容之一，这使得激趣教学又成为课改的热门课题。苏霍姆林斯基说过："如果教师不想方设法使学生产生情绪高昂和智力振奋的内心状态，就急于传授知识，那么这种知识只能使人产生冷漠的态度，学习就会成为学生沉重的负担。"新课程理念也强调"激发学生的学习兴趣、好奇心、求知欲和进取精神"。兴趣是推动学生学习的催化剂，也是发展学生思维的内在动力。激趣教学是变苦学为乐学的最佳途径，可以真正发挥学生学习的主动性和积极性，促进学生学习能力的提高。教师应该以学生为本，巧妙地运用各种教学方法，在某些情况下，还应该综合地运用多种教学方法来激发学生的学习兴趣。

1. 在激趣教学中鼓励表达

有位学者说过："在儿童身上集中着人类精神的本质：儿童的执著，表现的是人类求真的实验精神；儿童的烂漫，体现的是人类求美的艺术精神；儿童的率真，反映的是人类求善的道德精神。"儿童天真烂漫、诚实正直，不受世俗的污染，因此，教师在激趣教学中要牢记"性由天成，促其发展"这一教学思想，确立学生的主体性地位，把主动权还给学生，把大部分时间留给学生，鼓励学生自由表达，畅所欲言，大胆质疑，让学生在自我思考、合作交流中探究学习。

2. 在激趣教学中传授方法

老子说："授之以鱼；不如授之以渔。"说的是传授给人知识，不如传授给人学习知识的方法。道理其实很简单，鱼是目的，钓鱼是手段，一条鱼固然能解一时之饥，却不能解长久之饥，如果想永远有鱼吃，那么就要学会钓鱼的方法。

在传统的应试教育模式中，我们可以看到教师变本加厉地让学生死抱着课本，读死书，死读书。从课本中，从教师那里"拷贝"过来的答案就成为唯一的"标准答案"。学生就拿着这些"命根子"固守在脑袋里，考试前死记硬背，考试后烟消云散。教师在教学中应避开这条死路，"激趣"课堂，创新性地传授给学生学习的方法，把着眼点放在开拓学生思维和培养学生能力上，让学生自主地、能动地去求知，做到真正把知识传授给学生。学生在教师的循循善诱下，不仅有"鱼"吃，而且学会了怎样去"钓鱼"，把所学知识化为己用。

3. 在激趣教学中引导讨论

长期以来，学生在课堂上的学习过程比较单调，教科书是唯一的学习材料，教师成为唯一的传授者，"一言堂""满堂灌"占据着学生课堂学习的整个过程；学生只是被动的接受者，他们的思维能力、学习记忆能力和情感态度体验则被忽视了。

《语文课程标准》在教学目标中指出："具有日常口语交际的基本能力，在各种活动中，学会倾听、表达与交流，初步学会文明地进行人际沟通和社会交往，发展合作精神。"在教学建议中又明确指出："提倡启发式、讨论式教学。"在新课程背景下，许多教师都积极转变教学理念，主动探索，善于创新。而教师在激趣教学中引导学生讨论，有利于提高学生的独立思考能力和语言表达能力，有利于培养学生的合作意识和竞争意识，有利于学生的终身学习和终身发展。

美国里克·沃尔夫说过："表扬在使孩子们富有热情上起了很大作用，同时也是使得孩子们的运动发动机不停运转的润滑剂。"可见，教师对学生的表扬和鼓励十分重要。尤其当学生在合作与交流的讨论活动中表现出色时，教师适当的表扬无疑起到了鼓舞士气的作用。

（分析论述：张彩红）

王 红
如何提问激趣优化课堂教学

名师档案

——浙江省教坛新秀

王红，女，浙江省特级教师，杭州市优秀教师，杭州市学科带头人，杭州市优秀青年教师"中萃奖"，浙江省杭州市采荷一小校长。一直从事小学语文教学，逐步形成了"扎实中不失灵活，朴实中带有细腻"的教学风格，出版书籍《小学教学过程的美育化设计与实施》，有数十篇论文在省级及以上刊物发表或获奖。在全省各地上教学研究课达百余节，所拍摄的录像课《黄山奇石》《从现在开始》等成为全省新课程教学示范课，连续多年在浙江大学举办的"全国小学语文课堂教学研讨观摩活动"中执教。2002年赴上海华东师范大学参加"跨世纪园丁工程中小学骨干教师国家级培训"，并被认定为"杭州市跨世纪中小学第一层次学科带头人"，浙江省"2211工程"名师培养对象。2002年6月被聘为"杭州市中小学学科带头人和骨干教师培养人选"指导教师。

一、名课实录

——提问激趣，优化教学

《古诗词三首》课堂教学实录（人教版课标本小学语文第八册）

（一）导入新课，引导预习

师：同学们，刚才我们背诵了许多古诗，今天我们一起要来学习的也是古诗词。

生：《古诗词三首》。

师：从课题我们知道这篇课文当中既有（生接：诗），又有（生接：词）。那么今天这堂课呢，我们重点来学习两首古诗，请大家把书打开，先请同学们自由朗读这两首诗。第一、要求读正确，读通顺。第二、借助下面的注释，想一想每一首诗的意思。明白了吗？好，开始吧！

（学生自由朗读、预习）

（二）初步读诗，析字释义

师：我们想一下每首诗的意思。（稍停片刻）行了是吗？好，那我们一起来读一读。谁来读一读第一首诗。这位同学，来。

（学生试读）

师：哎，好，谁再来读一读。

（学生试读）

师：非常好，字正腔圆的。这里有个多音字，你们来看一下，是哪个？

生："了"。

师：是"了"。在这里它是什么意思？（学：结束）。当它做结束讲的时候，它就读了（liǎo）。再请个同学来读一读。

（学生试读）

师：非常流利。我们来看一下，这个蚕，上面是个……（师书写）

生：天。

师：下面是个……

生：虫。

师："天""虫"，就是蚕。蚕是吃什么的啊？

生：桑叶。

师：对，桑叶的。请你仔细观察一下这个"桑"字，写的时候你觉得要特别注意什么？

生："桑"字上面因为有三个"又"，这个"又"的最后一笔都要写成点，不能写成捺。

师：对，这三个"又"的捺都改成了点。请你在书上写一个。

（生书写）

师：好了吗？那我们来看一下第二首。谁来读一下。

（生读）

师：在这首诗里也有一个多音字，我们来看一下，这个字（师指"供"），这个字在这里是什么意思？看一看。

生：从事。

师：从事。那么在这儿它怎么读呢？应该读第一声，对了，你来读一读。

（生念："童孙未解供耕织，也傍桑阴学种瓜。"）

师：谁愿意再来读一读。

（生读整首诗）

师：非常好。来看，这里也有一个生字，我们写的时候要特别注意，来看是什么字？这是什么字？（耘）对，耘，这是什么？（师点"耕"）"耕"，对，这两个字在写的时候都要注意什么？这个"耘"在写的时候要特别注意什么？

生：那个偏旁应该有三横，不要写成两横。

师：所以，请你把这个字写一写。（生写）写好的同学先自己读一读。

（三）细致读诗，理解诗意

师：好，同学们，我在想啊，编者把这两首诗放在一起，一定有什么联系。请你把这两首诗对比着读一读。你看它们之间有什么相同或相似的地方？

（生自由朗读）

师：谁发现了？两位，三位，四位，五位……

生1：我发现这些都是写农村景色的。

师：都是写农村生活的，是不是啊？好，还发现了什么？

生2：我觉得这两首诗都有一句到两句是写他们种田、种地的。

师：也写到了农村生活的。

生3：这两首古诗都提到了乡村四月的情景。

师：时间也是相同的，都是写农历四月小农忙季节的事儿。

生4：我觉得这两首诗都是写春天的。

生5：这两首诗都是宋代诗人写的。

师：你看看，这一行都有几个字啊？这都是"七言诗"是不是啊？

师：刚才好多同学都说到了，这两首诗都写了农村生活，那么写了农村生活的什么特点呢？请你好好读读看。

生1：写出了农村人的忙碌，忙着种田。

师：都在忙着劳动，是不是啊？非常的忙碌。（板书：忙碌）

师：那我们再来读读。先读读第一首古诗，从什么地方能够表现出人们都在那儿忙？

生1：它这里说"乡村四月闲人少"。这就是说，他们四月的时候基本上就已经没有人在休息了，没有休息的时间，都在忙。

师：都在忙，闲人少，说明很忙，是吗？来，这行诗谁来读读？

（学生试读）

师：你来。

（学生试读）

师：闲人少，反过来说就是……

生：忙人多。

师：忙人多。他们在忙些什么？这首诗里写出他们在忙些什么了吗？

生：他们在忙着养蚕，还有种地。

师：恩，课文是这样说的，是"蚕桑"和"插田"。谁来把这句话连起来解释解释。什么意思？"才了蚕桑又插田"，他们在干吗？

生：刚刚养完蚕，然后又要去种田了。

师：刚刚怎么样？

生：刚刚把蚕喂完桑叶后，又要去插田了。

师：哦，刚刚把蚕喂完桑叶后，然后又去插田，种田，插秧了，对吗？好，我们把这两句诗连起来读一下。

师："乡村四月闲人少"预备起。

（学生齐读）

师：那么在范成大的笔下，人们又在忙些什么呢？来，你再读一读《四时

175 <<<

田园杂兴》这首诗。找一找，在这首诗中人们都在忙什么？做什么事儿？

（学生自由朗读）

师：恩，他一边读，一边画。（停片刻）找到几件事情了？

生1：我找到了她们去"耘田"，还有"绩麻"。

师：对吗？第一件事是耘田，第二件事是绩麻。耘田？就是在干什么？来，读读下面的注释。

生（学生一齐回答）：除去田里的草。

师：那么绩麻呢？

生（学生一齐回答）：把麻搓成线。

师：学古诗，要注意会读下面的注释。除了这两件事，还有没有别的事情？

生2：我从"童孙未解供耕织"的"供耕织"看出他们在从事"耕织"。

师：那么在这首诗中这个"耕"指的就是耘田，"织"指的就是绩麻。好，还有没有？还找到了人们在做什么事？

生3：应该还有一个"种瓜"。

（四）随机拓展，加深领悟

师：作者通过写人们在耘田、织麻、学种瓜……要做的事很多，来说明人们忙，这就是"乡村四月闲人少"，大家都在忙着做事儿呢！那么你想一想，我们农历四月小农忙季节的时候，还可以做那些农活？

生1：还可以采茶叶。

师：采茶？哦，还有呢？

生2：还可以挖笋。

生3：还可以种豆子。

师：种豆得豆，种瓜得瓜。还可以种瓜，还有呢？

生4：可以挖野菜。

生5：还可以去种稻谷。

师：哎，种庄稼。还有呢？

生6：还可以种菜。

师：种蔬菜，家里还可以养……

生7：养蚕。

师：蚕？还有呢？

生8：养鸡、养鸭。

师：对呀，养鸡、养鸭，还可以……

生9：养猪、养牛。

师：对呀，养猪、养牛。还有呢？

生10：还可以养鱼。

师：是的，喂鱼。

生11：还可以种水果。

师：是。

生12：还可以种花。

师：哎呀，总而言之，能做的事很多很多。那么，我们就学着诗人的样子，把这些没有写进诗的"忙"，帮作者写进去，能不能？来，我们试试看啊。"乡村四月闲人少"他们在干什么呢？（板书：闲人少）来，也请你们用"才……又……"。把我们刚才说的那么多的农活，选择一下把它写到诗里去。

生1：乡村四月闲人少，才了耘田又种瓜。

生2：乡村四月闲人少，才了种瓜又点豆。

生3：乡村四月闲人少，才了喂鸭又种豆。

生4：乡村四月闲人少，才了喂牛又种瓜。

师：噢，一件事做完了，又接着做另一件事了。

生5：乡村四月闲人少，才了拉丝又纺线。

师：忙得不亦乐乎啊！

生6：乡村四月闲人少，才了野菜又喂羊。（师把"野菜"改成"挖菜"）

生7：乡村四月闲人少，才了养羊又种稻。

（五）抓住重点，感悟主旨

师：一件事接着一件事，真是忙啊！同学们，那么我想啊，你们写了这么多的农活，这些，我想诗人翁卷也一定是知道的，但是他一件也没写，唯独只写了"蚕桑"和"插田"，你想想，这是什么原因呢？

生1：因为我觉得，"插田"代表种菜、种瓜、点豆这些。……而"蚕桑"是（养）动物，牛、羊、鸡、狗、鸭也属于动物……赚钱然后买动物。（师大笑）

师：养蚕究竟是干吗？

生1：拉丝织衣服。

师：织衣服的，跟我们穿的有关。一个是跟我们吃的有关，一个是跟我们穿的有关。

生2：我认为还有一个原因，因为像喂牛、喂羊这种随时随刻都可以喂，而"蚕桑"和"插田"必须四月才可以……

师：还有没有别的原因？

生3："才了蚕桑又插田"比较押韵。

师：噢，他还发现了押韵，你看看这里是押什么韵？你看看在这首诗里是押什么韵的？……（师面向生3），问你，你说押韵，押的是什么韵？

生3：我觉得"蚕桑"和"插田"比较押韵。（师笑）

师：怎么押韵了？

生4：它最后一句话的"田"tian，第一行是"川"chuan，第二行是"烟"yan，第四行是"田"tian，最后一个韵母都是"an"（终于在老师的引导下说出在哪里押韵？）

师：这样读起来就怎么样啊？好听了是不是？我们发现了，因为"蚕桑"和"插田"是与我们的吃和穿有关系的。这是最重要的，对不对？所以写在这儿。原来有那么多的奥妙在里面啊！那么谁再来读读后面的两行诗？

（学生试读）

师：恩，非常努力。

（学生试读）

师：一件事接着一件事，看出人们非常的忙碌。那么在这首诗中除了说农活多，能够反映人们忙以外，还可以从哪儿看出忙了？

生：我觉得"夜绩麻"，他在夜里还在绩麻，这个意思应该是。

师：夜的意思是？

生：在晚上。

（师随机评价，但因为没用话筒，所以听不清）

师：这里的昼意思是什么？

生（学生一齐回答）：白天。

师：夜呢？

生：晚上。

师：白天在做什么？（生：耘田）晚上回来又在做什么？（生：绩麻）晚上做，白天做，真的是忙碌啊！那么我想问了，这个白天也做，晚上也做，你看，非常辛苦，像这样的情况，你能用一个词来说吗？白天也在做，晚上也在做，一刻也不停啊，你能不能用一个词来表示？你说。

生1：不可开交。

师：忙得不可开交，那么昼和夜呢？怎么把它放进去？用什么词？

生2：昼夜不分。

师：昼夜不停倒比较好。

生3：夜以继日。

师：是啊，夜以继日地在那儿做事，忙啊！

生4：日复一日。

生5：不分昼夜。

生6：日月如梭。（师笑）

师：时间过得很快，还早——出——

生：晚归。

师：像这样的词还有吗？……"日夜劳作""早出晚归"像这样不停地做事，表现在（一起读）。

生：昼出耘田夜绩麻，村庄儿女各当家。

师：像这样夜以继日，不分白天和黑夜地在这儿做就是，读。

生：昼出耘田夜绩麻，村庄儿女各当家。

师：从时间上，我们能够看出人们忙碌，还可以从哪儿看出人们忙？再读读这首诗。

生："童孙未解供耕织"这里，因为小孩子都开始从事耕织了，大人能不忙吗？

师：小孩都在——干吗呢？种——瓜——，小孩子在种瓜，那么大人呢？这首诗中是怎么写的？有一行诗写到了大人。

生：昼出耘田夜绩麻，村庄儿女各当家。

师："村庄儿女各当家"怎么理解？

生：大人都出去了，让小孩子管家。

师：是这样吗？

生："各当家"是指有自己的拿手本领。

师：是呀，各有各的本领！这里的"儿""女"不是指我们小孩儿，这里的"儿"是指——男人们，这里的"女"呢？是指——女人们。这里的男人和女人各有各的本领，那么男人们在干什么？

生1：种田。

师：女人们在干吗？

生2：绩麻。

师：连孩子们也在学种瓜。大人忙，孩子也忙，所有的人都在忙。所以说——

生：（接）乡村四月闲人少。

师：同学们，按常理，这些不懂事的孩子应该在干啥？（在玩）在玩些什么呢？

生1：用弹弓打鸟。

师：这可不大好。

生2：在玩捉迷藏。

生3：爬到树上去掏鸟窝。

师：这也不大好，危险。

生4：玩打子弹。

生5：还可以玩警察抓小偷。

生6：还可以放风筝。

师：放风筝，我们说"儿童散学归来早，忙趁东风放纸鸢。"那是些放风筝的孩子。

生7：还可以钓鱼。

师：我们有一首诗写的是"蓬头稚子学垂纶"，这是一群学垂纶的蓬头稚子们。

生8：还可以跳皮筋。

生9：有一些调皮的小孩子在捅马蜂窝。

师（笑说）：哦。

生10：有些女孩子在玩丢手绢。

生11：可以游泳。

师：哦，你们都把自己想象成这些孩子了。这是一些乡村的孩子，也许，就在田野里尽情地（生：奔跑）。这就是一首诗中写到的"儿童急走……"。

生："……追黄蝶，飞入菜花无处寻。"

师：总而言之，这些孩子应该在玩耍！但是此时此刻，他们却来……我们读一读。

生（学生齐读）："童孙未解供耕织，也傍桑阴学种瓜。"

师：他们此时却在学种瓜，所有的人都在忙啊。我们想象一下，他们一边忙，一边心里会想些什么呢？大人们也在忙，孩子们也在忙，一边忙，一边心里会想些什么呢？

生1：今年一定丰收。

师：啊，盼望着丰收啊！

生2：等到明年，我种的瓜成熟了，我就可以吃到自己的劳动果实了。

师：哎，只有辛勤的劳动才能换来幸福的生活。

生3：现在稍微累一点不要紧，那么以后可就轻松了。

师：现在虽然忙，但是心中却怀揣着丰收的期盼，以后的日子过得舒坦，过得乐滋滋的。是吗？哎，虽然忙，但是忙中有乐。（板书：忙中有乐）来，谁带着这种感受，再来读读这首诗，读出忙中有乐的感觉。

（学生试读）

师：……学种瓜。嗯，谁再来试试。

（学生试读）

师：心中充满着对丰收的期盼。我想，除了劳动能够给人们带来快乐以外，还有没有其他的原因呢？让我们来看一看。来，你再读读这首诗，你看看还有什么能够给人们带来快乐的？

生：我看它这里说"子规声里雨如烟"，子规就是杜鹃的意思，那么杜鹃的声音在雨中，飘飘洒洒的，这种雨滑下来的话，一定会给人以一种很舒适的感觉。

师：听着子规的歌声，心里会非常愉悦，那么你想想它会唱些什么呢？会唱些什么？或者会说些什么呢？

生：它们会唱四月已经到了，你们快来种田吧！以后就能丰收了。

师：啊，抓紧时间劳动，丰收在望了。还有吗？还有没有？你说。

生：四月已到，你们快去点豆吧！

师：说诗一样的啊，你说。

生：叽叽叽，叽叽叽，等你们种好了瓜，长出了种子，我会帮你们传播种子的。

师：好，那么除了听到的，你还看到了什么吗？

生：山里和原野都是绿色，稻田里的水色映着天空的光辉，让人心旷神怡。

师：就像一幅让人心旷神怡的画，到处都是绿色，从哪个字看出来的？

生（学生一起回答）：绿遍山原。

师：绿遍山原。除了绿还有什么颜色？

生（学生一起回答）：白色。

师：这个白色是什么？"白满川"，读读解释看。

生：稻田里的水色映着天空的光辉。

（六）情境再现，配乐朗读

师：让我们来看一看这幅美景（多媒体出示田野风光），哇，真的是满目绿色啊！稻田里的水在阳光的映射下，泛着白光，波光粼粼，这就是"绿遍山原白满川"，这样的景，这样的人，组合成一幅美丽的"乡村四月图"。此时此刻，你的心情是怎样的啊？

生1：轻松。

师：嗯，你呢？

生2：我感觉好好干，秋天一定能丰衣足食的。

生3：我的心情非常地舒畅。

师：舒畅。那么让我们怀揣着这样的心情，来读一读这首诗。谁来试一试？

（学生试读）

师：想不想听一下由这首诗改编的一首歌曲啊？来，我们来欣赏欣赏。

师：同学们，我们虽然不会唱这首歌，但我们能在这么美妙的音乐声中尽情地朗读这首诗吗？

（学生齐读）

师：好，今天这节课，我们就上到这儿，下课，同学们再见！

生：老师再见！

二、名课解读

——精心设问，提高实效

"成功的教学所需要的不是强制，而是激发学生的学习兴趣。"教师在教学中应根据教学规律，采用各种手段激发学生的学习兴趣，调动学生学习的积极性和主动性，引导学生积极思考，使外部教育产生一种内化作用，提高学生学习的实效性。而"课堂提问是课堂的灵魂"，有效的课堂提问能起到事半功倍的作用。实际上，课堂提问也是吸引学生的注意、启迪学生的思维和激发学生兴趣的主要教学手段之一。因此，在课堂教学中，教师需要优化课堂提问，掌握课堂提问的技巧，从而达到事半功倍的教学效果。

1. 精心设问，优化教学策略

美国教学法专家斯特林·G.卡汉尔认为："提问是教师促进学生思维、评价教学效果以及推动学生实现预期目标的基本控制手段。"在课堂教学中，提问发挥着十分重要的作用。教学策略的优化很大程度上需要依靠教师的精心设问。

"整体——部分——整体"是阅读教学的一般规律，在《古诗词三首》的教学中，王红重点讲解的两首诗《乡村四月》和《四时田园杂兴》，都是宋朝诗人所写的关于乡村四月的农家生活，赞颂了劳动人民辛勤淳朴的优良品质。在古诗教学中，诗句简短、抽象，但蕴含着深厚的思想感情，教师必须想方设法将诗句化抽象为具体，提高学生的理解能力。在教学过程中，王红精心设计问题，遵循了阅读教学的一般规律。王红问："编者把这两首诗放在一起，一定有什么联系，请你把这两首诗对比着读一读，看看它们之间有什么相同或相像的地方？"这样巧妙的设问，积极引导学生思考，基本弄懂诗文的思想内容。接着，王红针对诗句"乡村四月闲人少""童孙未解供耕织，也傍桑阴学种瓜"进行具体的提问和分析，并联系学生的实际生活，增强学生对诗文主旨的理解。最后，王红结合图片设问，深化学生的感悟和体验。

2. 创意提问，提升阅读层次

《语文课程标准》明确指出："阅读教学的重点是培养学生具有感受、理解、欣赏和评价的能力。"创造性阅读是阅读活动的最高级形式，也是阅读追求的最高目标。倪文锦教授认为："中小学的创造性阅读主要指超越自身体验。"在阅读过程中，学生拿书里的世界与自己周围的世界作对照，既理解了作者，也更好地认识了"自我"，在阅读中有所感悟，受到情感熏陶，获得思想启迪，享受审美乐趣，从而实现"有创意的阅读"。

王红在教学过程中，能在诗文知识的拓展延伸之处巧妙设问，提供话题，淡化学生的"答案意识"，学生得以摆脱"牵"的处境，拓宽思维空间，主体意识获得加强。这时，学生的交流获得多元化认识，阅读层次获得提升，"自主、合作、探究"的学习方式得到贯彻实施。王红问："同学们，按常理，这些不懂事的孩子应该在干啥？在玩些什么呢？"学生联系自己的实际生活，畅所欲言，自由发挥。接着，王红顺势追问："这些小孩子此时却在种瓜，所有的人都在忙，他们一边忙，一边心里想些什么呢？"学生根据自己对诗文的理解回答，鉴赏和评价能力都得到了充分的训练。

三、提问引导，创设情境
——发挥学生的主体作用

"所谓问题情境，是指教师有目的、有意识地创设各种情境，以促使学生质疑问难、探索求解。"问题情境的创设需要教师和学生共同完成，教师在这个过程中主要起引导作用，教给学生思考的方法，培养问题意识。学生在问题情境创设的过程中通过个体的努力发现问题、分析问题和解决问题。第斯多惠说："知识是不应该传授给学生的，而是应引导学生去发现它们，独立地掌握它们。"心理学研究表明，小学生的生活阅历还不丰富，认知水平尚处在"初级阶段"，对于许多问题的理解还不明确。因此，教师的课堂提问必须符合学生的实际情况，创设有效的问题情境，激发学生学习语文的兴趣，营造活跃的课堂氛围。

经典案例

师（配乐）：每当海水涨潮的时候，许许多多的小鱼被带上了沙滩；当海水流回大海的时候，有些可怜的小鱼就被困在水洼里。现在我们就去看看这些可怜的、被困在浅水洼里的小鱼。

（师板书课题。生读书）

师：你读懂什么了？

生：被困的小鱼有许许多多。

（出示句子：被困的小鱼，也许有几百条，甚至有几千条）

（师指导朗读）

师：成百上千的小鱼被困在浅水洼里，会怎么样？

生：水蒸干了，小鱼会干死。

生：小鱼会被晒死。

生：他们的妈妈会很伤心。

师：这么多小鱼困在水洼里，身边的水越来越少，呼吸不到新鲜的空气，感到非常难受。再读第1自然段，找出写小鱼难受的句子：用不了多久，浅水洼里的水就会被沙粒吸干，被太阳蒸干。这些小鱼都会干死。从哪些词体会到小鱼难受？"吸干""蒸干""干死"？

（师指名朗读，齐读）

师：这时，小鱼会怎么想？

生：多么希望有人来救它们。

生：回不了大海了，见不到妈妈了。

生：很伤心。

生：多想回到大海，我想要活下去！

师：小鱼的这些心里话被一个小男孩读懂了，（出示第2自然段）认真地读一读，从哪些地方看出小男孩读懂了小鱼的心里话。

生："他走得很慢，不停地在每个水洼前弯下腰去，捡起里面的小鱼，用力地把它们扔回大海。"

师：说说让你感受最深的一个词语。

生："不停"说明鱼很多、成百上千条，如果慢了，小鱼就会被晒死。

生："走得很慢"一个水洼一个水洼走过来，不漏掉一个水洼，一条小鱼。

生："用力"才能把鱼放回大海，不然又会被海水冲上来。

生："弯下腰""捡起"……

（师出示动画课件，配乐讲解）他走得很慢，在一个水洼前弯下腰去，捡起里面的小鱼，用力地把它们扔回大海；他又来到一个水洼前弯下腰去，捡起里面的小鱼，用力地把它们扔回大海；他再一次来到一个水洼前，弯下腰捡起里面的小鱼，用力地把它们扔回大海……这样的一个动作要重复多少次啊，想象一下他在捡鱼扔鱼的过程中遇到了什么困难？

生：腰酸了，手累了，没力气了，干不动了，但还是坚持不懈地干啊……

师：小男孩的汗水顺着他的脸颊流下来，他不停地捡啊、扔啊。我们一定会被小男孩的行为感动，一起加入这个行列中来！

（生齐读句子）

师：看到这个情景，我的心里产生了疑问。什么疑问，自由读3～6自然段，找一找。两个问题：水洼里有成百上千条小鱼，你是捡不完的，那你为什么还在捡？谁在乎呢？

生：多捡一条小鱼，就多挽救一个生命。

生：他帮了小鱼，小鱼以后也会帮助小男孩的。

生：小男孩知道小鱼想赶快回到大海里去，所以小男孩想完成小鱼的心愿。

生：大海里多了一条小鱼也会热闹一点。

生：小男孩在乎，大海在乎，小鱼的爸爸妈妈在乎，我们在乎，小鱼的孩子在乎，小鱼自己在乎……

师：所有有爱心的人都在乎。小鱼的心里话被小男孩读懂了，小男孩的心里话被我们读懂了，刚才说了那么多，把你印象最深刻的一句话写在你手中的爱心小鱼上。

生：小鱼在乎，大海在乎，我们大家在乎。

生：多捡一条小鱼就多挽救一个生命。

生：不在乎捡不捡得完，在乎的是每一条生命。

师：请写好的同学把这句话大声地读一下，把后面的双面胶撕掉，贴在黑板上，放回大海。

（播放歌曲《明天会更好》）

师：小鱼重回大海的愿望终于实现了！小男孩帮小鱼实现了愿望。让我们怀着对小男孩的敬意，对生命的珍重来读读这句话：

生：这条在乎，这条也在乎！还有这一条、这一条、这一条……

（小练笔：如果你看到了一种受伤的动物，你会怎么做）

（《浅水洼里的小鱼》）

案例分析

在《浅水洼里的小鱼》一课中，王红通过精心巧问创设情境，让学生融入课文情境和角色中，在思维不断"碰壁"和"激荡"中，获取对课文的独特理解和感悟。

前苏联教育家苏霍姆林斯基说过："如果教师不想方设法使学生产生情绪高昂和智力振奋的内心状态，就急于传授知识，那么这种知识只能使人产生冷漠的态度，而不动情感的脑力劳动就会带来疲倦。没有欢欣鼓舞的心情，学习就会成为学生沉重的负担。"如在"蒸"字的学习上，王红把"蒸"字的笔画拆开想象成了一个个意象，共同组成一个火烤着水的意境，学生在这个意境中轻松记住了"蒸"的字形，并理解了它的意义。

由于情感态度和价值观成为新课标的一个维度目标，因而教师有责任在教学过程中陶冶学生的高尚情操，帮助学生形成良好的个性和健全的人格。课堂上，王红让学生设身处地，换位思考，"假如你是小鱼，你心里是怎么想的？""想象一下他在捡鱼扔鱼的过程中遇到了什么困难？"王红还让学生把对文中感受最深的一句话写在"爱心小鱼"上，贴到黑板并富有感情地朗读。这种充满真情的课堂氛围，让学生的心灵受到了洗礼。

实施方法

1. 抓住教学的重点和难点精心设问

在课堂教学中，如果教师总是"满堂问"，那么课堂气氛看似热闹非凡，实则是没有实效可言。教师要创造性地利用和处理教材，对教学内容的讲授要有主、次之分，抓住教学的重点和难点精心设问，让教学内容深入浅出，浅显易懂，激发学生的学习兴趣。

2. 培养良好的情感态度和价值观

教师应该重视问题情境在语文教学中的重要作用，善于调动学生的情感，拨动学生心灵的琴弦，充分利用教材的情感因素，创设出各种能够激发学生强

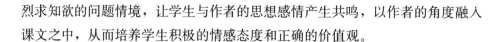

烈求知欲的问题情境，让学生与作者的思想感情产生共鸣，以作者的角度融入课文之中，从而培养学生积极的情感态度和正确的价值观。

四、挖掘教材，有效提问
——提高学生的理解能力

从教育学的角度说，提问是调动学生主动、积极、自觉地思维的一种最普遍的教学手段。从心理学角度说，提问可以激发学习动机，启迪求知欲望、培养发散思维。在语文课堂教学中，教师不应只局限于传授知识的低级层次，而应充分把握教材，挖掘教材，巧妙设疑，有效提问，激发学生的学习兴趣，引导学生层层深入理解课文，直击教学内容最核心的部分，提高学生的感悟和理解能力。

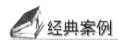经典案例

（音乐《爱的奉献》渐起）

师：（深情叙述）同学们，一首深情的《爱的奉献》又将我们的思绪带到了课文所讲述的故事当中。18岁，一个充满梦想的年纪。而他，一位杭州青年小钱，此时只能静静地躺在病床上。他在焦急地期盼，期盼救命的骨髓能早一点从远隔万里的海峡彼岸——台湾送到杭州。（板书：台湾—杭州）请同学们拿出课文，快速找一找，课文哪几段直接描写了海峡彼岸的情景，开始。

（生自由整体感知课文）

生：3～5自然段直接描写了海峡彼岸的情景。

师：请找出3～5自然段中直接写李博士和台湾青年行为的句子，读一读。

（生读课文3～5自然段）

师：读着读着，你有没有发现他们的行为有什么不合情理的地方？再读一读。

（生读课文，圈圈画画。教师提示：不动笔墨不读书，拿起你的笔来在有感触的地方圈圈画画）

生：针头向皮肤刺去，一阵突如其来的余震，使针头从肌肤里脱落，李博士不得不停止工作。此时此刻，跑到空旷的地方才比较安全。但是，李博士仍沉着地站在病床旁，那位青年也静静地躺在病床上。

师：这里直接写了李博士和台湾青年的行为都有不合情理的地方。还找了什么地方？

生：我找到了第4段。在这场灾难中，病床上的青年有没有受伤，他的家人是否平安，目前还不清楚。但是，他知道，在海峡的另一边，有一位青年正满怀着希望，期待着他的骨髓。

师：这是写台湾青年的行为有不合情理的地方。同学们，让我们先来读一读第5自然段。这段写了李博士和台湾青年的行为都有不合情理的地方。请再读一读，你能说一说为什么不合情理吗？

（生读课文第5自然段）

师：李博士的行为为什么会让你感到不合情理呢？

生：因为这时台湾已经发生了7.3级的地震了。只有跑到空旷的地方才比较安全，可是李博士还是继续为青年做手术。所以我感到不合情理。

生：情况如此危险，他还是坚守手术台——不合情理。

师：还有么？

生：这时候，一阵突如其来的余震，使针头从肌肤里脱落，李博士不得不停止工作。前面说他不得不停止工作了，后面却写他继续为台湾青年做手术，我觉得有些不合情理。

师：你说。

生：因为他是利用大地震动暂停的间隔，通过一次又一次的努力，骨髓才从台湾青年的身体里抽出来的，所以我觉得不合情理。

师：他是利用大地震动的间隔在做手术。同学们，情况如此危险，但是李博士仍旧坚守手术台。他面对的是怎样的险情呢？请你再读一读课文，找一找。

（生读课文）

生：他面对的是做手术时随时会来的余震。

师：你是从哪里看出来的？请读一读书上的句子。

生：针头向皮肤刺去，一阵突如其来的余震，使针头从肌肤里脱落，李博士不得不停止工作。此时此刻，跑到空旷的地方才比较安全。

师：这里写了情况很危急，你还从这句话中读出了什么？

生：此时此刻，跑到空旷的地方才会比较安全。

生：即使跑到空旷的地方也有危险。

师：是呀，即使跑到空旷的地方也有危险。再读一读第一句话。

生：针头向皮肤刺去，一阵突如其来的余震，使针头从肌肤里脱落。

师：这是说余震的破坏，也有如此之大。还读出了什么？

生：突如其来，也就是说余震是事先没有预料到的，是一刹那的。

师：还有呢？

生：突如其来就是没有想到，突然一下降临了。

师：是呀，是在人们毫无心理准备，毫无防范的情况下突然发生的，因此十分危险。还可以从什么地方看出来？再读一读3～5自然段。

生：第3段中说"就在昨天，一场里氏7.3级的大地震袭击了台湾地区。此刻，大地仍在余震中摇晃"。

师：什么地方最能体现出危险？

生：此刻，大地仍在余震中摇晃。

师：一起来读一下。

生：（齐读）"就在昨天，一场里氏7.3级的大地震袭击了台湾地区。此刻，大地仍在余震中摇晃。"

师：从这句话中，你还读出了什么？

生：就在昨天，一场里氏7.3级的大地震袭击了台湾地区。而且这个时候，大地仍在余震中摇晃。

师：是的，说明地震如此之大，你还读出了什么？

师：而且地震也是突如其来的。你是从哪里看出来的？

生：一场里氏7.3级的大地震袭击了台湾地区。

师：（追问）哪个词？

生：（齐）袭击。

师：是的，也是突然发生的。（音乐《二泉映月》响起）（深情地）同学们，这场里氏7.3级的大地震是台湾历史上最大的地震。在这场地震中，有1700多人丧生，3500多人受伤，人们妻离子散，无家可归。（面对搜救画面）这是搜救队在废墟之中正在寻找受伤的人。一天中余震的次数达到了六七十次。（画面定格地震惨状图片）这场地震给人们造成的经济损失更是无法估量的。（停顿）同学们，面对此次险情，李博士为什么仍能沉着地坚守手术台呢？

生：因为李博士知道，在海峡的另一边，小钱正等待着从台湾青年身上取来的骨髓。

师：用骨髓救命！

生：因为他知道在海峡的另一边小钱正等待着他的骨髓。

生：因为手术台就是他的岗位，他不应离开。

师：是呀，他把救死扶伤看作了自己义不容辞的——

生：（齐）责任。

生：李博士不顾一切地在台湾做手术，因为他知道在海峡的另一边——有一位青年正在等待着台湾青年的骨髓。

师：是呀，是崇高的责任心和高度的责任感驱使着他不顾自己的安危，一直坚守手术台。同学们，就让我们满怀着崇敬的心情再来读一读课文的第5自然段。

（生自由读第5自然段）

生1：读课文的第5自然段。

（较为平淡）

师：他已深深地被李博士的行为感动了。再深情一些！

生2：（深情）读课文的第5自然段。

师：多么令人敬佩的李博士啊！同学们，李博士的行为看似不合情理，却又是那样的——

生：（齐）合情合理。

（《跨越海峡的生命桥》）

案例分析

《跨越海峡的生命桥》讲述的是海峡彼岸的李博士和一位青年冒着余震的危险为大陆等待救命的青年抽取骨髓。在本课教学中，王红以读、问贯穿全文，在深度上引导学生的理解。

在导入环节，王红通过音乐的渲染，深情的叙述，让学生自然而然地进入到课文的情境之中，激荡起学生学习课文的热情。

在整堂课的教学中，王红以读贯穿全文，有目标，有梯度，让学生与课文的接触显得充实而有实效。另外，王红还以问置疑，打破学生头脑的"平静"，激发学生思维活动的"波澜"，在"置疑——释疑"循环往复的过程中探求新知，发展智能。王红对学生提出"课文哪里存在不合理之处""为什么"等疑问，学生在分析的过程中逐步地加深对课文思想内容的理解。王红还紧扣文本，循循善诱，点拨学生反复咀嚼"袭击"和"突如其来"两个词，学生在字里行间尽情品味，感受李博士高度的责任心。

实施方法

1. 启思导疑，诱发潜能

美国心理学家布鲁纳说："学习的最好刺激是对学习材料的兴趣。"教师在教学过程中应适时启思导疑，激发学生对所学知识的兴趣，使学生大脑形成优势兴奋中心，促使多种感官处于活跃状态，更有效地靠近学习的"最近发展区"，有挑战性地获取知识。另外，教师的巧妙置问，能够有效地诱发学生的学习潜能，引领学生进入"愤""悱"的心理状态，从而积极地探究新知。

2. 避免抽象，难易适度

教师必须考虑到学生的实际情况，结合学生的"最近发展区"进行提问，让学生"跳一跳就能摘到桃子"，避免提一些过于抽象的问题，以免学生雾里看花，无从下手。另外，教师要把握好问题的难度，太深太浅都不利于学生的学习，太深会挫伤学生学习的积极性，太浅则引不起学生的学习热情。

五、提问创新，力求新颖
——培养学生的创新精神

提问是阅读教学的基本环节，阅读教学的每一步深入，都很难离开问题而单独进行。在教学过程中"问"是必要的。陶行知说得好："发明千千万，起点在一问。禽兽不如人，过在不会问。"的确，发现、创新都是由疑问开始的。"疑为思之始，学之端。"质疑是创新的开始，是创新的入门，是创新的动力，是培养学生创新能力的重要途径。有疑才有进步，所谓"小疑则小进，大疑则大进"。在课堂教学中，教师如果满堂课皆是你问我答，也容易使学生产生疲劳；如果总是问"是不是，对不对，好不好"，则会影响到学生思维能力的培养，也难以激发学生的兴趣。教学实践告诉我们，"智者问得巧，愚者问得笨。"这说明提问贵在一个"巧"字，"巧"就要"巧"在能引导学生有所"发现"，产生思维创新的快乐，而不只是机械地再现课文中的语句。因此，在课堂教学中，必须打破课堂教学的机械程序和呆板模式，保持教学内容丰富多彩、创新提问的形式，力求新颖有趣，从而不断激发学生的学习兴趣。

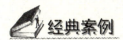 经典案例

师：哪一句话写出了"协调有序"这个意思？

生：前面的抬起脚来，后面的紧跟上去，踏踏的声音，像轻快的音乐。

（出示句子，师生合作，开小火车朗读）

（师引读"前面的——，后面的——"，小组同学一个个接着读"——抬起脚来，——紧跟上去）

师：是不是有人在指挥呢？

（生齐说"不是"）

师：这样的动作就是"协调有序"！

（齐读这几句）

师：老师把这几句写成了诗的格式。

出示小诗：

每当上工，每当下工，

一行人走搭石的时候，一行人走搭石的时候，

动作是那么协调有序！动作是那么协调有序！

前面的抬起脚来，前面的抬起脚来，

后面的紧跟上去。后面的紧跟上去。

（自由读诗，请朗读最好的同学朗读）

师：作者每天都从这儿走过，1年来每天都从这儿走过，3年来每天从这儿走过，5年来每天从这儿走过，10年来每天从这儿走过……

（齐读小诗。齐读这一段）

……

师：像这样写看不见的心灵美的句子，还有吗？

生："假如遇上老人来走搭石，年轻人总要伏下身子背老人过去，人们把这看做理所当然的事。"

（出示句子，请生朗读）

师："理所当然"是什么意思?

生："理所当然"就是理应这样做的意思。

师：在这句话中什么事情是理所当然的?

生：遇上老人来走搭石，年轻人总要伏下身子背老人过去。

师：你具体从哪儿体会出了这种心灵美?

生："总要、伏下"两个词体会出的。

(请学生上台表演"伏下"这个动作)

师问表演者：

"老人舒舒服服、安安全全地过了岸，年轻人，你需要老人向你道谢吗?"

"老人不向你道谢，你会生气吗?"

师引读：

这位老人年轻的时候，他曾经也总要——，因为他把这看成——

这位年轻人年老的时候，也会有年轻人——，因为他把这看成——

师：再从文中找找，还有哪些被看成是"理所当然"的事了?

出示句式：

( )，人们把这看成是"理所当然"的事。

(生踊跃发言)

(同时也复习了前面的内容，小结了全文)

(《搭石》)

案例分析

在《搭石》一课的片段教学中，王红指导学生重点学习了"协调有序"和"理所当然"两个词，打破了简单枯燥地直接解释词语意思的教学方法，深入挖掘教材，对教材进行了二度建构，把抽象的词语解释转化为剖析课文内容。教学过程中，王红首先提问"哪一句写出了'协调有序'这个意思"，接着让学生通过朗读感受"前面的抬起脚来，后面的紧跟上去"的节奏美，然后顺势地导出"这就是'协调有序'"。对"理所当然"一词的学习，王红先让学生理解表面意思，然后通过表演、朗读、对话深入理解词语的内涵。另外，王红把文中的优美句子合成一首小诗，让学生在诗意中学习一种"协调有序"的节奏美；同时，让学生填空"理所当然"的句式，既理解了词义，又总结了全文。

在整个教学过程中，虽然仅仅是学习"协调有序"和"理所当然"两个词语，但是王红通过新颖、有趣的提问形式，赋予了这两个词丰富的内涵，从而引领学生看到了一幅有声有色的美丽画卷，也从中感受到了人物的美好心灵。

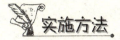 **实施方法**

1. 促进学生进行比较分析

在语文课堂教学中，教师如能提出两者相比较的问题，让学生加以分析、研究，往往可以获得新的发现。这不仅有利于锻炼学生思维的深刻性，而且也可以为某种创新提供契机。这是因为鲜明的对比，有强烈的刺激作用，越是新异的刺激物，引起的探究反射就越强烈，就会在大脑皮质的相应区域内引起优势兴奋中心，为一些创新思维的产生，提供重要条件。

2. 启发学生丰富的想象

想象是创新能力中最活跃的因素，因为它是人们改造世界的一切创造性活动的必要条件。爱因斯坦也说过："想象力比知识更重要。因为知识是有限的，而想象力能概括世界上的一切，推动着进步，并且是知识进化的源泉。"语文教学在发展学生的想象力方面更具有特别的任务。因此，语文课的提问设计，应当特别具有培养想象力的功能，体现创新教育的价值，而不是总在重复课文情节。

六、深度阅读
——课堂提问与语文教学

1. 课堂提问的渊源与现状

"问题，是开启学生心智，促进学生思维发展和情感升华的钥匙。"课堂提问又称课堂问题，是教师和学生通过相互交谈来进行教学。教学提问可溯源至2000 多年前孔子的"启发式"提问和苏格拉底的"产婆式"提问，通过在教学过程中提出问题，层层解析、步步启发来逐渐引导学生的思维和认识。课堂提问实证研究的领头羊是美国学者史蒂文斯，他认为"有效的课堂提问是形成有效教学的核心，提高课堂提问的有效性是提高教育教学质量的关键环节"。

课堂提问作为如此重要的教学手段，它在教学中已被广泛运用。研究发现，在中小学的课堂教学中，每一小时的提问多达 100 多次，学生处于疲惫地应付问题的状态，看似课堂气氛热闹，实际上课堂质量却是极其低下的。美国教育心理学家布鲁姆的"教育目标分类学"提出教育的认知类目标包括六种具体目标：知识、领会、运用、分析、综合、评价。但是，在我国中小学课堂中不难发现教师的提问经常局限于记忆性、重复性、再现性的问题，而对分析、综合、评价等创造性问题却很少涉及；也有一些教师专注于深奥性提问，让学生无从思考。这些无效性、低效性的课堂提问必将直接影响课堂教学效果。调查发现，教师的低效性提问可归因于对课堂的把握不到位，往往害怕一些太深的问题会难倒学生、冷却课堂气氛、不利于教学的进行；或为了显示自己的渊博知识、功底深厚，并没有从学生的角度出发。因此，对于教师而言，在教学中掌握和运用有效的提问策略至关重要。

2. 新课标视野下有效课堂提问的价值

新课程改革要求转变学生传统接受式的学习模式，将学生从学习的边缘地带拉回到学习的中心地带，倡导自主、合作、探究的学习方式，使学生不仅学会学习，而且学会自我发展，充分地发挥师生双方在教学中的主动性和创造性。提问作为教学的重要手段，也具有它独特的价值和意义。

从教师的角度来观察，有效课堂提问有以下几方面作用。

（1）信息反馈

强化学生信息反馈的最好办法是教师的提问，同时提问也是教师了解和掌握学生学习情况的重要途径。提问反馈具有用时短，获得的信息量大的特点，教师充分利用提问反馈，捕捉信息，有利于及时掌握学生的学习情况，了解学生对学习资源的理解和运用情况，检查教学目标的达成程度，以便及时调整教学策略。

（2）集中注意力

提问往往能集中学生的注意力，使学生精神保持高度集中。因此提问也是维持良好课堂秩序的常用手段之一。对在课堂上不认真听讲、做小动作的学生，提问能有效地把他们的注意力集中起来。

（3）教学内容的组织和衔接

课与课之间、同一节课教学内容的各个组成部分之间，都需要一定的方式加以衔接，以实现平稳过渡，提问是实现这种过渡的常用方式，能使学生了解并把握有关教学内容的内在联系，使知识融会贯通起来。此外，教师还能借助课堂提问突出教学重点，使学生对教师所提问的内容予以重视、注意，并加深印象。

从学生的角度来讲，有效课堂提问的意义可体现为以下几点。

（1）激发创新思维

孔子认为，疑是"思之始，学之端"。心理学研究也表明，问题是思维的起点。提问能激发学生的创新思维，引导学生的思维向更深、更广、更新的方向发展。

（2）能力培养

在教师向学生提问，学生回答问题的过程中，可以培养学生的思维能力以及口头表达能力。提问可以引导学生的思考方向，扩大思维的广度，提高思维的层次。学生在回答问题的过程中从理解书面语言到重新组织语言，通过自己的思维活动来主动获取知识。

（3）提供学生参与教学过程的机会

提问是课堂上的一种召唤、动员行为，是集体学习中引起互动活动的聚合力量，避免了传统课堂呆板的"满堂灌"，让学生作为探求知识的主人参与教学过程，独立发表看法，聆听他人的意见，流露出真实情感，训练表达能力。教师富有创意的提问能增强学生的学习责任感，激发学生的学习兴趣。

3. 有效课堂提问的策略实施

课堂教学过程中始终贯穿着"问"，因为教学过程就是一个质疑、释疑的双边活动过程。巴尔扎克说："打开一切科学的钥匙都毫无疑问的是问号。"教师要精心设计课堂提问，优化课堂提问策略。

（1）目标明确

教师应根据自己的课堂教学需要，围绕着教学目标，从学生的认知结构和认知能力出发，选择相应的提问类型，使提问有明确的目标指向性，并能引起学生的思考。提问类型可有导入性提问、激趣性提问、回忆性提问、描述性提问、综合性提问、评价性提问、发散性提问、分析性提问等，教师可根据目标需要选择不同的提问类型。

（2）把握好设疑之"点"

提问是构成教学方法的细节，但若教师在课堂上不把握好设疑的"点"，随处设疑随处问，则会抑制学生的思维，甚至使学生产生厌烦情绪，降低课堂教学的质量。

导入时提问。能起到一石激起千层浪的效果，在回顾旧知识的同时使学生产生探索新知识的强烈愿望。

结课时提问。教学结束时，教师有意创设一个疑问，可以是本课的拓展，也可以是下一课的迁移，留下余味，促使学生思考、探究和创新。

关键处提问。在教材的重难点、知识的关键处提问，能起到"牵一发而动全身"的作用，有利于学生整体把握和理解教材的内容。

模糊点提问。所谓模糊点，就是学生似懂非懂、似明非明的地方。课堂教学中，教师若能充分理解教材，根据课堂信息反馈，准确地捕捉学生学习的模糊点来设计提问，可以使学生认清知识点，提高学生的识别能力，有效地引导学生正确理解课文内容。

（3）点评学生回答时要合理合

爱因斯坦指出："发现问题和系统阐述问题要比得到解决答案更为重要。"学生的回答只要言之有理，论之有据，都应予以充分的肯定；若有离题倾向，教师可适当暗示、引导，让学生尽量围绕着问题去回答。提问要留下思考时间，低水平的问题要留下3～4秒，高水平问题则要15秒，在学生回答后也要留一定（一般2秒）的时间让他补充完善回答。

总之，课堂提问作为课堂教学的灵魂，教师要以问题为契机，科学设疑，适时质疑，合理释疑，以激发学生学习的兴趣，培养学生探究性学习的能力，活跃学生的创造性思维，让学生的头脑不再是灌满知识的容器，而是一个需要被点燃的火炬，"问题"就是导火线，思想的火花一旦点燃，创新的火焰就会熊熊燃烧。

（分析论述：曾洁霞）

支 玉 恒
如何创设新颖有趣的教学情境

名师档案

——全国著名特级教师

支玉恒，男，全国著名特级教师。1959年开始上体育课，1977年改上语文课。他刻苦钻研，天道酬勤，终于走出了张家口，走出了河北省，成为全国著名的特级教师。

支玉恒多年来致力于小学语文教学与研究工作，其教学以新、实、活、深、巧见长。课堂教学设计富有创意，风格清新独特。其教学录像曾获全国大奖，并由中国教育电视台播放，在全国影响很大。教学著述颇丰，多篇论文曾在全国或省级评比中获奖。著有《琢玉》《欣赏与评析》《课标教学实录》《支玉恒阅读教学方法集萃》等专著。

一、名课实录
——精心设计，精彩有趣

《乌鸦喝水》课堂教学实录（人教版小学语文第二册）

（一）看图解意，析词释义

（教师展开一幅放大的课文中的第 3 幅插图）

师：请小朋友看这一幅图画着什么？它在做什么？

生：图上画着一只乌鸦。乌鸦在喝瓶子里的水。

师：谁能用一句最简短的话，说出这幅图画的意思。

生：这幅图画着一只乌鸦，它口渴了，把嘴伸进瓶子里喝水。

师：再简短一点。

生：画着一只乌鸦在喝水。

师：再简短。

生：乌鸦喝水。

师：对！乌鸦喝水。乌鸦是怎样喝到水的？小朋友们想不想知道？

生：（集体）想！

师：说说"喝"的字形。

生：喝字是左右结构，左边"口"字，右边上面是"日"，下面是撇，横折钩，小"人"在里边，竖折来关门。

师：为什么"喝"字是口字旁？

生：因为喝水用口喝，所以喝字是口字旁。

生："渴"字和"喝"字，字形相近。

师：口字与渴字都读第三声，连在一起怎么读？

生：前边的口字读得像第二声，口渴。

（二）精心设计，逐段学习

师：请这一行小朋友朗读第 1 段。

（学生按顺序朗读）

师：乌鸦到处找水喝，"到处"是什么意思？

生："到处"就是每个地方。

生："到处"的意思就是处处。

生："到处"就是四面八方。

师：几个小朋友回答得不仅对而且好！乌鸦找到水了吗？我们学习第2段课文。

（教师在田字格中写"可、很、着、办"指导学生学习"很"字，注意书写笔顺。"着"字与"看"字比较字形。"可"字和"办"字要求学生自己想法记住。要求每个学生在生字本上写这四个字）

师：请小朋友用"很"字"开火车"组词。要求后一个同学组的词和前一个同学组的词的意思要相反。

生：很大。

生：很小。

生：很高。

生：很低。

生：很香。

生：很臭。

······

（让学生边朗读边说话，在课文的语言环境中进行字的音、形、义教学和词句训练，为学生的说留有充分的余地）

师：请小朋友按顺序朗读第2段课文。

（学生按要求一个一个读课文）

师：请大家看书上的第1幅插图，仔细观察乌鸦的表情。想一想它喝不着水时的心情是怎样的？

（学生看书中插图）

生：天气很热······

师：你怎么知道天气很热呢？

生：从图上看出来的。天上只有一朵白云，太阳红红的，说明天晴、很热。

师：好！往下说。

生：乌鸦的眼睛睁得大大的，两只翅膀紧紧地抱住瓶子，两条腿伸得直直的，乌鸦喝不着水心里很着急。

（教师范读第2段课文。然后指导学生朗读。学生读得流利、有感情）

师：乌鸦找到水了，又没有喝着，课文里用了一个什么词来表达这个意思？

生：课文里用了一个"可是"。

师：为什么要用"可是"呢？

生：乌鸦找到水了，又没喝着，就用"可是"。

师：好！乌鸦喝不着水，怎么办呢？

（指导学生学习生字后，指名朗读第3段课文，这时有学生举手发言）

师：××你有什么问题？

生：老师，乌鸦不是人，为什么会想办法？

（听课教师议论：问得好）

师：这个问题问得好！谁能回答？

生：这是一个童话故事，就像老师给我们讲的《狐狸和乌鸦》的故事一样，是人们想象出来的。

（听课教师啧啧称赞）

师：乌鸦想了一个什么办法才能喝着水？请小朋友们看第2幅插图。

（学生看第2幅插图）

师：大家读第4段的第1句。

（学生读）

师：再看第3幅插图。

（学生看图）

师：请小朋友想一想，乌鸦把石子放到瓶子里，为什么就喝着水了？

（学生各抒己见，有一学生举手）

师：×××你有什么问题？

生：老师，把小石子放到瓶子里，瓶子里的水真的会升高吗？

（教师拿出准备好的教具棄盛有水的瓶子和一些小石子）

师：××小朋友爱动脑筋，问题提得好！老师要给你们做个小小的实验。好，就请××来做。

（老师当众滴了几滴红墨水在瓶子里，让大家看清水位的高度。学生把小石子一个一个地放到瓶子里，水慢慢地升起来了）

师：谁知道水为什么会升起来呢？

生：因为石子比水重，石子放到瓶子里就把水的地方占了，水就被挤得升起来了。

师：××回答得很好！请大家读一遍课文，要用心记住今天学习的生字和新词，要读出乌鸦先"焦急"后"高兴"的心情来。

（学生齐读课文）

（三）全文小结，获得感悟

师：请××小朋友再读一遍课文。

师：读得很好！小朋友们喜欢《乌鸦喝水》这个故事吗？

生（集体）：喜欢！

师：为什么喜欢？

生：乌鸦会动脑筋，想办法喝了水，我喜欢这个故事。

生：《狐狸和乌鸦》里的那只乌鸦只会听好话，不动脑筋，上了狐狸的当，我不喜欢它。

师：今天小朋友们学得很好！学了这篇课文，使我们懂得了：不论遇到什么困难，只要肯动脑筋，就能想出解决问题的办法。

二、名课解读
——创设情境，激发兴趣

《乌鸦喝水》是人教版小学语文一年级下册的一篇精读课文。支玉恒的教学环环相扣，层层深入，以多种阅读方式指导学生品读文章的字、词、句、段，让学生准确理解"乌鸦如何喝到水"这一重点内容，顺利地完成教学任务。支玉恒善于创设情境，激发学生的学习兴趣，使情境激趣艺术在课堂中大放异彩，提高了学生的学习效率。

1. 巧用插图，吸引注意

一年级上册语文教材的每一篇课文都配置了情景图。支玉恒展开3幅放大的插图，这3幅情景图充满了童趣，就像一个活生生的童话故事，吸引了学生的注意力。"请小朋友看这一幅图画着什么？它在做什么？"支玉恒通过两个简单有效的问题引导学生进入课题，打开学生探究课文内容的思路。接着，支玉恒让学生认真观察，并让学生看图自由表达，抒发自己的感想，训练学生的口头表达能力以及课文概括能力。在此过程中，学生虽然感到概括课文内容困难，但是经过支玉恒的巧妙引导，最终还是逐步理解了课文的思想内容，为下文的探究学习做好了铺垫，正可谓一举两得。

2. 问题设境，激发思考

思维的激发要从问题开始的。布鲁纳说："教学过程是一种提出问题和解决问题的持续不断的活动。"在分析教学重难点时，教师应创设问题情境，激发学生学习的动机，而问题的提出要与学生的认知水平相符合，并且要具有启发性，这样才有利于将学生迅速地引入教学情境之中，激起学生的思维火花，加深学生对课文思想内容的认知和理解。"为什么'喝'字是口字旁？""乌鸦到处找水喝，'到处'是什么意思？""乌鸦找到了水了，又没喝着，课文里用了一个什么词来表达这个意思？"支玉恒善于抓住课文中的关键词句，抓住学生的思维动向，精心设置问题情境，激发学生的学习兴趣。这样的情境教学活动常给学生带来独特的审美感觉，也使学生对课文的理解更为深刻。

3. 借助形象，促进想象

荀况说："不闻不若闻之，闻之不若见之。"在教学中，如果能把文本所要表达的内容，用形象生动的形式展现出来，就更加有利于学生对信息的吸收与消化。苏霍姆林斯基说："儿童是用形象、色彩、声音来思维的。"低年级学生的思维特点以形象思维为主，而认识和表达的内容都不能离开具体的事物。因此，教师在教学中必须运用具体的事物促进学生的想象，促进学生对文本内容的理解和领悟。支玉恒讲授《乌鸦喝水》一课，当讲到"请小朋友想一想，乌鸦把石子放在瓶子里，为什么就喝着了水"时，让学生各抒己见，提出质疑，引导学生思考故事的真实性。接着，支玉恒拿出盛水的瓶子和石子，说明"石子让水升高"的道理。支玉恒这样的教学设计，创设了有效的实验情境，使学生放飞了想象的翅膀，有助于促进学生形成自己的认知结构。

三、善用语言，创设情境
——放飞学生想象的翅膀

用智慧打造亮丽的语言，这样的语言才富有魅力。智慧语言对于学生的认知和行动有着刺激的作用，而且善用语言创设情境能更有效地陶冶学生的情感，达到最佳的视听效果，并使教学获得事半功倍、言有尽而意无穷的效果。

实践也证明：知识是在一定的学习情境中获得的。善用适当的教学语言能创造出良好的学习情境。因此，教师在教学中将抽象单一的内容通过语言创设形象逼真的情境进行再现，能更好地促进学生的理解和记忆。语言情境的创设还能放飞学生想象的翅膀，可谓是融情入文。

 经典案例

师：上课前你们有人说我很胆小，现在哪位同学给我做一个榜样？我不是胆小吗？不是害怕吗？哪个同学做一个胆大不怕的样子？怎么做呢？不管我提的问题有多难，不管自己会不会，我都给老师做样子，站起来尝试。谁能？我现在就要提问题了，谁能回答我的问题，举手，有没有？你们不是鼓励我吗？什么？不知道什么问题呀？不管我提什么问题？不管你能不能回答，我都给老师做样子，答错了也没关系。想好没有？

生：想好了。

师：这回谁能帮助我就积极举手。谁可以帮助我？（一学生站起来）咱们这次讲的课题是什么？

生：《再见了，亲人》。

师：对不对？

生：对。

师：你可以帮我写到黑板上吗？

生：可以。

师：咱们一起来把课题读一下，我听一听你们的情感是怎么样的？

生：（读）"再见了，亲人。"

师：以后再也见不到了，要有这种情感。（很有情感地示范）"再见了，亲人。"大家读。

生："再见了，亲人。"

师：现在亲人就在眼前，一边握手，一边说："再见了，亲人"。（语速较快，有节奏地示范）大家读。

生："再见了，亲人。"

师：我听着你们读得不太像啊，现在亲人就在眼前，手握着手，体会一下，读。

生："再见了，亲人。"

师：还要把手抖起来就像了。现在亲人已经上车了，站在车窗里面往外看，朝鲜人民站在站台上，望着车上的战士，怎么读？

生："再见了，亲人。"（比前次语气激昂）

师；列车已经走远了，朝鲜人民望着远去的列车，最后一次深情地呼唤。

生："再见了，亲人。"（读声较高，声音悠长）

师：这样读就对了。同一句话，不同的情况，读法就不同。课前大家读了课文没有？

生：读了。

师：还想读不想读？

生：想。

师：再读读好吧？

生：好。

师：我对大家读课文的要求不多，只有一个，就是你读完以后，得想办法说点什么，这是阅读的一个能力，也是一个习惯。读完了就应该有的说。比如对课文的内容、课文的结构、课文的情感，要试着提出自己的看法和见解。不能读完了什么想法也没有，那就不行了，听明白了吗？

生：听明白了。

师：那好，现在就开始读书。读完了先说一说对课文整体方面的感受。你愿意怎样读就怎样读，默读、朗读、两人读、小组读都可以，你有选择学习方式的自主权。（学生开始读书）

师：现在读完了，我不提什么问题，谁有话要说？想说什么就说什么，对课文总的看法，总的感受，有问题也可以提出来。

生：课文主要内容是写志愿军和朝鲜人民分别的时候，对朝鲜人民说的话。

师：他是讲课文总的内容。

生：老师，什么叫做"顶着打糕"呢？

师：什么叫"顶着打糕"？（随手拿起学生的书）这是一本书吧？这叫拿着书，是不是？（把书放在头顶上）那么现在呢？（众笑，师指着头顶上的书）如果它是打糕的话，那么怎么说呢？

生：顶着打糕。

师：明白了吧？好啦，谁还有问题？

生：这篇文章是不是讲志愿军的？

师：他说整篇课文是不是讲志愿军的？好好看一看，再回答这个问题。

生：这篇课文志愿军说的亲人不是真正的亲人。是战场上帮助他们的亲人。

师：有意思，有意思。一会儿我还要就他这个话题来说。

生：我想说整篇课文是从志愿军的角度去说的，没有写其他人的感受，有点自述的感觉。

师：那么你说的是他（指刚才发言的同学）的意思了。

生：不是，是有的部分是他自己想的，有的是他回忆的，有的是他当时说的，有的是和朝鲜人说的。

师：明白没有？（问前面类似发言的学生）

生：明白了。

生：课文是用三个人物的事例来描写朝鲜人民为什么是他们的亲人。

生：这三个人为志愿军做出了非常大的牺牲，付出了巨大的代价。

生：从课文中我读出了志愿军与朝鲜人民那种依依不舍、难舍难分的情谊。朝鲜人民为志愿军失去了自己唯一的亲人，志愿军才会这样难舍难分的。

生：我读懂了这篇课文是在志愿军去火车站的路上，朝鲜人民送他们走的那种依依不舍的情景。

生：在志愿军说话时，还回忆了很多朝鲜人民为他们做的好事，他们真像亲人一样。

师：大家都说了自己的见解，还有什么问题要问吗？

生：我想问一下，是什么力量使大嫂跑到前沿阵地上去挖野菜？

师：这个问题很好，真把我问住了，你把这个问题写在黑板上，先记下来，谁还要发言？

（学生上黑板写问题）

生：为什么说他们的友谊比山还高，比海还深？

师：这个问题也很好，也把它写到黑板上。还有没有？

（学生上黑板写问题）

生：课文上说小金花很刚强，那为什么和志愿军叔叔分别的时候掉眼泪了？

师：是啊，刚强就不应该掉眼泪了，把这个问题写上去。（学生上黑板写问题）

生：为什么小金花的妈妈被炸死后，她把脚一跺说"我一定要为你报仇！"为什么不写她的痛苦？

师：对，你这个问题和刚才那个同学的问题差不多，和他写在一起可以吗？（学生上黑板写问题）

生：大娘为什么丢下小孙子，宁愿先把志愿军背进防空洞，不先保护小孙子？

师：这个问题和第一个问题核对一下，第一个问题是"什么力量使大嫂去前沿阵地挖野菜？"你这个是"什么力量使大娘不顾小孙子，先保护志愿军？"把他们合并成一个问题好吗？还有谁？

生：为什么说，我们的心和你们的心永远在一起？

师：为什么说，我们的心和你们的心永远在一起？你把这个问题记在心里，等一下上课注意听，如果懂了，就别说了，如果不懂就再提出来，好吗？

生：他们为什么要让列车开慢一点？

师：把这个问题也记在你的心里，看一会儿能不能解决，好吗？除去问题以外，你们想一想，志愿军和朝鲜人民分别的时候，他们的主要情感是什么？你能用一个词来形容吗？

生：恋恋不舍。

生：难舍难分。

生：依依不舍。

师：还有什么？为什么恋恋不舍、难舍难分、依依不舍呢？因为他们是什么呀？

生：亲人。

师：听了大家的话以后，我觉得似乎有道理。但又觉得你们说得都不对。（学生诧异）我为什么说似乎有道理而又不对呢？因为我想，志愿军和朝鲜人民其实不是亲人，谁能举例子，说说什么人是你的亲人？

生：爸爸、妈妈、爷爷、奶奶。

师：应该调过来说，爷爷、奶奶、爸爸、妈妈，为什么？

生：不知道。

师：不知道？爷爷、奶奶是爸爸、妈妈的什么？

生：爸爸、妈妈。

师：对，应该把爸爸、妈妈的爸爸、妈妈放在前面，是不是？爷爷、奶奶、爸爸、妈妈。还有谁？

生：亲人就是有血缘关系的。

师：他给概括了，有血缘关系的亲属，是一个家族的。那么志愿军是中国人，朝鲜人民是朝鲜人，他们是亲属关系吗？

生：不是。

师：有血缘关系吗？

生：没有。

师：那么从这一点上来说，他们是亲人吗？

生：不是。

师：不是亲人。（在黑板上写下"不是亲人"）因此我说作者说得不对。既然不是亲人，哪来的"再见了，亲人"？（学生纷纷举手）想跟我辩论是吗？但现在你还辩论不了。我希望你们好好地做第 2 轮阅读。怎么读？这回要求就多了。抓住什么来读呢？（板书"抓事实"）第一，抓住事实，看看课文上写了什么事实——刚才你们大概提到了——再仔细看看这些事实里蕴含了什么道理？你得理解它，理解了以后，用自己的话讲道理，来说服我。第二，要抓情感。看看作者是以什么样的情感来写的？他表达了朝鲜人民和中国志愿军的什么感情？抓住了感情以后，你自己去体会，并且要能有感情地读出来，来感动我。就这样，用你的理解来说服我，这叫"晓之以理"；用你的体会来感动我，这叫"动之以情"。最后让我承认大家的看法，承认朝鲜人民和中国人民志愿军是亲人。

师：能这样学习并且发言吗？

生：能。

师：还是刚才那样，你采用什么方式读都可以，谁想说话了，就举手。你真的把我说服了，感动了，我给你鞠躬致谢。（学生读课文）

师：看样子准备得差不多了，你要知道，我可是一个顽固不化的人，不是那么容易说服的；我铁石心肠，不容易受感动。（众笑）你得有充分的思想准备，现在行了吗？

生：行了。

（《再见了，亲人》）

案例分析

《再见了，亲人》讲述"我"深情地追忆了与朝鲜人民许多难以忘怀的往事，表现了朝鲜人民对志愿军比山高比海深的情谊。上课伊始，支玉恒指导学生朗读课文，通过语言的力量，引导学生一次又一次地深入体会志愿军战士与朝鲜人民的依依惜别之情。这样的设计，使开课伊始，便形成一股强大的力量，其中蕴含着一种伟大的情感。支玉恒用深情的语言，引导学生进入课文所描述的那个送别的情境之中，促进了学生对文本的理解，并与文本所表达的情感产生了强烈的共鸣，为下文的学习打下了良好的基础。

实施方法

1. 以情激情，产生共鸣

人类情感的交流主要是语言的交流，有了语言的交流才能促进情感的共鸣，所以教师应以自己的情感去拨动学生情感的琴弦，使之产生共鸣，才能使学生真切地融入教师所创设的情境当中。情动于文，教师的情感必然倾注于作品所营造的情境中，而动人的情感本身就有一种非同寻常的魅力，教师运用生动的语言渲染情感，不仅可以直接影响学生的学习心理，而且可以使学生更乐于接受知识，激发学生学习的兴趣。另外，情感具有变化性和丰富性。学习过程中学生的情感时有变化，教师不仅要把握多数学生的情感变化，更应注意个别学生的情感差异，进行因材施教。教师应像春风细雨般和蔼而严肃、平静而安详，利用情感的感染性，即以"情"激情，使学生心情愉快地听讲；即使有突发事件发生，教师也不要轻易批评学生，以防打乱学生正常的听课情绪，影响师生课堂的交流。

2. 关系和谐，互动交流

和谐融洽的师生关系是教学成功开展的前提。只有创设了和谐的交流情境，才能促使学生信任老师，消除抵触情绪或胆怯心理。此外，在和谐的交流情境中，师生之间将得到很好的互动，有利于调动学生学习的积极性。

怎样才能建立和谐的交流情境呢？尊重学生是关键，应建立民主融洽的师生关系。著名教育家陶行知的教育思想核心是科学、民主、创造，也是和谐教育理论的内核。他认为"民主的教师，必须要有：①虚心；②宽容；③与学生共甘苦；④跟民众学习；⑤跟小孩学习——这听起来很奇怪，其实教师必须跟学生学，他才能了解小孩子的需要，和小孩子共甘苦；⑥消极方面：肃清形式、教师架子、师生的严格界限。"只有具有民主精神的教师才能宽容和尊重学生。和谐的教学氛围可以有效地实现师生活动交流，并且有效地减轻学习给学生带来的不必要的心理压力。教学中创设和谐的交流情境需要一种平等、民主的师生关系。

3. 语言艺术，激发智慧

课堂语言是教学活动中，师生之间信息传递的工具。它是知识、心理和情感互相交织、互相促进的一种综合交流。语言的魅力是无穷的，形式也是多样化的，充满着艺术性，教师清晰明快的语言，学生从中获得快乐；学生爱听老师亲切温和的话语；学生爱看老师优美、和谐，有动感的肢体语言，并从中得到启发。在教学中，教师还要运用语言的艺术性来创设情境，善于用语言进行启发，拨动心弦。这正如孔子所说："不愤不启，不悱不发。"在课堂上，如果学生不会提问题，那么教师不应马上给予启发，而应先激发学生求知的欲望，以培养学生的问题思维。

四、以生为本，创设情境
——树立学生学习的信心

新课标提出："学生是学习的主人。语文教学应激发学生的学习兴趣，注重培养学生自主学习的意识和习惯，为学生创设良好的自主学习情境，尊重学生的个体差异，鼓励学生选择适合自己的学习方式。"要让学生真正成为学习的主人，教师就应该树立"以生为本"的教学理念，尊重学生个体，改变学生的学习方式。在教学中，教师应该针对学生的个性特点，敢于创新教法，做到灵活多变，激发学生的学习兴趣。以生为本的教学理念要求教师无论创设怎样的教学情境，无论用什么方式来激发学生的兴趣，其根本都要从学生出发，了解学生的认知水平、思维发展水平、心理特点等。只有根据实际学情进行教学设计，才能有效地激发学生的兴趣，将学生的情感与作者的情感联系起来，从而激起学生、教师与文本的共鸣，使三者成为和谐统一的整体。此外，以生为本创设教学情境，不仅能激发学生的学习兴趣，还能帮助学生树立学习的信心。

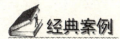 经典案例

师：（板书"落花生"）花生，你们知不知道？

生：知道。

师：课题上为什么要加一个"落"字叫它"落花生"？不知道吗？听我讲。（一边讲一边在黑板上画）花生生长在比较松的土壤里，种子埋下去以后它就生根，长上来以后分杈，在茎上分杈并长出花柄来，然后开花。花落后，这个茎继续往上生长并往下弯，最后扎到哪儿去呢？

生：土里。

师：对。花落了以后，花柄钻到土里面，在土里面结出一个又一个的什么东西？

生：果实。

师：这就是谜语说的"麻屋子，红房子，里边住个白胖子"。什么东西？

生：花生。

师：它的特点是落花入土而生果，所以在植物学上就叫它什么呀？（师指板书）

生：落花生。

师：对，这是它的学名。

（《落花生》）

案例分析

《落花生》通过对花生长处的讨论，揭示了花生不图虚名、默默奉献的品格，说明要做有用的人，不要做只讲体面而对别人没有好处的人，表达了"我"扎扎实实做人的思想感情。支玉恒创设的生活情境与游戏情境相结合，紧紧地抓住学生的认知特点，促进了他们的形象思维发展。支玉恒在讲课之初就有效地把学生的注意力集中起来，使学生对这篇课文充满了好奇心，点燃了学生心中的"兴趣"之火，为赞美花生推及到做人的道理打下了情感基础。

实施方法

1. 形式多样，力求创新

在运用情境激趣艺术时，教师应该了解学生的实际情况，针对不同班级的学生、不同的教学内容，创设不同的教学情境。教学情景应不拘一格，力求创新，这样才能有效地促进学生个性的发展，把学生学习的积极性和主动性调动起来，达到事半功倍的效果。

（1）问题创设情境

巴尔扎克说："打开一切科学的钥匙都毫无疑义是问号。"教学过程是一个不断提出问题、分析问题、解决问题的动态过程。好的问题能诱发学生的学习动机、启迪学生的思维、激发学生的求知欲望。对于教科书上的内容，学生基本能看懂，如果照本宣科，学生必然会感到索然无味，提不起兴趣。因此，教师应该努力通过设置疑问来创设情境，诱发学生的学习兴趣。

（2）图片创设情境

语文教材中选入了不少生动形象的图片、图画资料，恰当地使用这些资料来创设情境是有效教学的关键。对于这些资料，教师要组织学生进行认真细致的欣赏，同时配以精彩的讲述和文字的诵读，努力将学生带入到当时的情境中去，让学生用心去体会和感悟课文。

（3）活动创设情境

为了让学生更好地进入课文学习，可以在课前根据课文内容的需要创设活动情境，调动学生学习的积极性和主动性。教师可以组织学生开展一些活动，比如：课外考察活动、课外探究活动、编演课文短剧活动，等等。

2. 明确主体，相信学生

学生是发展的、独特的、活生生的个体，而不是学习的奴隶，也不是知识的容器。新学生观凸现了"以人为本"的观念，应该把学生看成是具有巨大的发展潜能的人。在语文教学中，教师必须清楚自己的角色，明确自己是指导者和组织者，而学生是学习的主体。营造自主探究的教学情境，激发学生自主探究新知识的热情，让学生通过自己的探究和教师的指导，促进自己学习能力的生成和发展。教师在创设教学情境激发学生兴趣时，应当多反思学生主体作用的发挥。在课堂上，教师应当尊重学生的个性特点，认同学生的个性差异，采用有针对性的教学方法，努力转变学生的学习方式。

（1）尊重学生，自主选择学习方式

新课标指出，要充分发挥学生在学习中的主动性和创造性。教师在教学中要充分体现"以生为本"的教学理念，首先要有让学生充分选择学习方式的权力，以便让学生的主动性和创造性得以发挥。

（2）探究学习，鼓励质疑问难

"学起于思，思起于疑"，"要想得到聪明的答案，就要提出聪明的问题。"但是，传统教学往往侧重于让学生停留在解决问题的基础上，这在很大程度上使学生的想象力和创造力得不到应有的发展。作为教师，应当尊重学生的个性和特点，鼓励学生大胆质疑，同时要指导学生学会质疑，探究一些有价值的问题。有效的质疑，既能激发学生的主动性，又能营造轻松活泼的学习氛围。

（3）认可学生差异，允许各抒己见

学生是学习和发展的主体，语文教学应该关注学生的个体差异和不同的学习需求，允许学生存在不同的观点，努力把课堂构建成"多言堂"，让学生各抒己见，多听听学生不同的见解和声音，鼓励学生谈自己的想法。孩子的感情是纯真的，语文的课堂应该是让学生流露真情实感的天堂。

五、巧设问题，创设情境
——诱发学生探究的欲望

著名心理学家布鲁纳指出："教学过程是一种提出问题和解决问题的持续不断的活动。"在课堂教学中，教师巧设问题是确保教学任务得以完成的重要手段之一；而通过巧设问题而创设问题情境，更有助于提高课堂的教学效率。问题情境可以充分利用新奇、疑惑、矛盾等因素去引发学生的思维冲突，诱发思维动机，确立积极的探究心态，并努力从原有的知识结构中选择与问题情境有关的知识，通过组合、改变、分析等进行思维加工，建构新的知识。在课堂教学中，教师如能成功地创设问题情境，便能有效地诱发学生探究的欲望，调动学生思维的主动性和积极性，激起学生思考的兴趣。此外，创设问题情境，还有利于活跃课堂气氛，学生争相回答，不断深入到问题探究之中，易于培养学生的创造性思维。

 经典案例

师：大家一齐读这个课题。

（学生齐读课题）

师：非常好，我在别处讲课的时候，全班同学异口同声地读成"伟大的友谊（yì）"，都错了。而今天我们全班同学都读"伟大的友谊（yi）"。这个字读对了，很好，但是我要问了，谁知道，什么叫友谊？

生：很多人之间或者两个人之间建立友好的关系。

师：讲得对不对？

生：基本上对。

师：他说基本上对，确实差不多，简单地说就是朋友和朋友之间的情感。叫什么？

生：友谊。

师：（指刚才的学生）你有没有朋友？

生：有。

师：谁？

生：吕昆。

师：谁叫吕昆？请站起来。

（叫吕昆的同学站起来）

师：你认为你们两人的友谊伟不伟大？（众笑）

生：不是。

师：（问吕昆）你认为你们俩的友谊是不是伟大的？

吕昆：是。（众笑）

师：为什么？

吕昆：……（众笑）

师：说不出来了，你说你和吕昆的友谊不是伟大的，为什么？

（此生列举了平常的很多例子，来说明还不够伟大的理由）

师：我非常赞赏这位同学的坦率，请坐，是不是伟大的，一会儿再说。起码我认为他们俩的友谊是不错的，是吗？

生：是。

师：他俩不但有东西一起吃，走路一块走，而且还互相帮助，一块学习，这种友谊还是很不错的，但是不是伟大的，一会儿上完课再告诉我，好不好？这篇课文讲的是伟大的友谊，你们知道是谁和谁的事？大家一起说，第一个。

生：马克思。

师：对了。第二个。

生：恩格斯。

师：对，是这两个朋友之间的情感，而且是伟大的。为什么说他们的友谊是伟大的？什么样的友谊才算伟大？这就是我们这一课要认识的问题。另外，在这一课里，我要教给大家一些把握文章全篇内容的方法，学习每一个段落的方法，希望大家用心学，好吗？

生：好。

师：你们在预习这篇课文的时候，有没有感觉到这篇文章不像其他文章一样，讲一个生动有趣的故事；不像别的课文那样描写非常优美的景色，也不像别的文章那样抒发丰富的情感，是不是呢？

生：是。

师：它就是把俩人的友谊实事求是地写出来，所以读起来难免觉得有点枯燥。是吗？

生：是。

师：那么这样的文章我们读不读呢？

生：读。

师：不读还不行，今后的学习中还有好多这样的文章。怎样把枯燥的文章读出兴趣来，这也是我们这堂课要学的。你们说好不好？

生：好。

师：如果学会了，不但描写景色的我们爱读，抒发感情的爱读，就是非常枯燥的文章我们也爱读了，你们说有没有好处？

生：有。

师：那就注意听，我先告诉大家，这篇文章之所以读起来有点枯燥，原因就是我刚才说的，没有生动有趣的故事，也没有丰富的情感抒发，它主要采用这种手法，（板书"叙述"）什么方法？

生：叙述。

师：什么叫叙述呢？就是把事情原原本本地说出来，作者在叙述中用了两种不同的叙述法，第一种（在板书"叙述"下写"概括介绍"）是"概括介绍"，什么是"概括介绍"？就是说这个事说得很简单，很概括地三言两语说完了，但包含的内容却不少，时间跨度也很大。另外还有一种和它相反的方法。（在板书"概括介绍"下写"具体描述"）是什么方法？

生：具体描述。

师：这种具体描述的方法与第一种"概括介绍"比起来就显得详细多了，怎么来的，怎么去的都要说一说，而且还要举几个例子让你更明白。这就叫"具体描述"，课文里不同的自然段用了不同的两种方法。你们愿不愿意区别这两种方法？

生：愿意。

师：愿意就打开书，完成课堂上的第一项工作：你把课文各个自然段再浏览一下，什么叫浏览呢？就是速读，不要一字一句的，各个段大概看一看，课文上的自然段哪些是用"概括介绍"的方法来写的，就在那一段前加一个小三角用来标记，那么没画三角的就是"具体描述"了，明白吗？现在开始。

（学生各自读课文）

师：有的自然段是3行，就是概括介绍，有的段也是3行，却不是概括介绍，怎么区别？还得看内容，有的写得内容面很窄，用的字数也不多，那不算；有的写得面很宽，就是刚才说的，包含的内容不少，也许时间跨度还很大，字数却很少，那叫什么？

生：概括介绍。

师：现在继续。（学生继续自读，老师在行间巡视，间或进行指导）好，注意，谁能说一下你第一个发现是"概括介绍"的是哪段？

生：是第1自然段。

师：谁也找到这一段了？（很多同学举手）好，不错，放下手。我现在请你读一下第1自然段。大家注意听，第1段在遣词造句上有一个非常明显的特点，看你能不能听出来？（生读第1段）

师：读得很好，请坐。现在谁听出来了，第1段有一个明显的特点？你听出来了？好，但我不让你回答，我让你也用朗读把这个特点表现出来行不行？

生：行。

师：行，大家听。（此生重读第1段）

师：听出特点了吗？

生：听出来了。

师：谁是真听出来的？不是从书上看出来的？

生：有一个共同。

师：有一个共同是听出来的吗？是课文上写出来的。不是你听出来的。谁听出来了？

生：每一个标点都有停顿。

师：停顿是特点吗？不管什么文章，有标点就有停顿呀！

生：可以听出来马克思和恩格斯是好朋友。

师：怎么听出来的？

生：因为他说了是共同领导……

师：（打断）那你还不是听出来的，也是看书看出来的。实际上我告诉你们吧，他并没有读出来，所以你们不知道这一段的明显特点是什么？（指一学生）你再把这一段读一读，把你想到的特点用语气表现出来。（学生再读课文）

生：这"共同"两字写出了马克思和恩格斯两人友谊的深度。

师：怎么共同两字就有深度了？我再问你，你是怎么听出来的？

生：他朗读时把"共同"读得特别重。

师：你从他读课文中听出了什么特别的地方？

生：五个，这一段里总共有五个"共同"。

师：在一段里共三行字，却连续用了五个"共同"，这算不算非常明显的特点？

生：算。

师：这位作家肚里没词儿了，就有一个"共同"（众笑）来回重复，是吗？

生：不是。

师：那是怎么回事？他连续用了五个"共同"，使你感觉怎么样？

生：使我感觉他们是非常好的朋友，他们在一块儿吃，一块儿住，一块儿工作。

师：对不对？

生：对。

师：她刚才解释了，"共同"就是在一块儿，干什么事都在一块儿，究竟他们在一起干什么事呢？你读读第一个"共同"。

生："他们共同研究学问。"

师：研究什么学问？语文、数学吗？

生：不是，是研究马克思的学问。

师：马克思的学问就是马克思主义了，那是革命的学问，也就是说，他们在一起研究革命，对吗？

生：对。

师：你再读第二个"共同"。

生："共同领导国际工人运动。"

师：领导革命，再读第三个。

生："共同办报、编杂志。"

师：办报、编杂志是干什么？

生：搞宣传。

师：对，革命宣传，再读第四和第五个"共同"。

生："共同起草文件，著名的《共产党宣言》就是他们共同起草的。"

师：共同起草革命文件，我们再总地回顾一下这五个"共同"（教师屈指计数）第一，研究革命；第二，领导革命；第三，宣传革命；第四，起草革命文件；第五，给第四举了一个例子，把这五个"共同"概括一下，他们在一起是干什么呢？

生："共同"革命。

师：对呀，我们就是这样，抓住这个特点，从五个"共同"中去思考，全段文字就一下子理解了，这样的友谊是不是伟大呀？

生：是。

（《伟大的友谊》）

案例分析

《伟大的友谊》讲述的是马克思与恩格斯两人之间的故事，歌颂了马克思与恩格斯两人之间真正的友谊。上课伊始，支玉恒抓住关键词"伟大"提出问题："谁知道，什么是友谊？"问题既显浅又耐人寻味，这大大激起了学生的兴趣。接着，支玉恒又问学生："你有没有朋友？"问题由深入浅，"你认为你们两人的友谊是不是伟大的？"支玉恒让学生在其创设的问题情境中，通过对同学之间的友谊跟马克思与恩格斯的友谊进行对比，让学生体会题目深刻的内涵，激发了学生探究新课的欲望。支玉恒创设的问题情境，与学生的实际生活紧密相连，将学生的情感与作者的情感联系起来，产生强烈的共鸣，形成一个和谐的整体。

实施方法

1. 深究教材，巧妙设计

要创设适合课文的问题情境，教师就必须深究教材，这样才能构建扣人心弦的动人课堂。如果教师不熟悉教材，其设计的教学问题往往会"事倍功半"。因此，在备课过程中教师要注重挖掘教材的内涵。教师如何挖掘教材的内涵呢？首先要充分认识学生的主体地位，确立"主流价值"的取向。其次，要有敏锐的教学眼光，能够及时发现和捕捉有利于学生发展的闪光点。再者，要有敏锐的教学思维能力，能够快速有效地整合有教学价值的内容，把零散的教育之光凝聚成强大的教育力量。

2. 设置悬念，激发思考

悬念，就是给人们心理上造成一种惦念或想象，激发人们的兴趣，产生一种非了解个水落石出的紧迫心情。在语文教学中，若能根据教材，恰如其分地制造"悬念"，同样可以激发学生的学习兴趣，提高教学质量。朱熹说："群疑并兴，寝食俱废，乃能骤进。"设置悬念是激发思维的良方妙药，使学生产生疑惑，引起认知的矛盾冲突，从而很好地激发思考的兴趣，进入乐学状态。首先，教师可以在课文导入阶段设置悬念。这样可以激起学生学习新知识的欲望，从而达到吸引学生注意力和激发听课热情的目的。其次，在新课的讲授过程中设置悬念。这样能使所讲授的内容增加神秘色彩，将使学生产生兴趣，并主动积极地思考、回答教师提出的问题。

3. 环环相扣，循序渐进

创设问题情境，能激发学生的学习兴趣，但是并不是任何提问都能激起学生兴趣的。有一些简单的问答式的提问，不仅不能激起学生的兴趣，往往还会抑制学生思维的发展。因此，教师在创设问题情境时提出一个问题，接下来应顺着思路提出下一个问题，要让学生的学习环环相扣，这样才能有效地激发学生的学习兴趣。如何循序渐进地提出问题？一是在新旧知识衔接处提问。新知识往往是在旧知识的基础上引申和发展的，在新旧知识过渡时，教师通过设计铺垫性提问，启发学生运用迁移规律，沟通新旧知识之间的联系，达到旧知识向新知识过渡的目的。二是在教学重点处提问。学生的思维只有在活跃的状态下，才能得到有效的发展。教学过程中，教师要防止所提的问题含糊不清，过难、过偏或过于简单，要做到问而生思，答有所得，才能开拓学生思路，达到理想的效果。在教学中，教师要根据教材的重点和学生的认知水平及学习能力，提出深浅适度、具有启发性的问题。

六、深度阅读
——情境激趣与语文教学

1. 情境激趣艺术的内涵

教学既是一门技术，又是一门艺术。情境激趣艺术属于课堂教学的组织艺术中的一种，是影响堂课能否获得良好的教学效果手段。一堂成功的课，不仅关系到教师教学内容的选取，而其所使用的教学语言和教学形式也是十分重要的。一堂课只有 40 分钟，如果教师没有很好地把握好时间，没有选取有效的课堂组织手段，就难以吸引学生的注意力，激起学生的学习兴趣。没有好的课堂组织手段，即使有再好的教学内容，也难以取得预期的教学效果。

教学情境是一种生动形象的情境，具有丰富多彩的内容，鲜明生动的形象，真切感人的情意，优美动人的意境，耐人寻味的哲理等。教师利用各种情境来吸引学生的注意力，激发学生的学习兴趣。教师还要投入自己真实的感情感染学生，让学生渐渐体会其中的真意，品味其中的乐趣。

2. 情境激趣艺术的意义

教学情境是指教师运用教学智慧，根据教学内容和教学对象设置一种能激发学生学习热情的学习场景与氛围。

情境激趣艺术在教学中有着重要的意义。心理学表明，小学生的内心世界是一片汹涌的大海，他们渴望丰富的情感体验，强烈的情感共鸣。语文教学中有许多优秀的作品，能有利于激发学生的热情。教师要巧妙利用课文中的情景，陶冶学生的情感。教师在创设教学情景的同时要给予学生适当的引导，使之与作者的情感产生共鸣，进入课文的角色，体会作者的所思所想，以获得最佳的教学效果。

德国著名的哲学家黑格尔说："最杰出的艺术本领就是想象。"想象是教师运用情境激趣艺术激发学生的情感、让学生进行情感体验的一种有效方法。教师借助这种艺术，让学生展开合理的想象，在现实与理想之间架起一座桥梁，由浅入深地认识和理解课文内容，更加深刻的体会作者的情感。

3. 情境激趣艺术的形式

（1）以表演进入情境

教师可以根据儿童情感变化较大的特点，让学生扮演课文中的角色，让学生体会角色的心理变化、神态变化和动作变化，在角色转换中获得更加深刻的理解。角色表演把生硬的文字内容迅速地转化为生动活泼的形象，大大激发学生学习的兴趣。在课堂中，教师利用这种方式来指导学生进入教学情境，将使整个课堂充满生机，学生学习的积极性将得到提高，也使学生在知、情、行等各方面获得发展。

（2）以音乐渲染情境

音乐能让人愉悦并能启迪人去联想和想象。在教学中，音乐能起到渲染情境、创造气氛、唤起共鸣等作用。教师如能在导入的环节上引入音乐，不仅能渲染与课文相应的气氛，并且能直接作用于学生的心理，使学生进入一种最佳的情绪状态，将会掀起课堂教学的小高潮。在分析课文时，运用音乐渲染情境，较易于使学生激起与课文相似的想象和联想。同时，学生借助音乐的表现形式，将更能深刻地理解课文内容，体会作者的思想感情。

（3）以画面描绘情境

小学生的思维特点主要是以形象思维为主。在教学中，教师应利用学生的这个思维特点，以画面描绘情境，形象生动地再现课文的内容。在画面中，学生能对作者所要表达的情感体验得更加真切。教师还可以通过图画把原本枯燥的教学内容变得丰富有趣，拓展学生的思维，激发学生的学习兴趣。在这个过程中，教师可以利用简笔画、投影、课文插图等方式来开展教学。

（4）以活动体验情境

开展各种各样的活动，以一种轻松自如、积极主动的状态来获得知识。活动包括各类竞赛、游戏、实验等。在教学中开展这些活动，让学生亲身体验情境，感悟和认识各类事物，更能促进学生进入乐学状态。开展活动也能够提高学生的自学能力、创造能力和合作能力，体现新课改的理念。由于小学生还处于身心发展的活跃阶段，他们更乐于通过参加这些活动接受知识。教师在设计教学活动时，需要考虑学生的心理特点、年龄特征、认知水平等方面的差别，以符合学生的接受能力。只有这样，才能创设有利于活动体验的教学情景，让学生处于乐学的状态。

4. 情境激趣艺术的方法

联系生活，创设情境，丰富学生认知的源泉，是情境激趣的重要方法。生活是学生获得认知的丰富源泉。教学应与学生的实际生活相联系，让学生通过"体验"来获取知识。心理学研究表明：学生学习的内容与学生熟悉的生活背景越贴近，学生自觉接纳知识的程度就越高。为了使学生更好地接受知识，激起学生的求知欲望，教师应善于观察和把握学生在生活环境中的一些细节，以便在课堂教学中创设与课文相关的生活情境，有效地吸引学生的注意力，激发学生的学习兴趣。支玉恒善于把语文知识与学生的生活联系起来，创设富有趣味性的情境，把抽象难懂的问题，转化为具体生动的语文知识，使学生从难以理解的问题中解脱出来，消除了学生畏难而退的学习情绪，激发了学生的学习激情和兴趣。那么，如何创设新颖有趣的教学情景？

（1）明确目标，依趣设境

要使教师的课堂教学与学生的实际生活紧密相连，其前提是要明确教学目标和教学重难点。只有在这之前提上创设有特色的教学情境，才能让学生真正地进入学习的状态，帮助学生更好地理解和掌握课文的思想内容，发现更多新奇的知识。

（2）提高素养，勤于反思

师作为课堂教学的组织者和引导者，要不断提高自身的业务素养，不断开拓自己的思想视野，这样才能更好地组织教学工作，更好地驾驭课堂。要创设与学生生活有联系的情境，激发学生的学习兴趣，教师还必须要善于观察身边的生活细节，勤于反思教学中出现的问题，然后进行改善。

（3）了解学生，形成认知

学生是教学的主体，任何教学行为都是围绕学生而进行的，只有了解学生的实际情况，才能有效地创设与学生联系密切的教学情境；从而有效地激发学生的学习兴趣。也只有这样，才能让学生从教学情境中寻找与自己认知结构中相吻合的部分，有效地提高学习的效率。

（分析论述：岑晓雯）

赵志祥

如何在"玩"中让语文课堂富有情趣

名师档案

——小学语文特级教师

赵志祥,语文特级教师,师从著名特级教师于永正,小学语文教学研究成果丰富,先后在《人民教育》等刊物发表《识字教学应赋予人文情愫》等数十篇论文,参与编写人教版新实验教材语文《教师教学用书》一年级下册,二年级上、下册;在"教育部支援西部地区教学PEP光盘系列"拍摄中,他被聘为专家组成员,编写小学《语文》二年级上、下册教学脚本,并指导现场教学拍摄,审定第九册脚本等;教学成果多次荣获广东省、全国大赛一、二等奖。

赵志祥的课堂教学以轻松、愉快见长,注重动态过程,生成性强,驾驭课堂灵动、幽默,师生互动精彩纷呈,被同行誉为"形散而神不散"的"漫画式"教学风格,被崔峦老师"诠释"为"狡猾",被杨再隋教授视为"想不到的精彩"。曾应邀到北京、重庆、江苏、浙江、福建等几十个省市讲学。

一、名课赏析

——玩中学文，激发兴趣

《荷叶圆圆》课堂教学实录（人教版课标本小学语文第二册）

（一）童心未泯，为玩铺垫

师：我很想和大家交朋友，希望咱们能成为学习上的好伙伴。大家愿意吗？

生：愿意！

师：今天我就叫大家小朋友，大家喊我大朋友或者老朋友，好吗？

生：（非常兴奋地）好——！

师：那咱们上课。小朋友们好！

生：大（老）朋友，您好！

师：真聪明！这节课我们继续学习《荷叶圆圆》。请小朋友们看我写课题。

师：（准备板书）哎，"荷叶"的"荷"字怎么写的，大朋友忘了。谁能告诉我？

生：（没举手）哎呀，大朋友，这很简单，上面是个草字头，下面是我的姓。

师：请问你贵姓呀？

生：（站起来）我姓何呀！

师：（模仿该生的腔调）"我姓何呀"的"何"字怎么写的呀？（笑声）

生：左边是单人旁，右边加上"可以"的"可"呀！（笑声、掌声）

师：谢谢你！我知道了。请坐！（板书课题：《荷叶圆圆》写到"叶"字时强调竖为"悬针"，要写直）

（二）师示范玩，玩中激趣

师：小朋友们，你们喜欢玩吗？

生：喜欢！

师：大朋友也喜欢玩。今天大朋友就和小朋友们一起玩，看谁玩得最开心。大家说好吗？

生：好！

师：现在，请大家把自己做的大荷叶拿出来，戴在头上。（学生纷纷拿出荷叶，戴在头上）

师：哇，小朋友们都像小鱼儿一样，把荷叶当成自己的凉伞了！大朋友也有凉伞呢，你们看！（展示大荷叶，先戴头上，然后铺在地上）

生：哇——！

师：（在学生惊叹的时候，老师走上荷叶，联系课文内容边演边讲）"我是一颗小水珠，荷叶是我的大摇篮。我躺在荷叶上，眨着亮晶晶的大眼睛。"

师：大家说，好玩吗？

生：好玩！

师：谁想和大朋友一样到大荷叶上来表演呀？

生：（纷纷举手）我！我！我！……

师：要想表演好，就要把课文读好，最好能够记住课文中的句子。大家能做到吗？

生：能——！

师：嗯，真是好孩子！大朋友要仔细看你们的表情、听你们的声音，哪些小朋友表情好、读得又好，大朋友就请他到台上来表演。好了，开始练习朗读吧。（学生反复读课文）

（三）朗读演玩，玩中感趣

师：小朋友们，课文向我们介绍了小水珠、小蜻蜓等好几个小伙伴，你喜欢哪一个呢？

生：我喜欢小蜻蜓。

……

师：你喜欢哪个小伙伴，就读写那个小伙伴的那一段课文。待会儿你就给大家介绍你喜欢的这个小伙伴。不过，别管读哪一段，都要先读读课文的第一句话。开始吧。（朗读课文）

师：谁来介绍小水珠？

生："荷叶圆圆的，绿绿的。小水珠说：'荷叶是我的摇篮。'小水珠躺在荷叶上，眨着亮晶晶的眼睛。"

师：正确、流利，不错！可是大家注意没有，刚才大朋友表演的时候，脸上还带着什么呀？

生：表情。

师：对。我们读课文时不光要正确、流利，还要有表情。下面谁能加上表情读一读？请你！

（生有感情地朗读课文）

师：正确、流利，表情更好。真棒！大家想不想象她这样读课文？

生：想。

师：下面请你们自己读一读。（全体学生绘声绘色地读课文）

师：谁喜欢小蜻蜓呀？

生：我喜欢。

师：请你来介绍小蜻蜓。

生："荷叶圆圆的，绿绿的。小蜻蜓说：'荷叶是我的停机坪。'小蜻蜓立在荷叶上，展开透明的翅膀。"

师：不错。注意一个字，"翅膀"的"翅"字要翘舌。请跟我读一遍："翅膀"。

生：翅膀。

师：全班一起来读"翅膀"。

生：翅膀。

师：谁能读得更好？

生：我能！（朗读课文非常生动）

师：（高兴地）她读得好不好？

生：好！

师：是啊，她读得真好，不光正确、流利、有感情，还有表情呢！大家都像她这样来读读吧。（学生自由读课文）

师：谁再来介绍自己喜欢的小伙伴？

生：我来介绍小青蛙。

师：好啊！大家注意听这位何姓朋友读，注意看他的表情。

生："荷叶圆圆的，绿绿的。小青蛙说：'荷叶是我的歌台。'小青蛙蹲在荷叶上，呱呱地放声歌唱。"呱，呱，呱！（笑声、掌声）

师：哇，创造性地朗读！他读得好吗？

生：好！

师：好在哪里？

生：他这里读得好："小青蛙蹲在荷叶上，呱呱地放声歌唱。'呱，呱，呱！'"（笑声）他把小青蛙的声音说出来了。

生：他的声音很粗，"呱，呱，呱！"真像一只大青蛙。（笑声）

生：他的表情好，显得很神气，呱呱呱，就像一个大歌星！（笑声）

师：那大家都来像他这样当一次大歌星吧！（学生兴致勃勃地读课文，不时地发出笑声）

师：最后一个小伙伴——小鱼儿，谁来介绍？

生：（纷纷举手，多数学生站起来）我来！

师：（抚摸着一个比较调皮、好动的学生头）就请你吧！

生：（大大方方地走上讲台）"荷叶圆圆的，绿绿的。小鱼儿说：'荷叶是我的凉伞。'小鱼儿在荷叶下笑嘻嘻地游来游去，捧起一朵朵很美很美的水花。"（大幅度地挥动着手臂）哗——哗——（笑声）

师：嗬！主动上台，好潇洒呀！（笑声）不过，你这"哗——哗——"的两朵水花太大，可不像小鱼儿，倒像一条大鲨鱼！（笑声）你能把大鲨鱼变成小鱼儿吗？

生：（手掌轻柔地翻动）哗、哗、哗。（笑声、掌声）

师：哎！这就是小鱼儿了！谁来说说他读得怎么样？

生：我认为他读得不错。

师：不错在哪里？

生：他有表情，都笑了。他还加上了动作，也很不错。

师：你观察得真仔细。他读得好，你说的也好。谁还记得，大朋友刚才表演的时候，除了有表情，还有什么呢？

生：动作。

师：对，大朋友还有动作呢。大家想不想加上动作读一读呢？

生：想！

师：好，请你们拿出自己准备的玻璃球放在荷叶上，边做动作边读。（学生很有兴趣地练习）

师：小朋友们读得非常认真。下面大朋友看看你们能不能记住这些内容。我说课文每句话的前面，你们往下接，不准看书。行吗？

生：行！

师：不要忘了加上表情和动作哦！"小水珠说……"

生："荷叶是我的摇篮。"

……

师：哪一位同学知道水珠的"珠"字怎么写？

生：左边王字旁，右边是个"朱重八"的"朱"。

师："朱重八"是谁？

生：电视《乞丐皇帝》里边的武林高手。（笑声）

师：呵呵，好啊！看电视都能学习认字，了不起！谁知道"摇篮"的"篮"字为什么要用竹字头？

生：摇篮里边有竹子。（笑声）

生：不对，我见过摇篮，全是不锈钢的，没有竹子。

生：我知道。因为古代没有不锈钢，只能用竹子造摇篮。

师：说得好。你的知识真丰富。古代钢铁很少，人们大多用竹子编篮子用。想想看，现在很多同学的家里还有竹篮呢。

生：（纷纷）我家有。

师：真好！我们继续。"小蜻蜓说……"

生："荷叶是我的停机坪。"

师："小蜻蜓立在荷叶上……"

生："展开透明的翅膀。"（边读边用双手做展翅动作）

师：（拿出一个未展开的"荷叶"，将一只"小蜻蜓"放在荷叶角上）看到大朋友这里的荷叶和蜻蜓，大家想到了什么？

生："小荷才露尖尖角，早有蜻蜓立上头。"

师：我们大家一起来把这首古诗背一遍，好吗？

生：好！（学生背诵《小池》）

（以下时间引读课文中描写小青蛙、小鱼儿的两部分。略）

师：看来小朋友们把课文读得很好了，动作、表情也不错了。是不是该上台表演了啊？

生：是——！

（四）角色问答，玩中享趣

师：下面请大家拿出自己喜欢的小动物的头饰，戴在头上，准备表演。不过，大朋友有个要求，愿意听吗？

生：愿意。

师：表演时除了要有动作和表情，还要有台词，但是不准看书。你们可以用书上的话，也可以用自己的话，你认为怎么好就怎么说。这个要求难吗？

生：不——难！

师：好吧！下面我们分组准备。请想表演小水珠的都坐到这里。啊，没有。好吧，那请想表演小蜻蜓的坐到这儿。请想表演小青蛙的坐到这儿。想表演小鱼儿的看看自己该坐到哪儿，就主动过去吧！（学生很快地换好位，坐好）

师：请注意，下面各组小朋友要合作干好两件事。一是小组内表演比赛，选出一个表演最棒的上台表演；选好后大家都要帮他出点子，让他表演得更好，特别是要帮他记住生字。二是从文中找到一些问题，准备向别的小组表演的小朋友提问，看谁问的最有水平，当一位善于提问的记者。可以开始了吗？

生：可以了！

师：那各小组就开始活动吧。（学生分组活动，教师巡视、参与、指导）

师：好了，我们的表演就要开始了。请表演的同学注意，要把你的生字卡带上，你表演后，"记者"们要考考你认识生字了没有。谁来代表"小蜻蜓"们表演啊？

生：我！

师：请上台表演。

生：（从座位上"起飞"，"飞"到"大荷叶"上）我是一只小蜻蜓，荷叶是我的停机坪。小蜻蜓立在碧绿的荷叶上，展开透明的翅膀，飞呀飞。（掌声）

师："碧绿"这个词用得好！不过，你已经立在停机坪上了，还能再"飞呀飞"吗？

生：不能了。

师：那应该怎么说？

生：嗯……

师：谁来帮她？

生：我立在碧绿的荷叶上，展开透明的翅膀，大家看我多美丽呀！（笑声）

师：好！把"小蜻蜓"三个字改成"我"就更好了！下面请"小青蛙""小鱼儿"们开始提问。

生1：小蜻蜓，你的停机坪是什么做的？

生：大荷叶。

生1：你知道你像什么吗？

生：知道呀！我像一架小飞机。大家赶快登机，飞往北京的……嗯……

师：（对着该生的耳朵，悄悄地）"G—350"航班。

生：对对对！飞往北京的"G—350"次航班就要起飞了。（笑声）

生2："停机坪"的"坪"字是怎么写的？

生：左边一个提土旁，右边是个张一平的平（张一平为本班学生）。

生3：你的"翅膀"在哪里呀？

生：（指自己的胳膊）在这里呀。

生3：我是说"翅膀"这两个字。（笑声）

生：谁让你不说清楚的。（从字卡里找到生字"翅膀"）看，在这里。

生4："蜻蜓"两个字为什么要有"虫字旁"呀？

生：因为蜻蜓是一种虫子。老朋友，对不对？

师：对！表演得真好，回答问题也好，小脑袋反应得很快。你已经获得"最佳表演奖"了，这个"小蜻蜓"就是你的奖品！大家向她祝贺！（掌声）

师：谁代表"小青蛙"们表演？

生（何）：我——

生：大朋友，不是他！

师：是谁呀？

生：是李云龙。

师：（上前握住何同学的手）何小朋友，（笑声）我对你的积极态度表示赞赏！但是，我更希望你尊重你们"青蛙"小组的选举结果，能把这次机会让给你的朋友！

生（何）：（一拍桌子）好吧！（笑声）

师：谢谢！李云龙朋友，你认为你这条腾云驾雾的大龙能表演好这只小青蛙吗？

生：能！

师：好的！请你上台表演吧！

生：（一蹦一蹦的表演）我叫小青蛙，呱呱呱。（笑声）荷叶是我的大舞台，呱呱呱。（笑声）下面，我为大家演唱一首"青蛙之歌"：（笑声）"呱呱呱，呱呱呱，我是小青蛙。专吃蚊子和害虫，我能保护庄稼。"（掌声）

师：太好了，你不愧为"青蛙"组的代表。但是，你要注意，也请全体

"小青蛙""小蜻蜓"和"小鱼儿"注意，蚊子就是害虫的一种，害虫包括了蚊子，以后不要说蚊子和害虫。记住了吗？

生：记住了！

师：那我要说"苍蝇和害虫"行不行呀？

生：不行。

师：好的。真聪明！现在请"小青蛙"回答"蜻蜓记者"和"小鱼记者"的提问。

生1：请问，青蛙先生，你怎么不蹲在荷叶上歌唱呢？（笑声）

生：（连忙蹲下）我忘了！（笑声）

生1：那你说，"蹲"字怎么写？

生：左边是个足字旁，右边是个……是个……点、撇、横……

师："青蛙"先生一时忘记了，谁来帮助他？

生2：右边是个"尊敬老师"的"尊"。

师：（惊喜地）你是怎么认识的？

生2：上学期老师给我写的评语上有"尊敬老师"，我就记住了。

师：好孩子。会学习，会主动学习！请坐吧！

生2：我还没提问题呢！（笑声）

师：好，请吧！

生2：请问小青蛙，你有尾巴吗？（笑声）

生：我小时候有。现在没有了。（转身）不信你看看。（笑声）

师：是的，当他还是小蝌蚪的时候，有一条长长的尾巴，长大了，变成青蛙了，尾巴就没有了。（给"小青蛙"发奖）

师：下面我们欢迎最后一个表演者上台！

生：（走上台后用铅笔插住大荷叶举过头顶，用另一只手当尾巴表演。笑声不断）我是一条小鱼儿，荷叶是我的凉伞。我在荷叶下笑嘻嘻地游啊游，我捧起美丽的水花给大家看。

师：太好了！看来大家都可以当小表演家了。下面请"记者"们提问。

生1：你怎样记住"笑嘻嘻"的"嘻"？

生：左边一个小口，右边一个"喜欢"的"喜"。

师：对，一喜欢了就开口笑了！

生2：你把大朋友的大荷叶给插烂了，你打算怎么赔呢？（笑声）

生：我……

师：（对生2）记者小姐，作为大荷叶的主人，我能说句话吗？

生2：可以。（笑声）

师：我认为他用铅笔插在大荷叶上，正好把我这个荷叶没有茎的缺点给改掉了，这是一种创造。创造的这样好，就别让他赔了。您觉得可以吗？

生2：好吧。哼，便宜他了！（笑声）

生3："一朵朵"的"朵"字上边是个"几"吗？

师：这个问题提得好！

生：不是。没有钩。

生3：你能写这个字吗？

生：当然能啦！（上黑板写字，写得很漂亮，掌声）

师：你写的字真漂亮啊！和老师写的一样好！

生：他是我班的书法家。

师：呃，难怪！厉害！（给表演者发奖）我想看看咱们班有几个小书法家。请大家打开写字本，都写写这个字。（学生认真写字，教师巡视、指导、随时纠正坐姿）

师：嗬，我们班书法家不少啊！看，这些小朋友的字写得多好啊！请小朋友们再接着写一个飞机的"机"字吧。注意，这个字的右边可是个"几"呀，有钩的！

师：嗬，小朋友们的"横、折、弯、钩"写得多有力啊！看来大家写钩的水平很高。能把斜钩写好吗？

生：能！

师：好啊！请大家再写一个"我"字。这个字很难写，我建议大家先在书上描一遍，记住斜钩是怎么写的，然后再写。（学生描红、临写，教师巡视）

师：请大家停一停。我看了几个小朋友写的斜钩，不如弯钩写得好。请看看大朋友怎么写。（示范书写，写完后学生热烈鼓掌）谢谢朋友们给我的鼓励！注意，写好斜钩的关键是：这个"斜笔"要有弯度，不能写直了，要写得像一把弯弓。再看一遍。（再次示范"斜钩"的写法）请小朋友们再写一遍"我"字。（投影展示学生写的字）

（五）背诵回顾，余味无穷

师：同学们课文读得好，表演得好，提的问题好，字也写得很好！"四好"，了不起！我告诉大家一个你们都没注意的更"好"的消息：绝大多数小朋友已经不知不觉地把课文背下来了。

生：啊？

师：不信现在就试试。这样吧，我们先试着背一遍，大家把书翻开放在桌子上，会背的就背，不会背的时候就看看书。好吗？

生：好！

师："荷叶圆圆的……"开始！

（生齐背课文）师：背的时候没看书的同学举手。（小手如林）怎么样，相信了吧？

生：相信了！

师：你们不但能正确、流利地背诵课文，还能很有感情地把课文背下来呢！

（生面露惊喜状）师：要不要试一试？

生：要！

师：好！"荷叶圆圆的……"预备——开始！

（生很有感情地背诵全文）

师：啊，小鱼儿能捧起一朵朵很美的水花，我的小朋友们能背诵一篇很美的课文！我为你们感到骄傲，因为你们是我的"五好"小朋友！

生：耶——！

师："五好"朋友们，今天就玩到这里吧。该下课了。

生（纷纷地）：大朋友，再玩一会儿吧！

师：你们不累吗？

生：不累！

师：呵呵，真是一群好孩子！可是，大朋友累了，朋友们愿意让我休息吗？

生：愿意！

师：那好，现在就下课吧。

生：那你什么时候再来和我们玩呢？

师：等我们班有 20 个"书法家"的时候。我们班能出现 20 个"书法家"吗？

生：能！

师：好，大朋友期待着那一天！

生：大朋友，您还没布置作业呢。

师：对，看大朋友，怎么给忘了。大家真想做作业吗？

生：真想。

师：那好。这一课的作业还是玩。

生：嗯——？

师：是画画玩。画什么呢？就画一个大荷叶。怎么玩呢？荷叶是小水珠的摇篮，是小蜻蜓的停机坪，是小青蛙的歌台，是小鱼儿的凉伞，你想把荷叶当作自己的什么呢？把你想的写到你画的大荷叶上，然后再像水珠、蜻蜓等小伙伴一样表演，好吗？

生：好！

师：小朋友们，再见！

生：大朋友，再见！

二、名课解读

——寓学于玩，享受情趣

富有情趣的课堂教学往往会带来意想不到的精彩，从而大大提高课堂的教学效率和教学效果。语文课堂情趣是以学生的学习兴趣为基础而产生的，没有学习兴趣就谈不上课堂情趣，学习兴趣可以升华为课堂情趣。因此，在语文课堂教学中，教师应针对学生的特点采取各种手段来激发学生的学习兴趣，让课堂充满情趣。

《荷叶圆圆》是人教版小学语文一年级下册的一篇课文，是一篇轻快活泼的散文诗。一年级的学生都很爱玩，赵志祥根据学生的这一特点，创设了多个"玩"的活动情境，引导学生去感受充满童趣的夏天，去触摸圆圆的荷叶，去体味小水珠、小蜻蜓、小青蛙和小鱼儿快乐的心情，让学生在玩中识字，玩中学文，玩出趣味。在课堂的"玩"中，学生的童趣得到了激发，童心得到了流露，真正进入"乐于学"的状态。课堂也因"玩"而充满了情趣。

1. 以玩激趣

上课伊始，赵志祥先和学生打好了交道，称学生为小朋友，自己为大朋友，这样就拉近了师生之间的距离，为这节课的"玩中学文"打下了良好的基础。接着，赵志祥让学生各自拿出自己做的荷叶戴在头上，说："哇，同学们都像小鱼儿一样，把荷叶当成自己的凉伞了!"然后，赵志祥就在地上展示了自己做的大荷叶。在学生的惊叹声中，他带头踏上荷叶，联系课文内容边讲边演，激发了学生"玩"的欲望，学生迫不及待地想去玩了。赵志祥还说："大家说，好玩吗?"这更触发了学生玩的兴趣。

2. 以演读激趣

当学生已经进入"玩中学习"的状态后，赵志祥不失时机地提出了玩的条件：要想表演好，就必须要把课文读懂、读好，还要记住课文中的语句；教师会把表情好且读得好的学生请到台上去表演。通过提出"演好"的条件来激发学生读的欲望，让学生有目的地去读，在读中领悟课文的主要内容。接着，赵志祥就引导学生边演边读，演读结合，使学生充满感情地读出了小水珠的顽皮、小蜻蜓的轻柔、小青蛙的活泼和小鱼的快乐。赵志祥的教学策略富有创意，以表演的形式激发朗读的兴趣，重视朗读的过程，并在读后给予鼓励性评价。在指导朗读时，他能够恰到好处地抓住"停、躺、立、游"等重点字词来巩固理解，逐步引导学生由读通到读懂，再到读出感悟，使阅读真正成为学生的个性化行为。在琅琅的读书声中，学生获得了情感体验，激起对了荷花的喜爱和对大自然的向往之情。

3. 以问答激趣

通过表演的形式，学生对课文前面的两个环节都玩过了，如果再毫无变化地玩下去，那么必定会使学生产生倦怠的心理，毕竟再有趣的东西玩久了也会变得枯燥无味。于是，赵志祥就采用了角色问答的新玩法，这再次激发了学生的学习兴趣，并且在角色问答的表演中激发了学生质疑问难的积极性。学生在玩中不仅不知不觉地巩固了所学的新知识，还锻炼了自己的应变能力，提高了语言表达能力。

三、巧用语言，激发兴趣
——通过艺术语言感染心灵

苏霍姆林斯基说："教师的语言修养在很大程度上决定着学生在课堂上脑力劳动的效率。"教育学家夸美纽斯也说："教师的嘴，就是一个源泉，从那里可以发出知识的溪流。语文教师通过生动的表述、鞭辟入里的分析、恰到好处的点拨、简洁凝练的概括，引导学生游览知识的殿堂，从而让他们的心智成长起来、情操高尚起来。"由此可见，课堂教学离不开语言，语言是教师传授知识、传递信息的载体，是教师与学生交流思想感情的主要工具之一。而对于语文课堂教学语言，仅力求规范清晰、准确严密是不够的，更应该是艺术性的、精美的语言，这样才能感染学生的心灵，进而调动其学习的积极性，以达到高效的课堂效率。因此，语文教师在课堂教学中必须特别重视语文教学的语言艺术。而所谓语文教学的语言艺术，就是语文教师在教学过程中遵循语文教学规律和审美性原则，正确处理教学中的各种关系，把语文知识和信息正确有效地传递给学生的语言技巧活动。在教学活动中，教师巧用一些趣味性的、具有幽默感的语言，能使语文教学妙趣横生、满堂生辉；把握好课堂语言，抓住语言艺术化的特点，进而抓住教学艺术的关键，使教学活动充满魅力；评价学生在课堂上的表现时，适时运用一些鼓励性的语言，充分调动学生的学习热情，让学生在兴趣盎然中主动地获取知识。

经典案例

师：好样的！请看大屏幕（上面出现课文的第 2 段），这就是他说的第一件事。自由读读，看谁读得好。（学生自由读课文）

师：小朋友们不但读书的声音很甜美，而且读书的姿势也很端正啊！赵老师为你们高兴！来，咱们一起读一遍！（生齐读课文）

师：谁能单独读一读让大家听听？

（学生朗读课文，教师随时指导："元元"的后一个字要读轻声；"很快地"的"地"字要读 de）

师：读得不错，就两个字没读准！可以得 A！谁敢和他比一比？

（生朗读课文，"很快地"的"地"字又读成 di）

师：请停一下。这个字念 de。"很快地（de）"，跟老师读。

生：很快地（de）。

师：对，真好！大家跟着我一起读：很快地（de）。

生：（齐）很快地（de）。

师：请你接着读。（学生很流利地读完课文）

师：她只错了一个字。可以得"A＋"。（学生面露惊讶）没见过"A＋"？就是这样的（板书：A＋）。A是一等的，A＋是更好的。谁能得"A＋＋"？（笑声）

（学生纷纷举手要求读书，老师请一位学生读，读得很流利也很有感情）

师：不但流利，还很有感情！A＋＋！（掌声、笑声）要是那个"早"字不读成翘舌音就可以得"A＋＋＋"！（笑声）来，跟老师读。（连续纠正了三遍，学生终于把早字读正确了，赢得热烈的掌声）

师：谁觉得自己能得A三个＋？（学生纷纷举手："我能我能"）好啊！凡是有自信的同学都可以站起来读，看看你们这么多人能不能超过她！

生：能！（朗读课文）

师：老师很想给大家得"A三个＋"，但是只能给你们得"A两个＋"。

生：（齐）为什么？

师：大家读书的时候，声音整齐又响亮，没有任何错误。可是……请大家看看这一句："他叹了口气，说……"一般人叹气的时候啊，心情都不太好，这个时候说话的声音不可能十分响亮。

生：我知道了，我能读！

师：好，请你读！就从"他叹了口气……"开始读。

（生声情并茂地朗读）

师：哇，你读得已经超过"A＋＋＋"的标准，那就是"A☆"！（板书：A☆。学生惊叹不已）了不起！声音压低了，速度放慢了。谁还能得"A☆"？（学生纷纷要求朗读）好啊，都想读。想读的就站起来，想读就读！（十几个学生站起来读书）

师：啊，都可以得"A☆"了！老师相信，大家可以读得更好，可以得"A☆☆"！怎样读才能得"A☆☆"呢？

生：读得轻一点、慢一点、伤心一点。

师：嗬，你对课文中的元元同学是琢磨透了！那你来个伤心一点的！

生："他叹了口气，说：'唉——要是早一分钟就好了。'"

师：（走到该生面前）请问，你叫什么名字？在班级里朗读肯定是拔尖的，对不对？

生：（插嘴）他叫李涵淑，是语文班长！（笑声）

师：语文班长？哦，就是语文课代表吧。难怪朗读水平这么高！A，双星！

生：哇——！

师：别光"哇"，她朗读得好，因为有"绝招"，听出来没有啊？

生：她读错了，多了一个字。（笑声）

师：多了哪个字？

生：多了一个"唉——"（笑声）

师：好样的，小耳朵真灵！不过，告诉你，她在这里多了一个字，不但不算错，而且要表扬！她这是创造性地朗读！这也是她能得"A双星"的"绝招"！不信你们也加一个"唉"字试试。

（生纷纷在下面"唉"个不停，不断引起笑声）

（《一分钟》）

案例分析

法国教育家第斯多惠认为："教学的艺术不在于传授的本领，而在于激励、唤醒、鼓舞。"学生的学习劲头是通过教师富有肯定性的语言鼓励出来的。在《一分钟》一课中，赵志祥首先让学生自由读课文的第二段，一句"谁读得好"就激发了学生要读好的欲望。这是激发阅读兴趣的第一步。接着，赵志祥叫学生单独读，然后对学生实施"A、A＋、A＋＋、A＋＋＋、A☆……"式评价，不断地用"谁可以得A……"这种具有鼓动效果的语言来激励学生，让学生参与学习的竞争活动。这里，赵志祥有效地抓住了学生"争强好胜"的心理，激发了学生的阅读兴趣，让学生在竞争中阅读课文，读出了感情，读出了感悟。

实施方法

1. 巧用情感性的语言

在语文教学中，教师的情感对学生有直接的感染作用。讲台虽然不比舞台，教师也不比演员，但教师在这三尺讲台上务必要饱含深情地演绎，做到情动于衷，形诸于外。作者既然赋予文本以深厚的感情，那么教师就应该深入体会作者之意，以热情洋溢的语言引发学生情感的波澜，激起学生的情感共鸣。这时，教师的语言要做到声调抑扬顿挫得当，节奏轻重缓急适宜，让学生产生亲切感和信任感，从而营造出宽松和谐的气氛。这样学生的思维才会敏捷、兴趣才会浓厚。

2. 巧用幽默性的语言

幽默是课堂激趣的润滑剂。在语文课堂中，教师幽默性的语言不仅会赢得学生的微笑，同时还能调动学生学习的热情。如对课文中难记的生字、词、晦涩的内容，教师就可以采用幽默性的语言进行教学，从而更好地帮助学生理解和记忆。

3. 巧用鼓励性的语言

任何人都喜欢别人称赞自己，鼓励自己，小学生也不例外。课堂上，教师巧妙地使用鼓励性的语言，不仅可以激发学生学习的兴趣，提高学生学习的积极性，还可以让学生去探索，去追求，使学生的思维处于活跃的状态，从而更好地完成课堂的学习任务。

四、巧设疑问，激发兴趣
——通过设置疑问启迪思维

"学起于思，思起于疑。"思维活动由问题开始，问题是学习的起点，问题是点燃学生创造性思维的火花。孔子说："不愤不启，不悱不发。"提问是教师启发学生的重要途径之一，教师只有巧设疑问，才能发挥"启发"的作用。因此，在语文课堂教学中，语文教师必须重视提问的艺术，不但要巧设疑问，更要根据实际情况进行恰当的提问，以求让学生以一个探索者、发现者的身份投入到积极的思维活动中，不断获取新的知识，培养自主探究和创新的能力。在教学过程中，语文教师应依据语文学科本身的特点以及学生思维发展的规律，运用各种方式唤起学生的好奇心和求知欲，为学生提供自由表达的时间和空间，让学生充分思考、讨论和探究，从而激发学生的学习兴趣，力求达到"牵一发而动全身"的效果。此外，教师对于学生探究问题的结果要多给予鼓励性的评价，以增强学生学习的成就感和自信心。

经典案例

师：平时老师和大家一起学习课文，总是提几个问题让大家进行思考，是不是？

生：是。

师：那现在请大家以小组为单位，先读课文，边读边想，再讨论一下，猜一猜，今天赵老师要给大家提哪些问题？先提示一下，我一共要提 3 个问题。讨论时要注意，一定要先认真读课文，一边读一边想：老师会在哪里提问题？如果老师在这里提问题，我们该怎样回答？现在请各小组开始读书、讨论。（学生小声读书讨论，教师深入学生中间指导读书、参与讨论）

师：刚才讨论时，有些同学提的问题已经接近老师要提的问题了。看来同学们还是很会提问题的，你们的思想即将和老师的思想产生共鸣。哦，对了，我有个习惯：谁能猜准我要提的问题，将会得到我的特别奖励，你提的问题沾了一点边都行。想知道什么奖励吗？

生：想！

师："十·一"，我会领着这些同学到书城买书，可以任意挑选你喜欢的一本，我买单！

生：呀！

师：要不要再讨论一下？

生：要——！

师：那开始吧！（学生再次认真读书，热烈讨论，教师参与）

师：好了。谁先说说？

生：我认为老师一定会问，这一课的主要内容是什么？

……

生：我觉得老师会问，"父亲"为什么一直坚信他儿子还活着，拼命挖，而不像别的父亲一样认为自己的孩子已经死了。

……

师：问题提得很好，激发了大家的思维。遗憾的是，还没有猜对！谁再来猜猜？

生：我想老师会问："为什么说这对父子了不起？"

......

生：您可能会问，为什么其他的父母不去救，只哭两声、喊两声就走了？

师：他们只是哭喊两声"我的女儿！""我的儿子！"就走了。是吧？

生：是。

师：那你说为什么？

生：因为他们不愿见到孩子的尸首，不愿承认这个事实。

师：他们不想看到孩子在地震中死去的惨相。你这是从父母的心理方面来考虑的。有这个因素。还有其他的原因吗？

生：他们以为孩子已经死了，不用救了。

师：他们考虑得比较现实。看到学校的教学楼已经变成一片废墟，挖也没有用了。

生：对。

师：还有什么原因？

生：这位父亲抱着活要见人，死要见尸的态度。

师：你说的是父亲。她问的是那些哭喊一声就走了的父母。

生：因为救火队长已经说了，地震中随时可能发生大爆炸，挖会很危险。

师：把这几个同学的观点综合起来就可以回答刚才的问题了。

师：到现在为止，同学们提的问题很不错，帮助我们大致了解了课文的内容，基本上读懂了课文。现在大家听听我要提的问题。课文当中有一段写那位父亲因为悲伤过渡而精神失常了。找到那一段没有？

生：找到了。

师：读。（生读课文）

师：（板书：失常？）我要提的问题就在这儿。这位父亲的精神是不是失常了？

（生纷纷举手）

师：别忙。请大家再浏览一下课文。你要是认为这位父亲精神失常，请找到相关的事实依据；你要是认为这位父亲的精神不失常，也找到相关的例证。待会儿说出你的理由。开始吧。

师：认为这位父亲精神失常的同学请举手。一、二……只有六个。其他人都认为父亲的精神正常。这样吧，你们这几位认为"失常"的同学请坐到那边去，那几个同学请让让。你们几个人重新组成一个小组，从课文中找出从哪儿看出父亲精神失常的。要动笔画。懂吗？

生：懂。

师：我们这些同学要认真读书、思考、讨论，那几位同学认为父亲精神失常。我们不同意，我们要考虑那些同学会从哪儿找到理由说父亲精神失常，我们也要找到理由和他们辩论，证明父亲的精神是正常的。

（热烈讨论了3分钟。中间，老师指导"失常"组学生在黑板上写下"两眼直直、只有一个念头、挖了38小时"）

师：下面，我们的辩论即将开始了。认为父亲精神失常的同学为正方……（认为正常的同学纷纷举手："老师！"）请把手放下。我知道你们的意思，你们是觉得自己一方是对的，应该是正方，是吧？

生：是！

师：呵，辩论的正反双方与辩论观点的正确与否无关。他们认为父亲的精神失常了，就是"是"，为正方；你们认为父亲的精神不失常，就是"否"，为反方。反方就是反对对方意见的一方。懂了吗？

生：懂了。

师：刚才正方同学找到了3个理由，一是两眼直直，二是只有一个念头，三是挖了38小时。先看第一个理由——两眼直直。请正方同学回答。

……

师：请看第2个理由——只有一个念头。请大家找到那一段课文，看看只有一个什么念头。读。

……

师：请你现在别说，待会儿你悄悄地告诉我。请看第3个理由：挖了38小时。请你说说，为什么挖了38小时就是精神失常了？

……

师：同学们，当我们面对一个因为爱自己的孩子，因为失去孩子过于悲痛，精神上、行动上与我们一般人有点不太相似的父亲，你会说他的精神失常了吗？你会这样说吗？

生：不会！

师：你只会被他的精神所感动，同情他的悲惨遭遇。我想，任何人都不会对他说："你的精神失常了！只能是深深地敬佩这位了不起的父亲。"

（《地震中的父与子》）

案例分析

在《地震中的父与子》一课中，赵志祥首先让学生自己猜测老师会提出的一些问题，对猜中的学生给予奖励。学生对老师所要提出的问题很感兴趣，跃跃欲试，于是争先恐后地根据课文的内容猜想老师会提什么问题。学生在兴致勃勃地猜问题和回答问题中，不仅基本上疏通了课文的思路，大致了解了课文的主要内容，而且培养了自主学习的能力。

接着，赵志祥根据"人们摇头叹息地走开了，大家都以为这位父亲因为伤心过度而有些精神失常了"，设置了一个问题："这位父亲是否精神失常？"这个问题很有思考价值，引发了学生学习的欲望。他们经过认真思考和激烈的辩论后，明白了一个深刻的道理：这位父亲失常——他失去了一般人的常态举动，竟然能在地震后的废墟中连续挖了 38 小时；但这位父亲也不失常，而是超常。因为有一股伟大的力量促使他做出了惊人的举动。他失常，但失常得伟大；他不失常，不失常的惊人！这就是爱，伟大的父爱！

实施方法

1. 质疑问难，培养思维的敏捷性

课堂上，不只是教师提的问题会引起学生的学习兴趣，学生自己提的问题也一样能引起他们的兴趣。同龄人所提的问题大多具有一定的相似性，因此，教师在课堂上可以提供机会让学生自己提问，大致了解学生的理解程度。学生可以向自己的同伴提问，也可以向教师提问。这样不仅激发了学生的学习兴趣，还培养了学生思维的敏捷性。

2. 启发思考，调动思维的积极性

只有好的课堂提问，才能打开学生思维的闸门。教师绝不可以随随便便设置问题来向学生提问，所设的问题必须具有启发性，这才能调动学生思维的积极性和学习兴趣。

3. 链接新旧，发展思维的活跃性

教育心理学家研究表明，学习者习惯于在旧知识的基础上接受新知识。面对新知识，学习者一般都会根据自己已有的知识经验进行选择，只有那些与旧知识建立起相似联系的信息才会引起他们的学习兴趣。因此，在教学中，教师所提出的问题必须注意新旧知识的联系，注重设疑的过程，让学生有一个渐进的思考过程。

五、连接生活，激发兴趣
——通过联系生活深化体验

"生活处处皆语文，语文时时现生活。"语文来自生活，生活是语文的源泉，语文与生活密不可分，这是大语文观所体现出来的语文和生活的关系。因此，教师要在语文课堂中引入生活的内容，引导学生联系生活学习语文，让语文课堂更好地连接生活。语文课堂一旦与生活联系，必然生动活泼，学生就会更真切地体会课文的思想情感，更深入地理解课文的主题思想，更准确地掌握课文的写作特点。语文课堂教学亦能化难为易，变枯燥为有趣，有效地提高学生的学习兴趣，深化学生的体验。

📖 经典案例

师：到现在为止，这篇文章已经学完了。

生：啊？这么简单？

师：是啊！读书其实就是这么简单！这篇文章的年龄是你们年龄的 2～3 倍。这是一篇说明文，我们只能学他的说明方式，与现在的人类拥有的"鲸"的资料相比，这只是沧海一粟。老师让你们准备的资料都带来了吗？

生：带来了！

师：现在拿出来放在桌子上，我现在也应该发大家信封了，聪明的学生就应该猜到信封里面装的是什么了。

生：一张纸！

师：不是一张，是两张啊！（笑声）我是通过网络查到的最新的有关于鲸的资料，查了大概是 12 万字的资料，总结成这几千字的资料，很宝贵的，赶快看。

（学生打开信封看资料）

师：看看你们收集的资料和我提供的资料有什么不同？

（学生迅速阅读资料）

师：咱们已经掌握了大量关于"鲸"的资料，如果我让你们介绍"鲸"，你们会不会感到困难？

生：不会！

师：如果我说海洋里的鲸鱼非常大，你们会不会跟我抬杠？

生：会，因为"鲸"不是鱼，它是哺乳动物。

师：对，它是动物，最多说它是鲸。但是我发现有许多人还在叫它"鲸鱼"，包括中央电视台某些著名的节目主持人。（笑声）怪不怪他们？

生：不怪。

师：怪他的小学老师没把他教好，（笑声）没有告诉他鲸不是鱼，叫它鲸就可以了。我想，咱们以后碰到人的时候宣传宣传鲸，告诉他鲸不是鱼。我们在这里还要举行一个隆重的仪式，成立东洲小学五年级四班"巨鲸演讲团"，愿意吗？

生：愿意！

师：你们觉得谁当团长合适？

生：李南。

师：谁叫李南，站到前面来，我准备跟他竞争。你们为什么选他当团长？他做好当团长的准备了吗？

生：没有！

师：我做好准备了，准备得相当充分，我想当团长，他只能做我的团副，瞧，我名片都印好了，（发名片）谁站起来推荐我的名片？

生：（读名片）蓝鲸，巨鲸演讲团团长。体形巨大，长38.88米；食量巨大，每天吃4.88吨；力量巨大，赛过火车头。地址：银河系之太阳系之地球之太平洋。电话：1234567；传真：7654321。

师：你读得不错，可以当助理秘书了。（笑声）谁来当秘书？（学生争先恐后）

师：都想当，那很简单，先做秘书的名片，既然做了秘书，你也是鲸，你也要有像我一样的名片，愿意吗？

生：愿意！

师：好，现在开始做名片。我这儿有空白名片，每人一张，拿过去做吧。可以仿照本团长的名片，选择一种鲸，要抓住最精彩的地方，用最简练的语言把你的特点加以介绍，让别人一看就产生好感。别忘记写上：巨鲸演讲团秘书。都是秘书，看谁厉害。现在开始打草稿。你们打草稿，我给你们发名片。写得不精彩的不发，我是花了好几天工夫做的，要是被弄坏了，我会心疼的不得了。（笑声）

（学生打草稿，教师发空白的带有鲸图案的名片）

师：打好草稿的同学可以直接用你的钢笔在名片上写，大家的字都写得这么漂亮，完全可以不用打印，写出来的就像王羲之的签名一样，全是真迹。（生大笑）

（学生动手设计名片）

师：谁愿意把自己的名片跟大家分享一下？

生：白鲸，巨鲸演讲团秘书。最酷之处颜色洁白无瑕，特点是载歌载舞，称号金丝雀。

师：好，不错。可惜这个"瑕"错了一点点。（生笑）

生：蓝鲸，巨鲸演讲团首任秘书。最酷之处，体重190吨，体长33米，食量每顿4～5吨，地址：银河系之太平洋之地球之巨鲸演讲团之秘书办公室，电话1111111。（笑声）

师：写的是不错，很有创意，不过有点功高盖主哦，（笑声）只能当第二秘书，不能当首席秘书。

生：虎鲸，巨鲸演讲团秘书。最酷之处，牙齿多而密，可吃肉，食量巨大可吃蓝鲸！（笑声）

……

师：本团长现在是老眼昏花，不知道选谁了？很简单，下课后你们把名片送到讲台上，如果哪个老师认为你的名片好，在你的名片上画了三颗星，你到我这里来报道，行不行？

生：行！

师：本巨鲸演讲团团长要宣读团长宣言：

吾乃巨鲸演讲团团长——老蓝鲸是也。多老哉？4500万岁也。嘿嘿，小意思也！

人云，鲸，鱼也。No！No！No！鲸乃哺乳动物也。远古，吾等似牛羊一般，居于陆地也；后因环境之变，移民于浅海也；时过境迁，移居深海谋生也；环境之需，体态逐步化为鱼形也。是故，人类误将鲸作鱼也。

鱼也好，兽也罢，总而言之，言而总之，吾等愈来愈帅也。闲言少说，且看吾等风姿也！

想不想看？

生：想

（教师播放鲸在海中的画面）

……

师：好了，同学们，图片很多，我们以后再看！我准备选五个团副，想竞争副团有两条，第一，待会儿把名片送给老师，如果老师给你签了三星，你就参加竞选。第二，要像我一样，我有团长宣言，你们也要有演说词。再往下看，（师播放投影）"吾老矣，子孙之事皆不问也。欲知他们之事，且听他们分解也。Bye—bye，bye—bye，bye—bye也！"（笑声）

今天的作业就是写"宣言"。写好后可以交给王老师，也可以写信寄到我那儿。不过，千万不要写"深圳市后海小学老蓝鲸收"。（大笑）

师：下课！Yes！Bye！Bye！Bye！

（《鲸》）

案例分析

"问渠哪得清如许，为有源头活水来。"赵志祥执教《鲸》一课，向学生分析鲸的特点和指导学生了解课文的说明方法后，引进了生活中"团长名片""秘书名片""写宣言"等环节。这些环节的设计，把课文的内容和生活联系起来了。这不但激发了学生的学习兴趣，还拓展了学生课外有关鲸的知识，深化了学生对课文内容的感悟和体验。

实施方法

1. 自主实践，体验生活

学生在语文课中仅仅理解课文内容还不是最终目的，能将所学内容和生活联系起来，运用于生活，尤其是创造性地运用，才是我们追求的目标；而实践是达到这一目标的基本途径。在课堂教学中，教师要尽量为学生创造机会，让学生自己去体验，掌握解决问题的方法，促进实践能力的发展。

2. 创设情境，再现生活

每一篇课文都以语言文字为载体记录着一定的生活信息，学生学习语文就是在头脑中把语言文字还原成生活经验，从而获得主观感受。因此，教师教完一课之后，可以创设一些情境再现课文的内容，又或许让学生把生活和课文联系起来进行对比，让学生借助情境想一想、做一做，这些都是激发学习兴趣的有效方法。

六、深度阅读
——课堂激趣与语文教学

兴趣是最好的老师，是学生求知的源泉，是培养学生的观察力、想象力和逻辑思维的起点。教育家孔子云："知之者不如好知者，好之者不如乐之者。"心理学研究表明：浓厚的学习兴趣可使大脑兴奋，使各种感官处于活跃的状态，以最佳的状态接受信息；能促使学生自觉地集中注意力，全神贯注地投入学习活动中；能抑制学生的大脑疲劳，产生愉悦的体验，使他们不断去探索新的知识。

传统的语文课堂往往采用逐句讲解的方法，教师教得辛苦，学生学得痛苦。要改变这一切，就离不开课堂"激趣"。"激趣"不同于简单的讲笑话、造笑料，而是要求语文教师充分利用教材和学生这两个因素，诱发学生的求知欲望，激起学生学习的主动性和积极性。在课堂上，教师只有抓住学生的心理发展特点，运用多种有效的教学手段，不失时机地激发学生的学习兴趣，这样才能使学生由"要我学"变为"我要学"，达到最佳的课堂教学效果。

激趣在教学中发挥着重要的作用，但并不是任何时候都适合运用的。教师在激趣中需要注意以下几个问题。

1. 教师要根据自身的特点进行激趣

要想给学生乐趣，教师必须先有趣。在课堂上，教师一次不落俗套的引入，一句不同凡响的话语，一个出人意料的设计，一件制作精巧的教具，一个充满竞争的提问，一个鼓励性的微笑，等等，都有可能成为学生注意的焦点，激起学生学习的兴趣。教师激发学生学习兴趣的方式是多种多样的，但教师对这些方式的选择首先应从符合自身的特点出发，再考虑学生的适用情况，最后综合运用。如：具有幽默风格的教师，可以通过多制造一点幽默来激发学生的学习兴趣；擅长语言风格的教师，可以利用巧妙的语言来引发学生的学习兴趣，力争让语文教学达到"半亩方塘一鉴开，天光云影共徘徊"的境界。

2. 教师抓住学生的情况进行激趣

教育的核心是培养人，并使培养对象得到充分的发展。小学生的世界是一个奇妙而又充满幻想的世界。小学生有着自己的独特想法和思维方式，他们是按照自己的思维逻辑、价值观念和游戏规则生活的。教育心理学研究认为，只有外部输入与学生现存的信息具有相似性，才能引起学生对这一信息的注意，学生才会将自己原有的信息与新输入的信息进行相似激活，相似匹配，相似重组，相似创造。因此，教师必须紧密联系学生的实际情况，充分调动学生已有的经验和头脑中贮存的相关信息。这样才能激发学生的学习兴趣，使他们积极地自主探究。

3. 教师要变换方法进行激趣

激趣只是课堂教学的手段，而非目的。激趣是为课堂教学的效果服务的，教师在教学中不能一味地追求课堂的热热闹闹。笑声不断的课堂看似有趣，但是学生可能不知为何而"乐"，没有教学效果可言。在长期的教学中，教师很容易形成自己独特的教学习惯，久而久之，就会使课堂教学显得呆板、枯燥，缺少生机。因此，教师在激趣中不能贪图方便，老是出"旧招"，而应综合考虑多方面的因素，变换着教学方法进行激趣。

教育的关键在于让学生学会学习，而不是简单地灌输；是激发学生的学习兴趣，而不是挑战学生的学习耐力。只有激发学生的学习兴趣，才能提高语文的教学效率，学生才学有所得；只有激发学生的学习兴趣，充分发挥学生的主体作用，张扬学生的个性，才能使我们的语文课堂丰富多彩，富有情趣。

（分析论述：徐影花）

周益民
如何激趣生成诗意课堂

名师档案
——"诗化语文"践行者

周益民,全国著名特级教师,儿童阅读推广人,《小学青年教师》《语文教学通讯·小学版》《南通教育研究》封面人物。曾获"江苏省优秀教育工作者""南通市学科带头人"等称号,现为江苏省海门实验学校小学部儿童阅读与研究中心主任。

独特的思想品格铸就了周益民风格鲜明的教学特色,有学者评价他的教学充满了古典情怀与宗教色彩。儿童文学理论家朱自强称其"正是布约克沃尔德所说的,褒有童年时代传统的'未来的教师'"。

周益民的教研成果颇丰,在省级以上报刊发表教育教学文章百余篇,出版个人文选《步入诗意的丛林》,主编《小书虫牵手大作家》《上读书课啦——班级读书会案例精选》等书。2002年起致力于"诗化语文"的研究,获得教育界、儿童文学界有关人士的关注。

一、名课实录

——诗意课堂，纯真情怀

《童年的月亮爬上来》课堂教学实录（自己选编的实验教材）

（一）词串导入，引发联想

师：今天，老师带来一组词串，哪位同学愿意来读一读？（出示词串，指名朗读）

夜空　圆缺　晶莹

嫦娥　玉兔　吴刚

凝望　沉思　怀想

李白　阿炳　华章

师：这组词串说的是什么？再请一位同学读，大家边听边体会。（指名读）

生：说的是月亮。

生：都是有关月亮的。

师：都说是月亮，何以见得？

生：玉兔、嫦娥、吴刚都是有关月亮的传说。

师：嫦娥奔月、吴刚伐桂，那都是流传了数千年的有关月亮的美丽传说。

生：夜晚的月亮有时圆有时缺，是晶莹透亮的。

师：对，苏轼曾有诗云——

生（齐）：月有阴晴圆缺。

生：李白写了有关月亮的诗篇。

师：告诉大家，李白是古代诗人中描写月亮最多的诗人，他对月亮可以说是情有独钟。

生：阿炳谱写了著名的二胡曲《二泉映月》。

师：李白、阿炳，还有许许多多的李白、阿炳们，为月亮书写了瑰丽的诗篇、乐章。

生："凝望、沉思、怀想"是人们由月亮引发的情感。

师：看来，这组词串未见着一个"月"字，但又处处写着"月"。咱们想着月亮，一起来读。（生齐读词串）

师：从古到今，从童年到老年，月亮都是人类不变的朋友。千万年来，月亮用她那晶莹的光芒普照着大地。因为月亮，我们的夜晚更加迷人；因为月亮，我们的生活更加多彩。这几天，月亮正牵动着亿万人的目光，知道这一事件吗？

生：是"嫦娥一号"成功发射。

师：知道是哪一天吗？

生：是 10 月 24 日 18 时 05 分。

师：同学们的信息很准确。10 月 24 日 18 时 05 分，我国首颗月球探测卫星"嫦娥一号"成功发射升空。2004 年 2 月，我国绕月探测工程领导小组第一次会议召开，将工程命名为"嫦娥工程"。这几天，老师也在思考一个看起来有点儿怪怪的问题：月亮究竟有几个？

生：我认为有两个，天上一个，水里一个。

师：是啊，咱们小时候读过一个童话故事，叫做"猴子——"

生（齐）：捞月。

师：还有一个成语，雾里看花，水中——

生（齐）：捞月。

师：水中望月。

生：我认为月亮有很多个，因为河流有很多，所以月亮就有很多个。

师：我们学校就有一条美丽的月亮河，那月亮河里就有一轮明月。

生：我觉得有 O 个月亮。因为世界上的河流、湖泊数不清，月亮也就数不清，就用字母 O 来代表。O 的形状又有点像月亮。

师：月亮的方程式都出来了。（众笑）天上的月亮只有一个，但映照不同的山川河流，就反映出不同的波光月影，成为各地的独特景观。比如（出示，学生齐读）卢沟晓月、三潭印月、平湖秋月、二泉映月。

生：我觉得只有一个，因为在人们心中它是独一无二的。

师：那老师要问问你，假如你到了异乡，到了国外，这样，你就成了一名游子。这时候，哪里的月亮是独一无二的？

生：是故乡的月亮，是中国的月亮。

师：哦，是故乡海门的月亮。如果你出了国，那就是——

生：中国的月亮。

师：这样，有几轮月亮？

生：只有一轮。

师：我明白了，外国的月亮再圆再亮，在你心中也不及家乡的，在你心中，只有中国的月亮、家乡海门的月亮。难怪人们总说，水是家乡的甜——

生（齐）：月是故乡的明。

师：故乡的概念放大了，就是中国。在中国文化里，月亮可不是一个普通的星球，而是神话的世界，是独特的"中国月亮"。有一首歌叫《中国的月亮》，其中有这样两句："你传说美丽的嫦娥，你讲述勤劳的吴刚。"

生：我觉得有13亿个月亮。每个中国人心中都有一个月亮，黑夜里为你带来光明，让你不再惧怕黑暗。

师：说得真好！这样看来，这些月亮照耀在我们的头顶，更照耀在我们的——

生：心里。

师：月亮照耀在我们的心里，有多少文人雅士因而情意绵绵。贝多芬因月而奏响《月光曲》，李白因月而独自《静夜思》。可以说，有多少首诗，就有多少轮月；有多少支歌，也就有——

生（齐）：多少轮月。

师：看来，每个人的心头都爬着一轮自己的明月。今天，我们不读那些流传深远的经典诗文，而是回到小时候，做一回小孩子，来看看孩子眼中的月亮。让那——（出示课题）

生（齐）："童年的月亮爬上来"。

（二）趣味诵读，唤醒童真

师：请大家捧起这些大多是幼儿园、一二年级孩子阅读的童谣、童诗，选择自己特别喜欢的读一读。

（生自由读，而后通过个别读、领合读、对读、击掌读、叩桌读等方式，重温童谣童诗的趣味与韵律）

（一学生读《拜月亮》）

师：周朝时，我国就有秋天拜月的习俗。民间视月亮为神灵，在中秋月亮升起之前，大家在家门口对好月亮出来的方向摆设香案，供品主要有月饼、水果等。大人们面对月亮非常虔诚地朝拜，求保佑、求平安。你们想，孩子拜月亮是一种怎样的心情呢？

生：孩子会想，月亮公公，月亮婆婆，求你下点西瓜雨、瓜子雨吧，解解

我的馋。（众笑）

师：大人在祈求平安，小孩在旁边看了也拜了起来，其实是模仿大人呢。我们模仿着也来拜一拜。（生双手祈祷状诵读）

师：大人们拜个没完，小孩呢，一只眼睛看着月亮，一只眼睛——

生：一只眼睛看着香案上好吃的东西，口水都要流下来了。

师：是啊，爸爸、妈妈还在慢条斯理，你可着急了。齐诵。（生齐诵）爸爸、妈妈没听见。再提醒。（生急切地诵读）

师：读着这些童谣、童诗，你们有什么样的感觉，或者想起了什么？

生：我想起了小时候要伸手抓月亮吃的样子。

生：我想起了小时候站在凳子上抓月亮的事。

生：我想起了小时候，我躺在床上，外婆给我说童谣的情景。

师：哦，你有个书香外婆！（生笑）外婆用什么话说的？

生：用家乡话。

师：能不能展示一下？

（生用海门话说童谣，气氛活跃）

师：真好听啊！乡音、乡韵最动人。月亮高高地挂在天上，那么神秘。看着它，小小的心就会飞起无数个问号。当年大诗人屈原仰望苍穹，一口气问了700多个问题，其中有这样两句：（出示）

夜光何德，死则又育？

厥利维何，而顾菟在腹？

　　　　——屈原《天问》

师：意思是说：（出示）"月亮有着什么德行，竟能死了又再重生？月中黑点那是何物，是否兔子腹中藏身？"屈原是"天问"。今天，我们也来一回"月问"。想一想，在你小的时候，或者就把现在的自己当成一个小孩，看着那神秘的月亮，有过什么疑问？

（出示：月亮月亮我问你）

生：月亮月亮我问你，你为什么又大又圆馋得我流口水？（笑）

生：月亮月亮我问你，你为什么消失以后又重生，为什么不一直保持圆圆的形态？

生：月亮月亮我问你，吴刚是否还在那儿不停地砍桂树？

师：嗯，月亮月亮我问你，吴刚是否还住在你家里？

生：月亮月亮我问你，早晨为什么看不见你，难道真是长了青春痘？（笑）

师：这究竟是何道理？

生：月亮月亮我问你，你为何有时会被狗吃掉？

师：看得我们心里好着急。

生：月亮月亮我问你，你为什么这么胆小晚上才出门？

师：晚上出门那是胆大啊！（笑）

生：月亮月亮我问你，我真不明白你，为何白天不工作，到了晚上才加班加点？（笑）

生：月亮月亮我问你，为何你增肥快来减肥也快？

生：月亮月亮我问你，你究竟是啥滋味，馋得天狗流口水？

师：我们智慧的火花在闪耀。有孩子的疑问，就会有孩子的回答。看看，刚才诵读的童谣、童诗中，哪些解答了这些疑问。（生默读）

生：我从《河里有个大月亮》知道了月亮的滋味。（读）"河里有个大月亮/像块饼干喷喷香/馋得小鱼流口水/你争我抢都来尝/咂咂咂咂/哎呀呀、哎呀呀/怎么不甜也不香。"

师：月亮究竟是啥滋味，原来不甜也不香。

生：我知道月亮为什么增肥快来减肥快。（读）"初五/月亮又瘦又小/它想：要加紧锻炼/慢慢地慢慢地/它变得又圆又美/它想：我长得多俊俏/多么的迷人/慢慢地慢慢地/它开始变得又瘦又小。"

生：我来回答为什么月亮白天不出来。（读）"月亮小姐/为什么/白天都没有看到你/是不是没有化妆/还是长了青春痘/所以才不敢出门。"

师：大家看，先是孩子的天真问月，后是孩子的有趣想象，合起来也可以是一首有意思的童谣了。请同学们整理一下，第一节整理刚才的问题，第二节以童谣中的内容为素材作答，当然也可以自己创造。哪些同学自告奋勇现场创编？（选定部分同学现场创编）

（三）现场创编，妙趣横生

师：他们搞创编，当诗人，我们其他同学一起进行研究。这些诗句充满了童趣，我们一起研究研究，透过这些童谣、童诗，思考孩子看月亮都有些什么特点？想一想，小组里讨论讨论。

显示：

文学小研究

分析童谣、童诗，我们发现孩子看月亮具有如下特点：

1. ____，比如《 》中写道：____。

2. ____，比如《 》中写道：____。

……

（生思考、讨论，然后交流）

生：我看出孩子看月亮把月亮当作小姐……

师：对不起，打断一下，孩子把月亮当作小姐这是一个现象，由这个现象看出孩子是把月亮当什么了？

生：我觉得孩子看月亮很天真，他把月亮当作人了。

师：是啊，我们看看这些童谣里都把月亮称作什么。（生齐读：月亮婆婆、月亮姑姑、月亮姐姐、月亮阿姨、月亮公公）

师：这些称呼给人什么感觉？

生：很亲切。

生：月亮很温柔。

生：感觉月亮很可爱。

师：孩子看月亮，月亮是可亲可敬的。继续交流，孩子看月亮还有什么特点？

生：我觉得孩子看月亮时充满了幻想，从《捞月网》中可以看出，他想捞月亮呢。

生：从其他童诗中也可以看出，小孩子认为月亮会跟自己捉迷藏，认为月亮长了青春痘所以不出门。

师：儿童的月亮是富于幻想色彩的。大概二十多年前，我国有一位小学生画了一幅儿童画《我上月亮荡秋千》，在国际儿童绘画比赛中获了奖。

师：研究组成果不错。现在，创编组该展示自己的作品了。

生：月亮月亮我问你

减肥秘诀在哪里

自我感觉非常好

跑步锻炼不能少

长肥原因在哪里

心中秘密告诉你

多吃多睡来迷你

生：

月亮月亮我问你

你为何增肥快来减肥快

月亮回答

加紧锻炼

我望着月亮好羡慕

月亮委屈地说

唉，十一二做的礼服十五六就穿不了

生：

月亮月亮我问你

为何白天看不见你

哦，原来长了青春痘怕羞羞

就一个人躲在家里

琢磨着怎么变成个大美女

师：其实有了痘痘没关系，我们绝对不会笑话你，因为火红青春最美丽。

（笑）

生：

月亮月亮我问你

为何白天不出门

是他人所逼还是身不由己

哦，胆小鬼儿就是你

生：

月亮月亮我问你

白天怎么看不见你

是不是长了青春痘

记住一不要用手抓

二不要随意擦

小心脸上留个疤

记住用迪豆哦

师：通过刚才的童谣创编与研究，我们发现，在孩子眼里，月亮——

生：月亮可亲又可爱。

生：月亮是童心幻想的依托。

师：是的，月亮就是传说，月亮就是神话。

生：在孩子眼里，月亮是我们的亲人。

师：同学们说得真好，在孩子眼里，月亮是有生命的，是可以对话的。月亮就是诗，就是童话，就是传说。

（四）课外拓展，升华情感

师：接下来，老师要考考大家的感觉。看看下面这首诗中的月亮，是不是孩子看到的。跟刚才诵读的童谣、童诗比较。（出示：《月之故乡》，生读）

生：我觉得这是一个常年在异乡漂泊的大人看到的月亮。

师：孩子看见水里的月亮是怎么说的？

生："我到月下去洗脸/她进水盆来亲我。"

生："河里有个大月亮/像块饼干喷喷香。"

生：我补充一点。一个水里，一个天上，游子在外，故乡就像月亮一样是多么遥不可及。

师：因而才有点伤感。尽管遥不可及，可是故乡就像头顶的月亮一样，一直陪伴着游子。同学们，这首诗使用的字词似乎很简单，一年级的小孩都认识，然而抒发的情感却是深沉、凝重的，是一个成人对久别故乡的深深思念。作者彭邦桢是著名的台湾诗人（显示诗人照片），写这首诗时快要60岁了。确实，成人和孩子眼里的月亮是不完全一样的。在成人眼里，月亮常常跟乡愁、亲情、爱情联系在一起。同一个李白，小时候的李白看见月亮"呼作白玉盘"，以为是神仙用的镜子，飞在蓝天之中。而长大后的李白，身在他乡，却是——

生（齐）："举头望明月，低头思故乡"。

师：当然，成人的月亮与我们孩子的月亮也并不是完全相对的，很多人即使长大了仍会记得童年的时光，记得童年的月亮。大家猜猜，"嫦娥工程"的科学家们小时候是怎么样的？

生：他们肯定对月亮充满了幻想。

生：想飞到月亮上去看看嫦娥，会会吴刚。

师：他们是听着神话长大的。那么长大后呢？

生：他们就想去探索月亮的奥秘。

师：你们看，童年的幻想成了成年后的动力与资源。于是，他们把那么富于科学含量的月球探测工程命名为"嫦娥工程"。他们心中，既有一个科学的月亮，也有一个——

生：神话的月亮。

生：文学的月亮。

师：童年真是美妙的时光，童年的天空中不光有可爱可亲的月亮，还有什么也会爬上来？

生：还有童年的太阳。

生：还有童年的星星。

师：也许还有那绽放的花朵，那晶莹的水珠，甚至一声蛙鸣。童年的世界就成了一个奇异的世界，成了一个诗的世界，一个童话的世界，它吸引着我们不断去探索，去创造，这成了我们走向成熟的源泉。祝愿各位同学，在我们心中永远爬着一轮——

生（齐）：童年的月亮。

二、名课解读
——激发童趣，情真意切

有人这样评价周益民的课："他的课是用心经营起来的灵动的意义空间，是一种匠心独运的课堂艺术作品。"《童年的月亮爬上来》一课的教材是周益民自己根据关于月亮的童谣、童诗改编而成的，用周益民的话来说，这一课"从形式上看，这是一节童谣诗诵读课；从内容上看，这是一节以月亮为主题的文化阅读课。"新课改以来，教育界涌现了不少实验性课程，相当一部分是与课程改革相符合的，这些实践若经得起考验，那就是成功的，具有普遍意义的。周益民的《童年的月亮爬上来》就是以激发兴趣来促进学生的阅读学习、文化积累，他的课堂很注重培养学生的美感，有人称他的课堂是"诗化的课堂"。

1. 出示词串，引发联想

周益民首先出示一组关于月亮的"词串"，请学生进行朗读，要求学生边读边体会"词串"的内涵，让学生自然而然地联想到月亮。由月亮的传说联想到月亮的诗句，联想到有关月亮的"工程"，最后由外国的月亮谈到中国的月亮、故乡的月亮，渲染了一番浓浓的爱国和思乡情怀。在师生的谈话中，周益民循循善诱，步步递进，点拨引导，引发学生进行丰富的联想，触动学生的童真之趣。接着，周益民紧扣"词串"与学生展开了学习交流。"词串"只是一个引子，一个铺垫。由此出发，课堂由天上月到了水中月，由故乡月到了童年月。至此，学生对这篇课文的学习兴趣已有所显现。

2. 诵读童谣，情趣盎然

在本课教学中，周益民选用了 10 首童谣和童诗外加一首李白的古诗《古朗月行》，向学生呈现"月亮"这一素材，以儿童的视角来看待"月亮"在文学作品中的样子。周益民以童谣、童诗的"诵读"为教学的突破口，通过反复诵读品味，让学生充分领悟"月亮"的文化内涵，体会美好的意境，享受纯真的情趣。周益民的阅读指导是循序渐进的。首先学生自由朗读，接着教师引导读《拜月亮》（你们想，孩子拜月亮是一种怎样的心情呢？），然后默读（有孩子的疑问，就会有孩子的回答。看看，刚才诵读的童谣、童诗中，哪些解答了这些疑问？），最后深度阅读（这些诗句充满了童趣，我们一起研究研究，透过这些童谣童诗，思考孩子看月亮都有些什么特点？）。周益民以"读"贯穿于整个课堂，且"读"的形式多样，使学生始终处于愉悦、轻松的学习氛围之中，整个课堂充满了情趣。

在诵读的过程中，周益民还让学生模仿文中儿童的语调和动作，让他们与月亮婆婆、月亮姑姑、月亮姐姐交谈，交谈中有点顽皮，有点撒娇，显出儿童的天真、可爱。周益民以屈原的诗歌《天问》为样板，抛砖引玉，激发学生的想象力和创造性思维，鼓励学生用自己喜欢的方式对"月亮"进行诵读式"提问"。学生纷纷用各种方式对月亮提出富有童趣的问题，周益民在倾听的同时指导学生以童谣式的语言进行表达。这样，学生不仅提高了诵读诗歌的能力，培养了学习诗歌的兴趣；而且提高了在诵读中分析研究诗歌的能力，在潜移默化中掌握了学习的方法。

3. 现场创编，妙趣横生

在本课教学中，周益民牢牢抓住了"读"与"写"两个最重要的语文训练形式。在学生充分诵读和研究童谣、童诗的基础上，周益民引导学生自然地进入到童谣、童诗的写作环节。由于上面几个环节的充分铺垫，学生在写诗环节中的表现就显得相当精彩了。学生在写诗中回味童趣，品味语言，语文的工具性和人文性在这里得到了和谐统一。

学生用自己的语言现场编写了五首童谣。这五首童谣的语句活泼生动，妙趣横生，充分地展现了儿童丰富多彩的心灵世界。周益民这堂课的点睛之笔就在于这样的一句话："通过童谣的创编与研究，我们发现，在孩子眼里，月亮——"这句话唤醒了学生潜在的儿童意识，让学生在想象中发挥才情，从而获得"月亮是我们的亲人"这样深刻动人的感悟。这里，周益民引导学生回到了"人"的主题上，回到了儿童的视野中。自然而然，学生在月光般美好的情感氛围中陶冶了身心，提高了语文素养。

4. 课外拓展，升华情感

在读、写完童谣、童诗后，周益民让学生学习台湾诗人彭邦桢写的一首诗《月之故乡》。这首诗表达了诗人对久别的故乡深深的思念之情。接着，周益民引导学生联想到李白《静夜思》的诗句"举头望明月，低头思故乡"，深化学生对乡愁、乡情的体会和感悟，从而使学生的视野由儿童的月亮扩展到成人的月亮，进而认识到文学的月亮。至此，课文的内涵再一次得到提升。周益民以精心设计的课外拓展，为其"诗意课堂"的构建画上了一个完美的句号，也使"诗化语文"有效地落实了语文课的根本任务。

三、凤头导入
——吸引学生的注意力

好的开端是成功的一半。导入是课堂教学的起始环节，是课堂教学不可或缺的一部分，其主要作用是帮助学生顺利地进入新的学习情境。生动有趣、富有艺术性的导入，犹如文章的"凤头"，能够有效地吸引学生的注意力，激发学生学习的兴趣，产生学习的动机；从而使学生全身心地投入到课堂的学习中，为整个课堂教学奠定基础。

课堂教学是一门艺术，它能产生一种迷人的魅力；而语文教学正是体现这种艺术的一门学科。倘若课前导入没有教学艺术，那么学生学习新课的兴趣就失去了一半；剩下一半即使是科学的知识，学生也处于一种被动而僵化的状态，最后这堂课也难以取得成效。

 经典案例

（师生谈话，由"世界上最高的山"等问题过渡到对"世界上最粘的胶水"的认识交流，由作家陈丹燕作品中所说"感情是世界上最粘的胶水"引出本文）

师：这堂课，让我们继续走进乌丢丢的世界。（显示《乌丢丢的奇遇》封面）在吟痴老诗人的陪同下，乌丢丢踏上了寻找珍儿和布袋爷爷的路途。一路上，他看到了很多，感受到了很多，也想到了很多。这天清晨，他们又开始了新的旅程，于是，遇到了一只美丽的蝴蝶，从而有了一段刻骨铭心的经历。现在，谁愿意简单地说说这只蝴蝶的故事？

生：蝴蝶与一棵蔷薇花去年相约，今天是它们相会的日子。蔷薇曾为它挡风遮雨。为了去见蔷薇，蝴蝶顶风飞行，不惜献出生命。

生：去年的今天，一棵蔷薇为蝴蝶挡雨，保护了蝴蝶的生命。它们相约今天相会。狂风猛烈，卷走了蝴蝶，但它的灵魂也要去寻找蔷薇。

师：是啊，去年的这天，蔷薇花与蝴蝶曾经有过一个美丽的约定，今天就是它们相会的日子。蔷薇忘不了，蝴蝶更忘不了，迎着呼呼的狂风，蝴蝶出发了。我们都看到过阳光下、微风中的蝴蝶，舞姿是那样飘逸、轻盈，那么，狂风中的蝴蝶会给我们怎样的感受呢？请大家轻声读读。（出示）

吟老看着手掌上的蝴蝶，它的翅膀被风吹得像叶子一样翻卷着。

蝴蝶像一片秋叶，让风吹得上下翻飞。一阵风吹来，把蝴蝶高高地卷上天空。他们看见蝴蝶被狂风卷走，像深秋的一片叶子。

生：我感觉蝴蝶飞得很艰难，就像一片落叶。

生：狂风中的蝴蝶是那样弱小，被风吹得上下翻飞。

师：大家已经读出了自己的体会。同学们，文字中是有温度、有声音、有丰富感受的，再静静地看一看，是否会有新的感受？（生默读，体会）

生：我似乎听到了蝴蝶喘气的声音，它飞得好艰难啊！

生：我似乎感觉到了蝴蝶被风吹裂的伤口，多疼啊！

生：我觉得蝴蝶此刻一定非常寒冷。

师：你们用心感受，便走近了蝴蝶。看着它艰难的飞行，想着它忍受着剧痛，真让人心疼。带着这样的感受朗读这几句话。（学生朗读）

师：狂风蹂躏它，厮打它，吞噬它，看着风中艰难飞行的蝴蝶。同学们，让我们来劝劝它吧。

生：蝴蝶啊蝴蝶，你歇一歇吧，多累呀！

生：蝴蝶啊蝴蝶，风太大了，你明天再去吧！

生：我说蝴蝶，你今天就别去了，否则恐怕连性命都保不住呢！

师：蝴蝶是怎么想的呢？一起来听听它的心声吧。（出示）

"那儿有一棵蔷薇，我们去年相约，今天是我和它相会的日子。"

"我可不能等，真的不能等，我不能让它失望。"

"今年它只为我开放；如果我今天不能和它见面，它就会凋谢。"

"在别人看来，它也许是一朵普普通通的花，但对于我来说，它是独一无二的。"

"我不该呆在帽子里，让您带着我走。我要自己飞到它的身边。即使大风要阻挡我飞到它那儿，我的灵魂也会飞去见它。"

（学生各自轻声朗读，随后老师和个别学生对读，再和全体学生对读）

（《逆风的蝶》）

案例分析

周益民是一位十分钟爱儿童文学的小学语文教师，在推广儿童阅读方面付出了很多的心血和精力，也取得了突出的成绩。《逆风的蝶》是一篇意境优美而底蕴深邃的儿童文学作品，周益民把它当作班级读书会的学习材料，通过自己富有特色的语文教学方式成功地实施了教学，体现了其"诗化语文"的教学理念。在这堂课的起始环节，周益民通过谈话导入新课，这不仅可以拉近师生之间的距离，而且可以活跃课堂气氛，为接下来的课堂教学做好铺垫。小学生都喜欢听故事，并且喜欢讲故事给别人听，周益民很好地利用了小学生的这一心理特征。他首先讲述小故事带领学生一起进入乌丢丢的故事世界里，引起学生的注意力，激发学生学习新课的兴趣；然后提出问题"谁愿意简单地说说这只蝴蝶的故事"，这诱发了学生的求知欲和表现欲，让学生在勾勒蝴蝶的故事中不知不觉地进入到课文的学习中。周益民的新课导入，亲切自然，抓住了"情"这个关键。这也成为整堂课教学内容的出发点。

实施方法

在课堂教学上，很多教师忽略了导入的重要性，更谈不上导入的艺术性了。他们走上讲台就直接叫学生打开要讲解的课文，然后就开始讲课，这样没有铺垫的课堂教学大多成效不大。如果教师在课前精心设计一个生动有趣的导入，激发学生的学习兴趣，那么课堂教学的效果就截然不同了。

1. 善用游戏

小学生正处于发育成长期，这个时期的儿童都是比较好动、好玩的，都喜欢参加各种各样的游戏活动。教师善于运用游戏导入新课，必将提高学生参与的积极性，把学生带入到充满乐趣的课堂学习中。

2. 设疑布阵

利用小学生的好奇心，在课堂导入上设疑布阵，使学生产生悬念，诱发学生学习的动机，激起学生学习的兴趣。学生解疑的时候也就是学生探究新知的开始，为教师顺利地完成课堂教学任务打好基础。

3. 把握时机

成功的导入离不开教师对教材的理解与熟悉。教师所设计的导语要与教学内容相关，且显得有趣、精练，具有吸引力。此外，教师要把握好导入的时间，使导入恰到好处。若导入过于繁琐，费时过长；则非但不能激发学生学习的兴趣，反而会引起学生的反感。

四、巧用提问

——诱发学生的求知欲

著名教育家陶行知指出："发明千千万万，起点是一问。智者问得巧，愚者问得笨。"课堂提问是教学中最经常、最普遍的，也是最为关键的教学方式之一，是课堂有效教学的核心。课堂提问被应用到教学过程的各个环节，是联系师生双边活动的重要纽带。

在课堂教学中，巧妙的课堂提问能诱发学生的求知欲，激起学生思考的兴趣，正如"一石激起千层浪"，能让学生在接受新知的过程中始终体验到"柳暗花明又一村"的成就感，增强他们学习的兴趣。巧用提问还能加快知识转化为语文能力的进程，是发展学生思维，保证和提高教学质量的有效途径，从而真正达成语文教学的实效性。

经典案例

师：看看他们三个人的表现，这方面有一样的地方吗？

生：他们都表现得很镇定，不慌不忙。

师：选择一个人物说说。

生：儿子杰克的表现给我的印象很深。（读第5自然段描写杰克的句子）杰克在自己的计谋没法实现的情况下，能够随机应变。尽管厄运即将来临，可他仍是那样"从容"，"默默地坐待着"，一点都没有反常的表现。

师：杰克默默坐待着什么"厄运"？请"瞻前顾后"思考。

生：杰克默默坐待的厄运是蜡烛熄灭，秘密暴露，情报站遭到破坏，他们一家三口生命的结束。在这样的情况下，他仍然很从容，"默默坐待"。（教师指导朗读）

生：我特别欣赏小女儿杰奎琳。在当时那样紧张的情况下，她小小年纪竟然表现得如此机智。

师："瞻前顾后"，联系第7自然段，你们体会会更深。大家一齐读第7自然段。（生读）读到这儿，你在想什么？

生：我想说，好险哪！

生：我终于长长地松了一口气。

师：就请你们带着自己的这些想法再读。（生齐读第7自然段）我们来看看伯诺德夫人她的表现，轻声读伯诺德夫人的话（"瞧，先生们，这盏灯亮些。"），想想应该强调什么字眼。（学生各自试读）

生1：（将"亮"字重读）我觉得应该突出"亮"字，因为只有强调油灯比蜡烛亮，才有可能巧妙地把蜡烛换下来。

生2：（将"灯"字重读）我觉得应该强调"灯"，因为只有突出了"灯"，才能吹熄蜡烛。

生3：（将"瞧"字重读）强调"瞧"字是为了吸引德国军官的注意。

生4：（将"先生"重读）我觉得也可以强调"先生"，这样做可以不使德国军官起疑心，似乎有礼貌的样子。

师：同学们的朗读处理都很有意思，都有各自的理由。不过，尽管咱们的处理方式不同，但有一点其实是相同的，想想是什么。

生：目的是相同的，都是为了保住那半截蜡烛。

生：都是为了避免敌人的怀疑，巧妙地熄灭蜡烛。

师：说得对。只要我们的朗读技巧都围绕在这一点上，那么就都是允许的。

师：我们体会到了一家三口的紧张心情，又感受了他们临危不惧的从容神情，从他们与敌人的反复周旋中，我们是不是还有别的感受。

生：我觉得他们一家都很有智慧。他们想的方法都很巧妙，没有引起敌人的怀疑。

（指导学生分别体会杰克、杰奎琳的表现）

师：绝密情报终于没有暴露，情报站也没有遭到破坏，他们一家也得救了。同学们，是谁保住了秘密，保住了情报站，挽救了一家人？

生：（脱口而出）是小女儿杰奎琳。

师：有不同的观点吗？

（学生开始沉思）

生：我认为杰克也有功劳。

生：还有母亲呢。

师：现在出现了两种意见，一种意见认为是杰奎琳，还有一种意见认为杰克、母亲也功不可没。同学们，要说服对方，就必须有充分的依据。想想，依据在哪里？

生：在课文中。

师：还是逐字逐句读吗？（生摇头）学习得讲方法。请大家快速读相关的部分，寻找到需要的内容后，再仔细琢磨。同学间也可以商量商量。

（学生读书、思考、讨论）

生1：我认为最后的成功应该是全家人的贡献。你想，儿子杰克在当时的情形下，如果不是那样"从容"，不就会引起敌人的怀疑吗？

生2：还有妈妈呢。她也是表现得很镇定，一开始是"轻轻"把蜡烛吹灭。

生3：还有，一开始妈妈从厨房取出了一盏油灯，这样，后面小女儿杰奎琳才有可能取走蜡烛。

生4：我觉得还有一点不可忽视。课文最后说小女儿正当"踏上最后一级台阶时，蜡烛熄灭了"，多危险呀！那么是谁赢得了这一点时间呢？是妈妈。她在一开始就试图用油灯替换蜡烛，轻轻吹熄了蜡烛。

师：大家前后联系起来思考，非常好。我觉得我们还可以想得更远一点。

生：两个孩子都还小，在敌人面前为什么能这样镇静呢？我想，那是在母亲长期的影响下形成的。

生：再说，把情报藏在蜡烛里这个绝妙的主意本来就是母亲想出来的。

师：同学们都说得非常有道理。但是，如果没有杰奎琳的灵活应变，后果还是会不堪设想吗？能不能有一个恰当的说法，既提到全家人，又突出杰奎琳。

生：全家人都为保住情报站做出了贡献，小女儿杰奎琳起到了关键作用。

生：保住情报站是全家人齐心协力的结果，小女儿起到了至关重要的作用。

（《半截蜡烛》）

案例分析

《半截蜡烛》是人教版小学五年级的一篇课文，故事讲述的是二战期间，法国的一位妇女伯诺德夫人把绝密情报藏在半截蜡烛中，伯诺德夫人一家在危急关头与德军巧妙周旋，保住了蜡烛中的绝密情报，也保住了一家三口的生命的故事。

周益民选取了学生关注并急切想知道的关键问题（是谁保住了秘密，保住了情报站，挽救了一家人？）去激起学生探究学习的兴趣，拓展学生的思维。当大部分学生脱口而出"是小女儿杰奎琳"时，他推波助澜地问："有不同的观点吗？"这引起了学生的观点争鸣，让学生的思维相互碰撞出火花。然后，周益民点拨启发："同学们，要说服对方，就必须要有充足的依据。想想，依据在哪里？"学生之间因此开展了一场精彩的辩论赛，此时学生的激情被点燃了。学生在"说服对方"的过程中，不断与文本"亲密接触"，寻求依据。与此同时，生生之间的碰撞、师生之间的交流，也有力地推动课堂教学的深入。

周益民通过一系列的巧问，使学生的认识获得了提升，语言获得了发展，情感获得了陶冶。

 实施方法

课堂提问虽然是教师应用最广泛的一个教学手段，但它的有效性常常被教师所忽略的。只有做到有效提问，才能对课堂教学起到很大的帮助。课堂提问更多的时候不是求多，而是求精。

1. 了解学生，有备而发

"学生并不是空着脑袋走进教室的。"在以往的学习生活中，学生已具备一定的经验和认知能力，因此教师在上课前，应做好准备工作。除了备教材，更重要的是要对学生进行细致的了解，这样才能设置合适的提问，激发学生学习的兴趣。

2. 顺势而问，引发多向思维

教师要善于把握课堂的变化，在恰当的时机提问。当学生的思维卡在同一层面时，教师就应该巧设提问引导学生进行多角度的思考，在各种奇思异想中激发学生的学习兴趣。

五、评语鼓励
——增强学生的自信心

评语即评价语言，是指教师对学生在课堂上的学习行为或见解进行评价、勉励、引导的语言。不管是哪个学科的课堂教学，都离不开教师的评价语言。评价语言对于课堂教学的发展起到了推波助澜的作用，对于学生的学习也产生了点拨和指导的作用。

教师的评价语言恰如其分，热情真挚，充满期待，有一定的鼓励性和启发性，不仅能体现教师对学生的关爱之情，还能增强学生的自信心，激发学生的学习兴趣。

经典案例

师：看到后面这么多的老师，你感到非常高兴，是不是？现在是展示自己才华的一次非常好的机会，我看谁有胆量！我想请同学到黑板上默写两个字，敢不敢？（个别学生举手）

师：相信自己行，才会行！敢不敢？（还有几个学生不敢举手）

师：（问一个没有举手的女同学）你敢不敢？

生：（很不自信）有时候我不会。

师：今天你就会！你可以试试看！愿不愿意试一试？你不试怎么知道自己不行呢？周老师给你这个机会，愿意吗？

（生点点头）

师：给她一点掌声。

（全体学生鼓掌）

师：周老师请她写的字，她肯定会写，叫"大海"，写大一点。

（生写"大海"）

师：给大海加一个语气词，加个什么语气词？

生："啊"。

师：好，把"啊"也写上去。

（生写好三个字后，脸上洋溢着成功的喜悦）

师：你刚才为什么不肯上来写呀？

生：你说的，有些字我们没学过。

师：那今天之后，你会不会写呀？相信自己！

师：接下来，你们说老师想说什么？

生：故乡。

师：你们都说是故乡，是吧？

生：是！

师：（摇着手笑说）不对，不对！如果让你对大海说，你想说什么？

生：宽阔！

师：大海真宽阔。

生：你真伟大！

师：连起来说。

生：大海呀，你真伟大！

生：大海呀，你真美！

生：大海呀，你真神秘！

生：大海呀，你真广阔！

师：有没有同学用这个符号？（板书"！"）

生：大海啊，我的故乡！

生：大海啊，你为什么这么伟大？

师：我也不知道。

生：大海呀，你为什么不会消失呢？

师：刚才你们想了这么多问题，周老师有个问题你们没有想到：周老师到咱们泰山小学来，首先要经过你们学校的——

生：大门。

师：你们带别人到你家玩，也要带别人先经过你们家的——

生：大门。

师：由此，你们想到什么问题？

生：大海呀，你有没有大门？

师：对呀！大海呀，你的门在哪里？这个问题怎么解决？

生：看书。

师：是个好办法，但是老师告诉你在书里未必能找到。

生：到大海边去考察。

师：是个好办法，还有什么好方法？

生：搜集大海的资料。

师：嗯，也是个好办法，但是你未必能查到。

生：现在好好学习，将来买艘大船，到海上看一看。

师：也就是实地考察。除了实地考察，还有什么好方法？

生：看书。

生：通过阅读。

师：找不到！

生：查地图。

师：查地图也没用。你们还是问问周老师吧，你们知道为什么吗？

生：不知道。

师：告诉你们，周老师就来自大海门边，来自海门。（众生笑）

师：你们想了解它，就可以到周老师的家乡海门，大家想去吗？

生：想。

师：刚才我们说的都是现实中的大海。每个孩子的心灵都是一个童话世界，你们能说说童话世界中的大海是什么样的？

生：童话世界中的大海十分广阔，十分美丽。

师：这跟现实中的差不多，有不一样的地方吗？

生：童话中的大海里有龙宫。

师：龙宫里住着谁呀？

生：龙王、龙女。

生：童话中的大海还有美人鱼。

师：美人鱼你喜欢吗？

生：童话中的大海有很多好玩的东西，比如说没有船，大海就会变出船来。

师：这个同学好羡慕呀。

师：童话中的大海有水晶宫，有美人鱼，还有很多虾兵。

生：还有女儿。

师：《海的女儿》，你看过吗？喜欢吗？

生：看过，喜欢。

师：关于大海的话题，真是太多太多了。所以诗人说，大海就是一首诗，画家说大海就是一幅画，音乐家说大海是世界上最动听的交响乐。但是，周老师有个新发现，当我阅读了《大海啊，故乡》这篇文章之后，我发现大海不仅是一首诗，是一幅画，是一首交响乐，他更是一个人，一个有血有肉的人。同学们都读过《大海啊，故乡》这篇文章了吧？那么你们觉得周老师的这种感受是不是有点道理？

生：有道理，因为在第三课当中，大海用别的水不断地充实自己，不断地扩展自己，它永不停息，就像人类用知识不断地充实自己。

师：哦，你找到了共同点，大海不断地扩展自己，就像人类用知识不断地充实自己。你的这个理解很深刻，是个哲学家。

生：《我认识一个歌手》上面写着大海会演唱很多歌，所以我认为你的说法是对的。

（《大海啊，故乡》）

 案例分析

如果说教师是语言大师，那么"语言大师"这个头衔对于周益民来说是当之无愧的。在课堂上，周益民很少运用多媒体，他认为："语言的成长就是精神的成长。"他喜欢通过鼓励性的评价语言引领学生去思考，去探索，去飞翔。"看到后面这么多的老师，你感到非常高兴，是不是？现在是展示自己才华的一次非常好的机会，我看谁有胆量！我想请同学到黑板上默写两个字，敢不敢？""相信自己行，才会行！敢不敢？"周老师请她写的字，她肯定会写，叫"大海"，写大一点。"哦，你找到了共同点，大海不断地扩展自己，就像人类用知识不断地充实自己。你的这个理解很深刻，是个哲学家。"周益民对学生在课堂上表现的评价语言往往是肯定的，具有鼓励性的，这无疑增强了学生求知的自信心，激发了学生继续探究的兴趣。

实施方法

作为教师，在课堂上应重视对学生的评价语言。评价语言不是漫无目的、毫无针对性的点评，而应该是恰如其分的评价。好的评价语言可以使学生看到自己的进步，感受到成功的喜悦，对自己充满信心，调动学习的热情。

1. 良好的口语素养

"工欲善其事，必先利其器。"教师若想说出具有艺术性的、成功的评价，必须要有良好的口语素养。良好的口语素养，会使教师的评价语言显得形象生动、充满亲和力，这样才能激发学生的学习兴趣，让学生在课堂上如沐春风。

2. 科学的教学理念

教学理念能支配一位教师的教育行为。教师应该有"学生是学习的主人"的理念，在进行评价时充分尊重学生的自尊心，把学生看作具有成长潜能的生命。教师恰如其分的评价能唤醒学生的潜能，激发学生的学习兴趣。

3. 深厚的教学功底

一位出色的舞蹈家必定具有深厚的舞蹈功底，同样一位优秀的教师也应当

具有深厚的教学功底。教师善于对学生课堂行为进行评价，正是深厚的教学功底的一种体现。教师对学生课堂行为的评价包括口头语言的评价与肢体语言的评价，教师对学生进行评价的一言一行，都可能对学生产生很大的影响，起到激发学生学习兴趣的作用。因此，教师应当不断提升自身的业务素质，培养出色的评价能力。

六、深度阅读
——课堂教学与激趣生成

1. 激趣在课堂教学中的作用

课堂教学是教师向学生传授知识的重要方式。在传统的课堂教学中，多是以教师讲授、学生接收为主，这种课堂教学模式下的学生只是机械式的接受知识，而并非有意义的知识学习，就更谈不上探究新知了。这样机械式的课堂教学没有把学生的学习建立在激发学生学习兴趣的基础上，因此不能促进学生的学习活动，课堂教学也不能取得很好的成效。

其实，自古以来，国内外的教育家就已经十分重视激发学生的学习兴趣了。孔子说："知之者不如好之者，好之者不如乐之者。"学习者"乐于"所要学习的知识，那么自然就会萌发动力，自发性地主动学习。苏霍姆林斯基说："如果教师不想方设法使学生产生情绪高昂和智力振奋的内心状态，就急于传授知识，那么这种知识只能使人产生冷漠的态度，而不动情感的脑力劳动，就会带来疲倦没有欢欣鼓舞的心情，学习就会成为学生沉重的负担。"著名教育家第斯多惠说："教学成功的艺术就在于使学生对你所教的东西感兴趣。"课堂教学不仅是一项活动，更是一门艺术。"兴趣是最好的老师"，学生若驾着兴趣的春风翱翔于课堂学习之中，那么教师的教学活动将轻松有效，如鱼得水；学生也会习有所得，习有所乐。

小学生在40分钟的课堂上，一般来说他们注意力的有效集中只有20分钟左右。如果课堂气氛沉闷的话，学生注意力集中的时间就会相对的缩短。那么怎样才能延长学生注意力集中的时间，或者使学生注意力集中的时间变得更有效？最有效的办法就是激趣了。小学生还处于发育成长期，他们都是喜欢"喝甜汤"的，当他们的注意力开始出现分散的迹象时，不妨给予他们适当的赞美或鼓励，让他们的心甜起来。教师在传授知识的过程中也应该注意避免教学形式的单一化。因为单一化的教学模式，比较容易使人感到厌倦和疲累，特别是小学生。而多样化的教学模式，会激发小学生学习的兴趣。当学生的学习兴趣被激发起来，40分钟的课堂自然就会变得富有成效了。

2. 课堂教学中的激趣误区

在课堂教学中激起学生的学习兴趣，是指结合或紧扣教学内容以适当的形式、手段去吸引学生的注意力，提高他们学习的热情，使他们对教师所教的知识产生兴趣。然而，教师在课堂教学中也容易进入以下几种激趣误区。

（1）游戏成为主角

小学生都喜欢玩游戏，用游戏来吸引他们的注意力和激发他们的兴趣是十分有效的，这也是大部分教师运用得最广泛的一种教学方式。教学活动中使用游戏，至少可以使学生的身心处于欢愉之中，注意力能够相对集中于教学活动。然而游戏只是伴碟的那朵花，并非是主菜。有一些教师，为了吸引学生的注意力，在导入上用游戏，学生的情绪由此高涨了起来，这是一个很好的开头。然而，有些教师并没有借势开展教学活动，而是让学生成为脱了缰的野马，拉不回来了。教师反而被学生牵着鼻子走，骑虎难下，唯有继续一直地用游戏来支撑下去，让游戏变成了课堂的主角。预设好的教学设计难以实施，因而教学内容也就难以完成。

（2）脱离教学内容

"人无本则不立"，任何事物都应该要有自己的依据，否则是难以生存和发展的。课堂教学也不例外，课堂教学应该以本为纲，以教学内容为依据。激趣只是一种形式，教学内容才是根本。有的教师认识不到这一点，在教学活动中出现了这样一种现象，就是单纯地为激趣而激趣，完全脱离了教学内容；以致过渡到课文的时候显得十分突兀，使学生觉得丈二和尚摸不着头脑，这样的激趣是空洞的。

（3）忽略学生的个性差异

学生的心理特点和知识层面都是不相同的，这就是学生的个性差异。由于学生的个性差异，因而有的学生知识面很广泛，而有的学生知识面很狭窄，只局限于教师所教的、书本所呈现的。在课堂教学中，教师很容易忽略这一点，也比较难以顾及到这一点。教师在以某种方式进行激趣时，有一部分学生有了回应，教师就认为这一措施是行之有效的。但其实还有一部分学生是还没有进人状态的。若长此下去，必将逐渐拉大学生成绩的差距。因此，教师在激趣时应考虑到学生的个性差异，采取灵活多样的激趣方式，让不同层次的学生都能感受到学习的乐趣。

3. 诗意课堂激趣方法

激趣对于一堂课来说是至关重要，若安排得当，则能产生画龙点睛、余味无穷的效果。美妙的激趣在帮助学生把握学习重点、巩固新知识的同时，又能让学生有所回味，有所感悟，有所创新。

（1）情境结束，余音绕梁

人的心灵往往在特定的情境中比较容易受到触动，受到感化。在教学进入高潮时，一个动人的情境，往往会使学生感到意犹未尽，使课堂兴味盎然。

（2）延伸拓展，升华情感

一堂课的学习，学生的收获往往会超越课文的知识，原因是教师在课堂教学中善于对课文的知识做出适当的延伸及拓展；而拓展延伸又往往会安排在教学的关键之处，学生也往往在延伸拓展中促进自身的情感得到升华，从而体验到学习的乐趣。

（3）设置悬念，诱发欲望

有些较为重要或较为复杂的课文，往往需要两三个课时才能完成教学任务。教师若在上一节课结束时，针对下一节课将要学习的教学内容提出一些富有启发性、思考性的问题，这样既可以"吊"学生的胃口，自然地将他们引入到下一节课，又可以诱发他们求知的欲望，从中寻找到学习的乐趣。

（分析论述：李春梅）

西南师范大学出版社
《名师工程》系列丛书目录

系列	序号	书　　名	主编	定价
创新课堂系列	1	《如何实现三维目标——让学生与文本共鸣的诵读教学》	张连元	30.00
	2	《想说　会说　有话可说——突破作文瓶颈的三维教学法》	杨和平	30.00
	3	《综合课的整合创新教学》	周辉兵	30.00
	4	《如何打造学生喜欢的音乐课堂》	张　娟	30.00
	5	《理想课堂的构建与实施——一个教研员眼中的理想课堂》	张玉彬	30.00
	6	《小学语文：决定教学质量的关键策略》	李　楠	30.00
	7	《用〈论语〉思想提升数学教育智慧》	胡爱民	30.00
	8	《童化作文——浸润儿童心灵的作文教学》	吴　勇	30.00
创新教学系列数学	9	《小学数学：名师教学目标落实艺术》	余文森	30.00
	10	《小学数学：名师高效教学设计艺术》	余文森	30.00
	11	《小学数学：名师易错问题针对教学》	余文森	30.00
	12	《小学数学：名师魅力课堂激趣艺术》	余文森	30.00
	13	《小学数学：名师同课异教》	林高明　陈燕香	30.00
	14	《小学数学：名师抽象问题艺术教学》	余文森	30.00
通识与心理系列	15	《做学生成长的引领者——学生终身成长的素质培养》	田祥珍	30.00
	16	《学生心理拓展训练与指导》	徐岳敏	30.00
	17	《青春期性教育教师实用手册》	闵乐夫	30.00
	18	《如何管出好班级——突破班级管理的四大瓶颈》	刘令军	30.00
	19	《突破平庸——提升教育质量的31个跳板》	严育洪	30.00
	20	《好心态成就好学生——学生心理问题剖析与对症教育》	李韦遵	30.00
	21	《教育，诗意地栖居》	朱华忠	30.00
	22	《好班规打造好班级》	赵　凯	30.00
教育管理力系列	23	《名校激励管理促进力》	周　兵	30.00
	24	《名校安全管理执行力》	袁先潋	30.00
	25	《名校师资团队建设力》	赵圣华	30.00
	26	《名校危机管理应对力》	李明汉	30.00
	27	《名校校本研究创新力》	李春华	30.00
	28	《学校文化力建设策略》	袁先潋	30.00
	29	《名校长核心教育力》	陶继新	30.00
	30	《名校长高绩效领导力》	周辉兵	30.00
	31	《名校行政管理细节力》	杨少春	30.00
	32	《名校教学管理提升力》	张　韬　戴诗银	30.00
	33	《名校学生管理教导力》	田福安	30.00
	34	《名校校园文化构建力》	岳春峰	30.00
创新教学系列语文	35	《小学语文：享受对话教学》	孙建锋	30.00
	36	《小学语文：名师教学目标落实艺术》	刘海涛　王林发	30.00
	37	《小学语文：名师魅力教学设计艺术》	刘海涛　王林发	30.00
	38	《小学语文：名师魅力课堂激趣艺术》	刘海涛　豆海湛	30.00
	39	《小学语文：单元整体教学构建艺术》	李怀源	30.00
	40	《小学作文：名师情趣课堂创设艺术》	张化万	30.00
教师修炼系列	41	《班主任行为八项修炼》	杨连山	30.00
	42	《教师健康心理六项修炼》	李慧生	30.00
	43	《教师专业化五项修炼》	田福安　杨连山	30.00
	44	《课堂教学素养六项修炼》	刘金生	30.00
	45	《教师新师德六项修炼》	王毓珣　王　颖	30.00

系列	序号	书　　名	主编	定价
教育细节系列	46	《名师最具渲染力的口才细节》	高万祥	30.00
	47	《名师最有效的沟通细节》	李燕　徐波	30.00
	48	《名师最有效的激励细节》	张利　李波	30.00
	49	《名师培养学生好习惯的高效细节》	李文娟　郭香萍	30.00
	50	《名师人格教育的经典细节》	齐欣	30.00
	51	《名师营造课堂氛围的经典细节》	高帆　李秀华	30.00
	52	《名师最有效的赏识教育细节》	李慧军	30.00
	53	《名师最有效的批评细节》	沈旎	30.00
大师讲坛系列	54	《大师谈教育心理》	肖川	30.00
	55	《大师谈教育激励》	肖川	30.00
	56	《大师谈教育沟通》	王斌兴　吴杰明	30.00
	57	《大师谈启蒙教育》	周宏	30.00
	58	《大师谈教育管理》	樊雁	30.00
	59	《大师谈儿童人格塑造》	齐欣	30.00
	60	《大师谈儿童习惯培养》	唐西胜	30.00
	61	《大师谈儿童能力培养》	张启福	30.00
	62	《大师谈早恋与性教育》	闵乐夫	30.00
	63	《大师谈儿童情感教育》	张光林　张静	30.00
教师成长系列	64	《学学名师那些事》	孙志毅	30.00
	65	《每天学点教育心理学》	石国兴　白晋荣	30.00
	66	《给新教师的建议》	李镇西	30.00
	67	《教师心灵读本：成为有思想的教师》	肖川	30.00
	68	《教师心灵读本：教师，做反思的实践者》	肖川	30.00
课程高中新程系列	69	《高中新课程：教师角色转变细节》	缪水娟	30.00
	70	《高中新课程：班主任新兵法细节》	李国汉　杨连山	30.00
	71	《高中新课程：教学管理创新细节》	陈文	30.00
	72	《高中新课程：更有效的评价细节》	李淑华	30.00
教学新突破系列	73	《把教学目标落实到位——名师优质课堂的效率管理》	冯增俊	30.00
	74	《拿什么调动学生——名师生态课堂的情绪管理》	胡涛	30.00
	75	《零距离施教——名师和谐师生关系的构建艺术》	贺斌	30.00
	76	《一个都不能落——名师提升学困生的针对教学》	侯一波	30.00
	77	《让学习变得更轻松——名师最能吸引学生的情境设计》	施建平	30.00
	78	《让知识变得更易学——名师改造难学知识的优化艺术》	周维强	30.00
教学提升系列	79	《方法总比问题多——名师转变棘手学生的施教艺术》	杨志军	30.00
	80	《用特色吸引学生——名师最受欢迎的特色教学艺术》	卞金祥	30.00
	81	《让学生爱上课堂——名师高效课堂的引导艺术》	邓涛	30.00
	82	《拿什么打开思路——名师最吸引学生的课堂切入点》	马友文	30.00
	83	《没有记不牢的知识——名师最能提升学生记忆效果的秘诀》	谢定兰	30.00
	84	《让学生的思维活起来——名师最激发潜能的课堂提问艺术》	严永金	30.00
名师讲述系列	85	《施教先施爱——名师讲述班主任的核心教导力》	杨连山　魏永田	30.00
	86	《在欢乐中成长——名师讲述最具活力的课堂愉快教学》	王斌兴	30.00
	87	《让学生做自己的老师——名师讲述如何提升学生自主学习能力》	徐学福　房慧	30.00
	88	《引领学生高效学习——名师讲述如何提高学生课堂学习效率》	刘世斌	30.00
	89	《教育从心灵开始——名师讲述最能感动学生的心灵教育》	张文质	30.00